Griff nach dem Dreizack
Geschichte(n) von Wilhelm II., Weltmacht und Marine.
Ein maritimes Lesebuch mit ‚akademischem Anhang'

Griff nach dem Dreizack

–

Geschichte(n) von Wilhelm II., Weltmacht und Marine. Ein maritimes Lesebuch mit ‚akademischem Anhang'

Frank Ganseuer / Heinrich Walle

2025

Carola Hartmann Miles-Verlag

Bibliografische Information der Deutschen Nationalbibliothek
Die Deutsche Nationalbibliothek verzeichnet diese Publikation in der
Deutschen Nationalbibliografie; detaillierte bibliografische Daten
sind im Internet über www.dnb.de abrufbar.

© 2025 Carola Hartmann Miles-Verlag,
George-Caylay-Str. 38, 14089 Berlin

www.miles-verlag.jimdo.com
email: miles-verlag@t-online.de

Herstellung: Libri Plureos GmbH, Friedensallee 273, 22763 Hamburg

Printed in Germany

ISBN 978-3-96776-086-6

Inhalt

PROLOG

1. Die Wiederkehr des Flottentraums

Bendler-Block, Berliner Dienstsitz des Bundesministeriums der Verteidigung,
Gebäude des ehemaligen Reichsmarineamtes

Als in den Jahren 1852 und 1853 die erste deutschen Flotte, die das ebenso erste deutsche Parlament am 14. Juni 1848 auf Kiel gelegt hatte, unter dem Auktionshammer Hannibal Fischers verschied, war auch der fiebrige deutsche Flottentraum des Vormärz und der Revolution wieder verflogen. Ja, er hatte sich wieder dahin verfügt, wo er mit den Worten Heinrich Heines in seinem Versepos ‚Deutschland. Ein Wintermärchen‘ aus dem Jahre 1843 hergekommen war: „Franzosen und Russen gehört das Land,/ Das Meer gehört den Briten,/ Wir aber besitzen im Luftreich des Traums/ Die Herrschaft unbestritten.“

1846 hatte Heine mit Blick auf seine Dichterkollegen festgestellt: „Ja, obgleich wir Deutschen noch keinen Flotte besaßen, so hatten wir doch schon viele begeisterte Matrosen (...) in Vers und Prosa." – jene ‚Matrosen' der Feder, die, gereimt und ungereimt, die deutsche Seegewalt besangen und die er schon 1845 in seinem ‚Nautischen Gedicht' unter der Überschrift ‚Unsere Marine' porträtiert hatte: „Wir kletterten keck an Bugspriet und Rahn,/ Wir trugen uns wie Matrosen,/ Die Jacke kurz, der Hut beteert/ Und weite Schifferhosen./ Gar mancher, der früher nur Tee genoß/ Als wohlerzogener Eh'mann/ der soff jetzt Rum und käute Tabak/ Und fluchte, wie ein Seemann."

Doch auch die ‚Matrosen' waren nun alle wieder verschwunden und es war dann doch so gekommen, wie von ihm in seinem ‚Nautischen Gedicht' schon prophezeit: „Wir träumten so schön, wir hatten fast/ Schon eine Seeschlacht gewonnen/ Doch als die Morgensonne kam,/ Ist Traum und Flotte zerronnen." Denn die Deutschen, revolutionärer Unordnung wie unbequemer Seefahrt eher abgeneigt, blieben lieber „im heimischen Bett/ mit ausgestreckten Knochen,/ Wir rieben uns aus den Augen den Schlaf,/ Und haben gähnend gesprochen:/ ‚Die Welt ist rund! Was nützt es am End,/ Zu schaukeln auf müßiger Welle?/ Der Weltumsegler kommt zuletzt/ Zurück auf dieselbe Stelle."

Der ‚vergnügliche' vormärzliche Flottentraum von Freiheit, Macht und Einheit schien, kaum dass er den Deutschen erschienen war, auch schon wieder ausgeträumt und erst einmal zu den Akten bzw. zu Bett gelegt, in dem der bräsige deutsche Michel wieder wohlig lag: „Und als ich auf dem Sankt-Gotthardt stand,/ Da hört ich Deutschland schnarchen;/ Es schlief da unten in sanfter Hut/ Von sechsunddreißig Monarchen."

Und auch Heines Dichterkollege, seine „Eiserne Lerche", der Stuttgarter Georg Herwegh, einst gefeierter lyrischer Herold der Revolution, war längst schon in Vergessenheit geraten, in seinem Exil in der Schweiz, auftrags- und mittellos, nachdem das Vermögen seiner Ehefrau Emma aufgezehrt und seine Bibliothek verkauft war.

1841 hatte er noch in Reimen die Fanfare geblasen für ‚Die deutsche Flotte', so sein zuerst als Flugblatt verbreitetes Gedicht zur ‚6. Säkularfeier der Stiftung des Hansischen Bundes', in dem er das deutsche

Volk mit einem Kaiser an der Spitze auf das „wilde Meer, der Freiheit Hohen Schule" schickt, an Bord der „schönste(n) Flotte,/ Die je ein sterblich Aug entzückt", um nun das „Steuer der Weltgeschichte" zu ergreifen und über „das heil'ge Meer", der Weihe- und Ruhestätte alter deutscher Seehelden aus ruhmreicher maritimer Vorzeit („Ha! Schlummern nicht aus deiner Hansa Zeiten/ Auch deutsche Helden drin?") als „Hoffnungsvolk der Erde" hinaus in die Welt zu segeln.

Auch das vorbei, in gemütlichem deutschen „Pflanzenschlaf", so Heine, versunken. Doch der Dichter irrte. Und das gleich zweimal: Noch zu Lebzeiten das erste Mal, als die Paulskirche tatsächlich und allen Unkenrufen zum Trotz am 14. Juni 1848 die erste „deutsche Marine" per ihrem „ersten Beschluss in materiellen Dingen" ins Leben rief. Und wenn dieser Flotte auch nur ein kurzes Leben beschieden war, so sei doch, so Reichhandelsminister Arnold Duckwitz am 30. April 1849 vor der Frankfurter Nationalversammlung, mit der Tätigkeit seiner Marineverwaltung „das ihr übertragene Werk angegriffen und so weit durchgeführt, dass man es nicht mehr ungeschehen machen kann" und der Gedanke einer „deutschen Marine" fortan nicht mehr zu tilgen sein werde.

Und dann folgte Heines, posthumer, zweiter Irrtum: Mit der Thronbesteigung Wilhelms II. und dessen „Hydrophilie" (Christopher Clark), jener am preußischen Hofe sehr merkwürdig anmutenden Marinepassion, jener „Allerhöchsten Krankheit", wie man im Generalstab unheilerwartend diagnostizierte, erhob sich, nicht mehr wie 1848 unter demokratischen, sondern nun unter monarchischen Vorzeichen, ein neuer deutscher Flottentraum, und wieder versehen mit den Ambitionen von nationaler Größe und Macht, wie sie sich auch schon in den Flottendebatten der Paulskirche gezeigt hatten: „Wenn wir zur See auftreten wollen, so müssen wir das auf eine großartige Weise thun", so der Abgeordnete Adolph Wiesner damals, müsse es doch darum gehen, „die Ehre und Machtherrlichkeit Deutschlands zu gründen" – ein Vorsatz, der mit der vermeintlich uralten Weltsendung der Deutschen, wie sie schon 1509 in der anonymen Reichsreformschrift ‚Buchli der hundert capitel und vierzig statuten' des sogenannten ‚Oberrheinischen Revolutionärs' verkündet worden war (‚Adam war ein deutscher Mann') hier wie da und in zweifellos unterschiedlicher Ausprägung, einherging.

Und mit einem Mal waren alle wieder da, jene „begeisterten Matrosen" Heinrich Heines, nun als Flottenprofessoren im Talar oder als Kinder im ‚Kieler Knabenanzug', die Sprösslinge des neuen Marinekaisers vorneweg.

Und auch Georg Herwegh erlebte sein ganz unverhofftes ‚Revival' – er, der kurzzeitige lyrische Volksheld des Vormärz und poetische Flottenpionier, seine Verse getränkt mit jenem „unfruchtbarem Pathos, jenem nutzlosen Enthusiasmusdunst", den Heine in der Vorrede zu seinem Versepos ‚Atta Troll. Ein Sommernachtstraum' im Jahre 1847 mitsamt den anderen ‚Tendenzdichtern' spöttisch aufs Korn genommen hatte.

Herweghs Gedicht ‚Die deutsche Flotte' aber wurde nun abermalig zur Verheißung: Wird doch, folgt man dessen Versen, das deutsche Volk mit seinem Kaiser – jener gewandet in den ‚Purpur des Meeres' – mit einer großen Flotte hinaus auf den Ozean segeln und sich „die Welt zu eigen" machen, dabei nicht weniger als „der Welt Erneuer" sein und „des Herrn Erwählter und Getreuer". Unter den Vorzeichen von Einheit und Freiheit werde dergestalt ein gutes Weltregiment anheben, befreit von Fürstenherrschaft und Kleinstaaterei – wie es die alten Kaisersagen und -prophetien vom endzeitlichen Welt- und Friedenskaiser kündeten.

Das hatte Herwegh 1841 in ‚Die deutsche Flotte' gedichtweise imaginiert. Und so wie die parlamentarische Flottengeburt 1848 in einem Akt der Selbst-Referenz in Zeiten schwieriger Legitimation das revolutionsgeborene erste gewählte deutsche Parlament in der Paulskirche zu Frankfurt am Main illuminiert, ja geradezu mittels dieser seiner „ersten That", wie Abgeordnete rühmen, recht eigentlich erst konstituiert, bestrahlt sie nun, aus gleichen Zwecken und als ‚schimmernde Wehr', den neuen, jungen Hohenzollernmonarchen mit seinem Marinefaible, und ganz in der Manier, wie sich dies schon dessen ‚romantischer' Vorgänger Friedrich Wilhelm IV. mit seinen zaghaften Flottengründungsplänen und seiner stolzen Segelkorvette AMAZONE erträumt hatte.

Das ganze Arsenal an Kaisersagen-, träumen und -gestalten wird nun wieder ausgegraben, in Stellung gebracht und zu einer Traditionslinie der Hohenzollern zusammengezimmert, die nun wieder, nach dem Großen Kurfürsten, zu einer Seefahrerfamilie, der Chef in Admiralsuniform, die Kinder in ‚Kieler Knabenanzügen‘, geworden war. Und Barbarossa selbst entsteigt dem Kyffhäuser und kehrt zu seinem Volk zurück, um es im Reich zu einen und zu führen, wenn auch in anderer Gestalt als der des schlurfenden Greises im Schlafrock, den Heinrich Heine in seinem ‚Wintermärchen‘ tief im Berge angetroffen hatte. Dieser wieder erwachte Barbarossa aber ist ‚Barbablanca‘, Wilhelm I., der erste neuzeitliche deutsche Kaiser, Reichseiniger und denkmalgeschützter und -bewehrter Wächter des wiedererstandenen deutschen Reiches. Schnell war die Legende vom Heldenkaiser gefertigt, die Wandlung vom einst verfemten ‚Kartätschenprinz‘ zum neuen Arminius vollzogen und eine verehrte Identifikationsfigur geschaffen. Doch damit nicht genug: „Wenn der hohe Herr im Mittelalter gelebt hätte“, so deklamiert volltönend sein Enkel, er wäre gar „heilig gesprochen worden.“ Die eigentlichen Konstrukteure dieser Reichsidee und -einigung, Bismarck zuvörderst, werden, um den Glanz der Geschichte allein auf Wilhelm I., und damit nicht zuletzt auch auf dessen Nachfolger und Vollender, Wilhelm II., fallen zu lassen, zu bloßen „Handlangern“ des Gewaltigen, so Wilhelm II. weiter, bestenfalls zu inferioren Gehilfen des alles überstrahlenden großen Kaisers, seines seligen Großvaters. Denn dieser hatte, so der Enkel in seiner Tischrede am 26. Februar 1897 beim Festmahl des Brandenburgischen Provinziallandtages, „die großen Gedanken bereits in seinem Haupte fertig, die es ihm ermöglichen sollten, das Reich wieder erstehen zu lassen.“ Allein „Wilhelm der Große“ habe per eigener Geistes- und Entschlusskraft die Schaffung des Deutschen Reiches von 1871 herbeigeführt – mit den Kräften seines treuen Heeres, unter der Führung eines weiteren „Handlangers“, des Generalfeldmarschalls Helmuth von Moltke.

Die Marine spielte bei der ‚Wiedererrichtung des Reiches‘ hingegen keine Rolle; sie war im Deutsch-Französischen Krieg im Wesentlichen zu Hause geblieben. Dies war auch, neben der Versteigerung der ersten deutschen Flotte in den Jahren 1852 und 1853, einer der ‚Urgründe‘ jenes latenten Minderwertigkeitskomplexes der Marine, der sich schließlich in der Tirpitzschen Flottenpolitik überkompensatorisch Bahn brach. So sah sich Wilhelm II. nach der Reichsgründung keineswegs ‚saturiert‘, bedurfte doch, so stellte er fest, das rein nationale Werk der Reichsgründung mit Blut und Eisen noch der Erweiterung, und zwar nicht weniger als im Weltmaßstab, hin nämlich zu jenem ‚Platz an der Sonne', den Reichskanzler Bernhard von Bülow für die Deutschen und ihren Kaiser schon ins Auge gefasst hatte. Auf einem ‚blauen Planeten' aber hatte diese „Weltstellung" eben auch eine maritime zu sein, beglaubigt und herbeigeführt durch jene „starke deutsche Flotte", die mit den Worten Wilhelms II. nun „bitter not" sei.

Gesagt, getan: 1898 wurde das Erste ‚Flottengesetz' vom Staatssekretär des Reichsmarineamtes, Alfred Tirpitz, durch den Reichstag gebracht, und Wilhelm II. machte sich wie weiland Herweghs Flottenkaiser auf, dem Ruf des Ozeans, der, so Wilhelm, „an unseres Volkes Tore klopft", zu folgen und mit all den Heineschen „begeisterten Matrosen" den Dreizack in die deutsche Faust zu zwingen.

Im Jahre 1899 dann, ein Jahr nach Billigung des ersten Tirpitzschen Flottengesetzes und ebenso ein Jahr vor dem zweiten, dem eigentlichen Coup des Admirals, der planerischen Verdopplung der Flotte, zitierte der Berliner Geschichtsprofessor und Nachfolger Heinrich von Treitschkes als Herausgeber der ‚Preußischen Jahrbücher', Hans Delbrück, in einer Rede zur literarischen Flankierung der wilhelminischen Flottenrüstung zwei Strophen eben jenes Gedichtes ‚Die deutsche Flotte' von Georg Herwegh aus dem Jahre 1841. Die von Friedrich Naumann herausgegebene Sonntagszeitung ‚Die Hilfe' berichtete in ihrer Ausgabe vom 10. Dezember 1899 in der Rubrik ‚Politische Notizen' und unter der Überschrift „Ein flottenbegeisterter Revolutionär" ausführlich von dieser Flotten-Rede des Professors Delbrück: „Georg Herweghs Gedichte spielten in der vorrevolutionären Stimmung der vierziger Jahre eine große Rolle. Sogar in dem Kapitel ‚Sozialistische Lyrik' widmet ihm Franz Mehrings Geschichte der Sozialdemokratie einige Worte. Aus den Liedern dieses radikalen Revolutionärs nun hat Prof. Delbrück in einer Rede über die Flotte zwei Verse zitiert, die wieder beweisen, wie sehr die Seegewalt für die Radikalen der vierziger Jahre ein Traum ihres Herzens war. Ihre heutigen Nachfolger sind in diesem Punkte ‚kleinbürgerlicher' geworden, als jene alten echten Demokraten es waren. So lauten die erwähnten Verse: ‚Erwach', mein Volk mit neuen Sinnen!/ Blick' in des Schicksals goldnes Buch,/ Lies aus den Sternen Dir den Spruch:/ Du sollst die Welt gewinnen!/ Erwach', mein Volk, heiß Deine Töchter spinnen!/ Wir brauchen wieder einmal deutsches Linnen/ Zu deutschem Segeltuch./ (...)/ Hinweg die feige Knechtsgebärde;/ Zerbrich der Heimat

Schneckenhaus,/ Zieh mutig in die Welt hinaus,/ Daß sie Dein eigen werde!/ Du bist der Hirt der großen Völkerherde,/ Du bist das große Hoffnungsvolk der Erde,/ Drum wirf den Anker aus!' Vielleicht beweist uns aber nun Herr Kautsky mit der glänzenden Umdeutungskunst, über die er verfügt", so die ‚Hilfe' weiter, „daß Herwegh dabei natürlich nur an die Handelsflotte gedacht hat."

Die ‚Königlich privilegierte Berlinische Zeitung/ Vossische Zeitung' übernahm alsdann begeistert diese ‚Politische Notiz' aus der ‚Hilfe'. Allerdings hatte auch sie, ganz gemäß ihrer Vorlage, und wie dies Franz Mehring in der ‚Neuen Zeit' auch umgehend reklamierte, das Gedicht „in schmählicher Weise verstümmelt", indem sie listig nur diejenigen Strophen druckte, die den deutschen Flottenkaiser besingen und jene unterschlug, die das Meer als „der Freiheit Hohe Schule" preisen, das den „letzten Rost der Tyrannei vom Herzen spülen" werde. So sah sich Mehring genötigt, die „entscheidende Strophe" nun auch nachzutragen: „Das Meer wird uns vom Herzen spülen/ Den letzten Rost der Tyrannei,/ Sein Hauch die Ketten wehn entzwei/ Und unsre Wunden kühlen./ O laßt den Sturm in euren Locken wühlen,/ Um frei wie Sturm und Wetter euch zu fühlen;/ Das Meer, das Meer macht frei!"

Herweghs Meer, so erläuterte Mehring nun, sei „ein Symbol der Freiheit" gewesen. Dies aber passe „zu den heutigen Flottenplänen, die den zivilisirten Seeraub auf höchster Stufenleiter organisiren sollen, wie die Faust aufs Auge." Wie auch immer, eines war zumindest klar geworden: Er war zurückgekehrt, der deutsche Flottentraum, der „Wasserpatriotismus", so Mehring vorwurfsvoll, mit der „Seegewalt" als „Traum der Herzen" und maritime Exekutive eines starken, einigen deutschen Kaiserreiches; und dies, Tirpitz wird es gern gelesen haben, bereits mit einer deutlichen Wendung gegen England, der Weltseemacht Nr. 1: „Es wird geschehn! Sobald die Stunde/ Ersehnter Einheit für uns schlägt,/ *Ein* Fürst den deutschen Purpur trägt/ Und *einem* Herrschermunde/ Ein Volk vom Po gehorchet bis zum Sunde;/ Wenn keine Krämerwaage mehr, wie Pfunde,/ Europas Schicksal wägt."

Auch ein Kaiser war ja mittlerweile zur Hand, zudem ganz maritim gestimmt infolge seiner ‚Marinekrankheit'. Kein Wunder also, dass die ‚Vossische Zeitung' ihren Artikel am Ende dann auch versah mit der

Anregung, am Grab des Flotten-Dichters Herwegh nunmehr einen Kranz niederzulegen mit der Inschrift auf dem Schleifenband: „Dem prophetischen Dichter der Deutschen Flotte. Das Kaiserlich Deutsche Marineamt."

So wird das Gedicht, von der ‚Hilfe' wie der ‚Vossischen Zeitung' gleichermaßen, seiner freiheitsgestimmten Aspekte schnöde beraubt, dergestalt flugs auf die maritime und politische Gegenwart projiziert und fertig war die Gedichts- wie Geschichtsklitterung – und Georg Herwegh, die „Eiserne Lerche" (Heinrich Heine) von Vormärz und Revolution, im Hand- und Gedichtumdrehen schnurstracks zum Propheten der Wilhelminischen Flottenpolitik geworden.

Tatsächlich: Der alte deutsche Flottentraum war, sogar in Reimen, wieder zurückgekehrt und Heines erster Satz in seinem ‚Nautischen Gedicht', „Wir träumten von einer Flotte jüngst…", galt wieder unbeschränkt. Zwar war das Relikt der ersten deutschen Flotte, der Raddampfer BARBAROSSA, von einem gewissen Alfred Tirpitz, Kapitänleutnant und Kommandant des Torpedoversuchsschiffes ZIETEN, am 28. Juli 1880 in Gegenwart der königlichen Yacht HOHENZOLLERN mit dem Kronprinzen Wilhelm an Bord, auf 40 hm Entfernung per Torpedoschuss, der mittschiffs traf, auf den Grund des Meeres verfügt worden. Doch Barbarossa war ja, als ‚Barbablanca', gleichwohl wieder zurück, und der Enkel schickte sich mit seinen marinebegeisterten Untertanen an, wie Herwegh und die ‚Vossische Zeitung' gleichermaßen kündeten, per großer Flotte „die Welt zu gewinnen", ja, „das Steuer der Weltgeschichte zu ergreifen" – zumal es in des Marinekaisers Sicht der Dinge ohnehin „nur einen Kaiser geben (könne) in der Welt, und das ist der deutsche" – und „das deutsche Reich", so urteilte er mit Blick auf die Kolonien und die nun vielerorts, geradezu überall auf dem Erdenrund siedelnden Deutschen, eigentlich ja schon „ein Weltreich geworden" sei.

So konnte, ja musste Wilhelm II. auf den Schultern des von ihm, allerdings ohne größere Publikumsresonanz, „Wilhelm der Große" genannten Großvaters Wilhelm I. und anstelle seines Vaters Friedrich III., dem dies in nur 99 Tagen Regierungszeit versagt geblieben war, zum eigentlichen Vollender des Werkes der Reichsgründung werden – über den nationalen Maßstab hinaus in den Status der Weltmacht. Und so wies letztendlich jene Riesengalerie von Bismarck- und Wilhelm I.-Denkmälern im Lande nur auf einen, nämlich auf den, der zumindest in der eigenen Wahrnehmung strahlend an deren End- und Gipfelpunkt posierte: Wilhelm II.

Diesem war dabei die Tradition von 1848, der Wunsch der damaligen Nationalversammlung in Frankfurt nach einem deutschen Kaiser, zudem, wie schon von Herwegh ausgemalt, an der Spitze der „schönsten Flotte, die je ein sterblich Aug' entzückt", ganz gegenwärtig – wie auch das damalige, und immer noch ungesühnte, Scheitern dieses Vorhabens: „Ich habe, als Ich als Jüngling vor dem Modell des Brommyschiffes gestanden habe, mit Ingrimm die Schmach empfunden, die unsrer Flotte und unsrer damaligen Fahne angetan worden ist; und vielleicht, da doch mal von meiner Mutter Seite ein Stück Seeblut in Meinen Adern geflossen ist, ist das der Weg gewesen, der für Mich die Richtschnur geben sollte für die Art und Weise, wie Ich die Aufgaben aufzufassen hätte, die nunmehr dem Deutschen Reiche bevorstanden." So Wilhelm II. am 22. März 1905 im Rathaus zu Bremen anlässlich der Enthüllung eines Denkmals für seinen Vater, Kaiser Friedrich III.

Und tatsächlich hatte man ja auch schon im Paulskirchenparlament in den dortigen Marine-Debatten entschieden auf die nationbildende Kraft jener „mächtigen Flotte" verwiesen, die schon Jacob Grimm auf der Germanistentagung in Lübeck 1847 als wiedergeborene, seeherrliche deutsche „Hansa" vor Augen hatte, und die so groß, einig und kraftstrotzend wie der deutsche Nationalstaat werden müsse, den sie von nun an auf den Weltmeeren repräsentieren und verteidigen solle. Umso heftiger dann der Absturz und das schmähliche Ende der Flottenhoffnungen mit der Versteigerung ihrer Restbestände, und dem (leeren) Sarg, der sinnigerweise als letztes Stück in die Auktion ging.

Das Trauma, das dieses Scheitern, trotz aller Freude über die Restauration der alten Verhältnisse statt der erstmalig in Deutschland erprobten demokratischen, begleitete, galt es aber nun, und unter seiner, Wilhelms, Führung, auszugleichen: „Der Dreizack gehört in unsere Faust" dekretierte der Marinekaiser, verheißend den Griff nach Waffe und Insignium des Meeresgottes – ein Instrument, gleichsam ein Unikat, das nur einmal zu vergeben war, und zwar an den Inhaber der See- und damit der Weltherrschaft – die über den meeres-,blauen

15

Planeten' eben. Diesen Griff nach dem Dreizack verkündete Wilhelm II. anlässlich der Einweihung des Reiterstandbildes seines seligen Großvaters, ‚Barbablancas', auf der Hohenzollernbrücke in Köln am 18. Juni 1897 – vermeintlich im Angesicht des am Denkmalsockel befindlichen Meeresgottes Neptun, der allerdings, so hatte es sich der Bildhauer gedacht (Rheinbrücke!), den ‚Vater Rhein' darstellen sollte. Derart fiebrig war der alte deutsche Flottentraum in die Köpfe selbst der höchsten Amtsträger gestiegen, dass er ganz den Blick auf die Realien zu verstellen drohte, was sich später in noch ungleich größerem Ausmaße in der Tirpitzschen Flottenrüstung ereignen sollte.

Hier wurde ein maritimer Rüstungswettlauf in Gang gesetzt, den das Deutsche Reich nicht gewinnen konnte und spätestens mit dem Bau der britischen DREADNOUGT-Klasse ab 1905 zunehmend aussichtslos ins Hintertreffen geriet. Im Weltkrieg dann wartete die deutsche Hochseeflotte im nassen Dreieck der Deutschen Bucht auf die Engländer, die aber nicht kamen, sondern mittels Fernblockade den Wirtschaftsstrom zum Deutschen Reich abschnürten – trotz des Kaisers schimmernd-schwimmender Wehr, ‚Seiner' stolzen Flotte, die schließlich, nach nur wenigen Einsätzen im Weltkrieg und nachdem sie noch mit den Marinemeutereien im Oktober 1918 auf Großkampfschiffen vor Wilhelmshaven die Novemberrevolution ausgelöst hatte, in der Internierungsbucht von Scapa Flow im Juni 1919 von eigener Hand versank. Da war Wilhelm II. schon längst ins holländische Exil geflüchtet, wo er 1941 starb, umgeben von seinem Hofstaat und den Marinegemälden, die ihn Zeit seines Lebens noch an jene großen Zeiten erinnerten, als er noch der Marinekaiser war.

„Wir wollen niemanden in den Schatten stellen, doch auch wir begehren unseren Platz an der Sonne", so hatte Reichskanzler Bernard von Bülow die Ambitionen des deutschen Kaiserreiches auf den Begriff gebracht. Doch was war gemeint: einen Platz oder den Platz – Weltmacht unter anderen oder doch die Nr. 1?

Dieser Frage geht das Buch nun ebenso nach wie der nach der Plausibilität eines bloßen ‚Risikogedankens' angesichts des Wilhelmschen, nahezu aus der Zeit gefallenen Kaiserbildes in der Tradition der Staufer und der alten Kaiserprophetien vom letzten Weltenherrscher am Ende der Zeiten. Und es folgt den Fragen, ob jener Welt- und Friedenskaiser, der Wilhelm gern sein wollte, in den Ersten Weltkrieg, die

„Urkatastrophe des 20. Jahrhunderts" (George F. Kennan) hineinge-schlittert ist, gar absichtsvoll hineinmarschierte oder eher hineingelei-tet wurde. In einen Krieg, zu dem der in der Hochseeflotte zu Schiff-baustahl geronnene deutsche Flottentraum zwar nicht unmittelbar hinführte, dessen ‚Ausbruch' er aber mittelbar befördert hat, indem dies ‚Flottenfieber' gleichsam subkutan das politische Klima der Zeit, namentlich das zwischen den beiden großen europäischen Seemäch-ten England und Deutschland, maßgeblich kontaminiert und verdor-ben hatte. Oder, wie dies der Marburger Archivdirektor Ludwig Dehio gegen all diejenigen formulierte, die stattdessen eine verhäng-nisvolle ‚Einkreisung' Deutschlands als Ursache jener ‚Urkatastrophe' reklamierten: „Als ob dies nicht schon durch den Flottenbau allein herausgefordert wurde!"

Die kaiserlichen Schiffe sind alle verschwunden, der Großteil in der Bucht von Scapa Flow, wo die letzten noch immer auf dem Meeres-grunde ihren ewigen Schlaf halten. Geblieben sind die Bauten aus Stein, die der Kaiser für ‚Seine' Marine hat errichten lassen, sofern sie die Bomben des Zweiten Weltkrieges überlebt haben – architektoni-sche Zeitzeugen, in denen sich bis heute wilhelminische Marinege-schichte spiegelt und versteinert erhalten hat. Relikte einer flotten-träumenden ‚nervösen Großmacht' (Volker Ullrich), einer Nation in ‚Kieler Knabenanzügen' mit dem Griff nach dem Dreizack – jener Wiederkehr des alten deutschen Flottentraums in anderem, in kaiser-lichem, monarchischen und nicht (mehr) – oder noch nicht wieder – demokratischem Gewand. Eine Epoche, die schließlich nicht zum Dreizack führte, sondern in den Weltkrieg mündete.

Davon handelt, in Geschichten und Geschichte, dieses Buch. Und bedanken möchten wir uns daher auch bei denen, ohne die es gar nicht zustande gekommen wäre:

Bei unseren Ehefrauen, Ilonka Ganseuer und Dr. Agnes Walle, bei Werner Schiebert, Stabskapitänleutnant a. D. und Chefredakteur des Magazins des Deutschen Marinebundes ‚Leinen los!', bei seiner Mit-arbeiterin Ramona Bittger, bei Lutz Adam, Vorsitzender der Deut-schen Gesellschaft für Schiffahrts- und Marinegeschichte, deren Ge-schäftsführer Gero Hesse, bei Robert Volk, dem Chefredakteur der Zeitschrift ‚Das Logbuch' des Arbeitskreises Historischer Schiffbau, bei allen, die im Literaturverzeichnis erscheinen, und nicht zuletzt beim Carola Hartmann Miles-Verlag in Berlin.

Frank Ganseuer und Heinrich Walle
Wilhelmshaven und Bonn, Dezember 2024

TEIL 1: GESCHICHTEN
oder: Maritimes Lesebuch

2.   Begeisterte Matrosen

2.1.   „Unsere Zukunft liegt auf dem Wasser!" – Der Marinekaiser: Wilhelm II.

Die kaiserliche Familie, 1896

„Diederich Heßling war ein weiches Kind, das am liebsten träumte, sich vor allem fürchtete und viel an den Ohren litt." Dieser Eingangssatz des Romans ‚Der Untertan' von Heinrich Mann ist nicht nur Porträt- und Charakterskizze des späteren Fabrikanten und Muster-Untertans Diederich Heßling; sie ist auch Abbild des Kaisers selbst.

Diederich liebte sein Märchenbuch über alles – wie der Kronprinz Wilhelm, der gern Märchen hörte und dem es besonders gefiel, wenn Prinzen Drachen töteten oder Prinzessinnen befreiten. Später schrieb er als Oberprimaner seinen deutschen Prüfungsaufsatz über ‚Die Entwicklung Parcivals', des edlen Ritters.

Ein Märchenprinz und edler Ritter wollte Wilhelm auch gern sein, und später ein Märchenkönig – gar von Gottes Gnaden („Wir Hohenzollern nehmen unsere Krone nur vom Himmel"), keinem weiter verantwortlich als sich selbst und dem „alten Alliierten dort droben", schon gar keinem Parlament, der „Schwatzbude" vor den Toren ‚Seiner' Hauptstadt. Und er wurde es: „Aller Tage ist Maskenball", so des Kaisers Freund, der Diplomat Philipp Fürst zu Eulenburg und Hertefeld; jeden Tag ein Kostümfest und das „Ewige-in-Position-stehen", wie dies die Hofdame Baronin von Spitzemberg entsprechend spitz vermerkte, auch angesichts der Tatsache, dass sich der Kaiser bis zu sechsmal am Tag in eine andere Uniform warf. Und dies auch auf Dienstreise, als ‚Reisekaiser' unentwegt eilend durch die Lande, mit Banketten und Schiffstaufen, Reden und furiosen Bällen, auf denen auch einmal ein Hofherr dem Kaiser im Rüschenkleidchen vortanzen musste und dabei auf der Tanzfläche einem Herzschlag erlag.

Eher als gedacht wurde Wilhelm zum ersehnten Märchenkaiser, denn sein Vater, Friedrich III., der Wilhelm I. 1888 auf den deutschen Kaiserthron gefolgt war, verstarb schon im gleichen Jahr nach einer nur 99tägigen, krankheitsüberschatteten Regentenzeit. Und die Geschichte wäre vielleicht anders verlaufen, wäre der letzte deutsche Kaiser, Wilhelm II. König von Preußen, nicht, wie dies sein Biograf Friedrich Hartau genannt hat, einer „chronischen Krankheit" anheimgefallen, einer bei Hofe zudem höchst argwöhnisch beäugten, einer „unheilbaren Marineleidenschaft" nämlich. Als sei der Kaiser nicht schon genug geplagt, litt er doch, wie sein ‚Untertan', zeitlebens an einem chronischen Mittelohrkatarrh, der 1896 gar zu einer Radikaloperation des rechten Mittelohres führte. Schon seine Geburt war komplikationsreich, das Kind kam „in hohem Grade scheintot" (Charité-Professor Eduard Arnold Martin) zur Welt, Folge einer bei der Geburt erlittenen Armplexuslähmung.

Wilhelm war schon früh, und wie er selbst glaubte, durchflossen vom ‚Seeblut' seiner englischen Mutter, der ältesten Tochter der britischen

Queen Victoria, von dieser heftigen Marinepassion befallen worden. Begann doch seine maritime Karriere schon im Kindesalter, an Bord der ‚Fortuna', einem Schaukel-Schiff, das er mit zweieinhalb Jahren geschenkt bekam und mit dem er auf dem Parkett des heimischen Schlosses in See stach – und auch prompt als kronprinzlicher Steuermann vom Hoffotografen auf Platte gebannt wurde. So wurde die Marine gleichsam von Kindertagen an des Kaisers liebstes Spielzeug und blieb es bis zum Ende seiner Regentschaft.

Einmal vom Meeres-Bazillus infiziert, bestieg er bald auch größere Wasserfahrzeuge, zunächst ein Segelboot mitsamt kleiner Salutkanone, in dem er mit seinem Bruder Heinrich, dem späteren Großadmiral und Generalinspekteur der Marine, auf der Havel erste Erfahrungen mit seinem „Lieblingselement", so seine Frau Auguste, macht. Vom Schaukelschiff über den ‚Opti' und diverse Rennyachten gelangt er mit 29 Jahren nach dem frühen Tod des Vaters auf den Hohenzollernthron und kann sich nunmehr seiner Marineleidenschaft ungebremst und gleichsam von Amts wegen hingeben. Die kaiserliche Yacht S.M.Y. (‚Seiner Majestät Yacht') HOHENZOLLERN, auf der er insgesamt viereinhalb Jahre seiner Kaiserzeit verbringt, wird sein schwimmendes Schloss, Dienstgebäude, Repräsentationsraum, Refugium und, schiffbaulich eher ein „ins Wasser gefallener Omnibus", wie Admiral Eduard von Knorr anmerkte, eines der zentralen Transportmittel eines ‚Reisekaisers', der, wie seine vermeintlichen Vorfahren und Vorbilder, die alten deutschen Kaiser, beständig in ihrem Reich unterwegs waren – jene von Pfalz zu Pfalz, Wilhelm II. von Hafen zu Hafen. Und als er schließlich mit Alfred Tirpitz den Mann entdeckt, der ihm, wenn schon nicht die gewünschte Flotte schnittiger Kreuzer, so doch ein gewaltiges Ensemble von Schlachtschiffen zu bauen verspricht, da hat der Kaiser, so ein geplagter Staatssekretär, schon am frühen Morgen nichts anderes mehr „als Marine im Kopf". Vorträge langweilen ihn oft, und so bemalt er in der Zeit lieber Akten mit Schiffen und kleinen ‚Seestücken' – des Reiches Allerhöchster Marinemaler. Kritisch wird es erst dann, wenn er eigene Beiträge zur Marineplanung entwickelt und beim Reichsmarineamt ‚einreicht'. Schon vor seiner Inthronisierung hatte Wilhelm sich an Konstruktionsüberlegungen und selbst gefertigten Zeichnungen einer königlichen Luxusyacht versucht, bevor er sich auf den Kriegsschiffbau wirft. Es ist nicht so einfach, das „Torpedobatterieschiff" oder das

„Unterwasserlinienschiff", beide des Kaisers höchst eigene Erfindungen, und schon gar nicht sein Lieblingsprojekt, das „Schnelle Linienschiff", ein wie ein Schlachtschiff armierter schneller Kreuzer, kurzerhand in den Schubladen des Reichsmarineamtes verschwinden zu lassen. Das „Schnelle Linienschiff" war eine Idee, für die er sogar ein Preisausschreiben für Werften ausschreiben lässt, 1904 unter dem Decknamen „L." einen Artikel in der ‚Marinerundschau' platziert und damit Tirpitz' Linienschiffsplanungen zu dessen großem Unmut konterkariert – abgesehen einmal davon, dass man im Konstruktionsbüro des Reichsmarineamtes schnell berechnet hatte, dass das vom Kaiser entworfene „Schnelle Linienschiff", sollte man es denn zu Wasser lassen, mangels hinreichenden Tiefgangs sogleich zu kentern drohe – Schiffe also, die, so hieß es schließlich, alles konnten, nur nicht schwimmen.

Voller Verzweiflung bat Tirpitz daher Mitarbeiter, „irgendetwas schiffbaulich Interessantes" für den Kaiser aufzutreiben, ihm „eine Tonne" in die Hand zu geben, „mit der man spielen kann." Und so konzentrierte sich der Kaiser fortan auf eher weniger heikle Schöpfungen, sowohl als Innenarchitekt ‚Seiner' Schiffe mit der Auswahl von Möbeln, Porzellan und Wanddekorationen sowie vor allem auch als Designer von Schiffssilhouetten inklusive Bug- und Heckverzierungen. Und dies nicht nur für schwimmende Kriegsfahrzeuge. Auch den HAPAG-Generaldirektor Albert Ballin bedachte der Kaiser, in seiner Eigenschaft als Eigner der Yacht HOHENZOLLERN qua Amt auch gleich vom Fache, ebenfalls mit Schiffsentwürfen aus seiner Feder, z. B. zum Bau einer „großen Touristen-Yacht". Doch auch bei Ballin wanderten die Allerhöchsten Zeichnungen, wie schon im Reichsmarineamt, in die Ablage.

So nahm vor allem des Kaisers Flottenarchitekt Tirpitz eher misslaunig zur Kenntnis, dass Wilhelm derart intensiv an Technik interessiert war und sich daher oft in seine Belange einmischte. Doch mit der Förderung naturwissenschaftlicher Gesellschaften und der Gründung Technischer Hochschulen erwies sich Wilhelm durchaus als modern – zudem mit einem ausgesprochenen Faible für Kunst, namentlich Bilderhauerei, Malerei und vor allem Architektur, zu der der Kaiser selbst immer wieder mit Entwürfen aufwartete, vom Gebäude für eine Oberpostdirektion bis zum Dom in Berlin. Dabei erwartete er natürlich auch, diese Beiträge umgesetzt zu sehen – wobei er die eigentlichen Architekten in größte Verlegenheit stürzte, wie den Baumeister des Reichstagsgebäudes, Paul Wallot, der ihm allerdings mutig bedeutete, dass es so, wie sich Seine Majestät das vorstelle, „nicht ginge." Von der Kaiser-Wilhelm-Brücke in Wilhelmshaven, der damals größten Drehbrücke Europas, nahm er hingegen fast keinerlei Kenntnis. Er war 1907 nicht bei der Einweihung zugegen, er betrat sie nicht, fuhr lediglich zweimal mit seiner Yacht S.M.Y. HOHENZOLLERN darunter durch – weil er bei deren Gestaltung nicht um Rat gefragt worden war.

Am Technischen faszinierte Wilhelm vor allem das Spektakuläre: Riesendampfer, Luftschiffe, Funktechnologie, Kanalbauwesen. All dies sollte auf ihn selbst verweisen. Schiffe, Yachten, Autos, Schlösser waren technische Repräsentationsobjekte zur Illuminierung seiner ‚von Gottes Gnaden' vergebenen Position als Herrscher des durch die geschichtsmächtige Tat seines Großvaters, Wilhelm I., wieder errichteten, mächtigen deutschen Reiches – die strahlende Kulisse seines herrscherlichen Wirkens.

Ein märchenhaftes Szenario; und der Kaiser, der als Kind so gern in seinem Märchenbüchern versank, gab sich dann auch selbst einen märchenhaften Namen: ‚Imperator Rex', abgekürzt ‚I. R.', die Sigle, die er seiner Unterschrift auf offiziellen Dokumenten und Briefen anhängte – Reminiszenz an die römische und in deren Folge die alte deutsche Kaiserherrlichkeit der Staufer, in deren Tradition er sich und die Hohenzollern-Dynastie kurzerhand stellte und mit der er gar ‚Erbanschluss' an die römischen Cäsaren und deren Weltreichanspruch fand – eine Theorie, die auch dem Märchenbuch Diederich Heßlings hätte entsprungen sein können und tief in der versunkenen Welt der deutschen Kaisersagen gründete. Dies alte Reich sei durch seinen Großvater Wilhelm mit dessen „Paladinen" und „Handlangern" – gemeint waren Bismarck und Moltke – 1871 „wiederaufgerichtet" worden, Friedrich I. Barbarossa, ‚Rotbart', aus dem Kyffhäuser erlöst und in „Barbablanca", ‚Weißbart' oder „Wilhelm der Große", wie ihn der Enkel zu überhöhen suchte, wiedergeboren worden. Und dieser habe das Reich aufs Neue geschmiedet – mit den Kräften seines tapferen Heeres. Doch jetzt sei offenbar, „wie mächtig der Wellenschlag des Ozeans an unseres Volkes Tore klopft" und es sei nunmehr an ihm, dem Nachfahren, dies Werk zu vollenden und dem geeinten Reich jene „Weltstellung" zu verschaffen, die diesem gebühre.

Dies aber ging, wie bei den Engländern gleichsam vor der Haustür zu besichtigen, nur über die See. „Bitter not ist uns eine starke deutsche Flotte", erklärte der Kaiser nunmehr, und die Marine wird unversehens ‚Hebel' zur Weltmacht und heilsgeschichtliches Instrument. Ein unerhörter und ganz unverhoffter Aufstieg einer Teilstreitkraft, die nach den traumatischen Erlebnissen der Versteigerung der ersten deutschen Flotte 1852/ 53, der zeitweiligen Führung unter „Landgenerälen", so Tirpitz, und der weitgehenden operativen Abwesenheit im reichseinigenden Deutsch-Französischen Krieg 1870/ 71 nun das Rampenlicht der großen Weltbühne betritt – Kurs „Platz an der Sonne". Das, so Wilhelm, sei der Weg, den die „Vorsehung" für ihn, den „Träger der erneuerten deutschen Kaiserkrone" und sein Reich bereithalte; ein Kurs, auf dem er das deutsche Volk nun „herrlichen Tagen entgegen führen" werde.

Und angesichts seines Wortes in Köln 1897, „Der Dreizack gehört in unsere Faust!" – und sei es der des Vaters Rhein, den der Kaiser redehalber bei der Einweihung des Denkmals für Wilhelm I. auf der dortigen Rheinbrücke mit dem Meeresgott verwechselt – hatte es auch nicht den Anschein, dass sich der begeisterte Regattasegler Wilhelm in diesem ‚Flotten-Race' mit einem Platz unter ferner liefen zufrieden geben würde. Klar aber war nun: „Unsere Zukunft liegt auf dem Wasser!" und „Der Ozean ist unentbehrlich für Deutschlands Größe."

Damit war der Minderwertigkeitskomplex der Marine nicht nur getilgt, er schlug vielmehr sogleich um in ein ausgeprägtes Selbstbewusstsein, das die Marineangehörigen vom Matrosen bis zum Admiral gleichermaßen erfasst hatte und das auch dem Reichskanzler Leo von Caprivi aufgefallen war, sei doch „mit den Marineleuten überhaupt schwer etwas zu machen", da er aus seiner eigenen Praxis wisse, „wie sehr verrannt diese wären und wie sie an Größenwahn litten." Und auch wenn General Alfred Graf von Waldersee, der Generalstabschef, hoffte, die Marine müsse doch einsehen, dass sie „nur einen Bruchteil unserer Wehrkraft bildet und keineswegs den wichtigsten, wohl aber den teuersten", gingen derartige Seufzer ins Leere, denn der Kaiser sei, so der Diplomat Alfred von Kiderlen-Waechter, der den selbst

ernannten „passionierten Seemann" oft auf dessen jährlichen Nord-
landfahrten mit S.M.Y. HOHENZOLLERN begleitete, schlechter-
dings „ganz der Marine verfallen." Und er war dabei so stolz auf ‚Seine' schwimmende Wehr, dass er auf der Kieler Woche 1904 seinem
Ehrengast, dem britischen König Edward VII., die auf der Förde
versammelte deutsche Flotte zum Entsetzen von Tirpitz mit den
Worten vorstellte: „Sie ist die jüngste Schöpfung unter den Flotten
der Welt und ein Ausdruck der wiedererstarkenden Seegeltung des
durch den verewigten Großen Kaiser neu geschaffenen Deutschen
Reiches." Der König war nicht sehr ‚amused'.

Und so erstreckte sich „der vielleicht stärkste Trieb in ihm", so
Reichskanzler Bernhard von Bülow, Wilhelms maritime Passion, auch
auf die Passagierschifffahrt. Hier wurden für Hapag und Norddeutschen Lloyd die größten Schiffe der Welt gebaut, in ähnlichem Überbietungsdrang, wie der Kaiser es im Kriegsschiffbau exerzieren ließ.
Im Glanze jener mächtigen Schiffskörper konnte sich Wilhelm prächtig sonnen („Seine Majestät brauchen Sonne", so ein geflügeltes
Wort), bei Werft- und Hafenbesuchen und besonders bei der Teilnahme an Stapelläufen.

Denn er war nicht nur, wie dies Christopher Clark formuliert hat, ein
„passionierter Hobbynautiker", er war auch ein ‚ship-lover' und ein
maritimer Romantiker, der diese Neigung durchaus auch in poetische
Worte zu kleiden wusste, wie bei der Taufe des Schlachtschiffs S.M.S.
KAISER WILHELM DER GROßE in Kiel am 6. Juni 1899, dem
„Moment, wo dieses Schiff sich dem Meere vermählt." Und natürlich
erschien er hier, der, ein ‚Maskenball' sondergleichen, am Tag mehrmals die Uniform wechselte, in seinem ‚Lieblingsornat', als Admiral.
Die Uniform mitsamt Dienstgrad ‚Admiral of the Fleet' hatte ihm
seine Großmutter, Queen Victoria, geschenkt und der Kaiser konnte
sein Glück kaum fassen: „Man stelle sich nur vor, die gleiche Uniform
wie St. Vincent oder Nelson zu tragen, das kann einen ganz schwin-
delig machen."

Stolz trägt er die neue Uniform, als er am 2. August 1889 mit der
HOHENZOLLERN zu seinem Antrittsbesuch in London erscheint.
Es verleitet ihn aber auch dazu, zu glauben, nun sei er ein wirklicher
Admiral der englischen Flotte, der in dieser Eigenschaft und gleich-
sam geschenkter Kompetenz nunmehr der Königin „Sachverstän-

gen Rath zu ertheilen" und in britischen Marinedingen mitzusprechen befugt sei und der Queen sogleich das deutsche Beschaffungssystem und die Verdopplung des britischen Mittelmeergeschwaders anempfiehlt – wofür er sich später bei ihr brieflich entschuldigt: „Wenn mich dieser ,Admiral of the Fleet' überkommt, kann ich ihn für eine ganze Weile einfach nicht mehr abschütteln."

Dies erlebte leidvoll auch seine eigene Marine, habe doch, so der Kommandant des Panzerschiffes S.M.S. KAISER, Majestät an Bord die Neigung, ganz als Admiral aufzutreten, direkt zu befehlen, Meldungen entgegenzunehmen und überhaupt als Kommandeur des Geschwaders aufzutreten, völlig abgesehen davon, dass es ihm höchst peinlich sei, seekrank zu werden.

Das Pendant zur Admiralsuniform des Herrschers aber war der Matrosenanzug für den Untertanen, zunächst als Knabenkleidungsstück ab Mitte des 19. Jahrhunderts in England populär. Vorgeführt von den Kindern der kaiserlichen Familie auf entsprechend massenhaft verteilten Fotografien wird er mit Einsetzen der Flottenpropaganda zur Kinderkleidung schlechthin, so dass es schließlich auch im Alltagsleben des Reiches von Matrosen nur so wimmelte. Und so wurden die Deutschen, wie schon 1848 und in Heinrich Heines damaligen Worten, wiederum zu ,begeisterten Matrosen' – mit ihrem ,Marinekaiser' vorneweg.

An diese maritime Spitze, da war sich Wilhelm sicher, hatte ihn sein „verewigter Großvater" selbst gestellt, nämlich in einem „weihevollen Augenblick" am 3. Juni 1887 während der Grundsteinlegung zum Kaiser-Wilhelm-Kanal, dem heutigen Nord-Ostsee-Kanal. Da hatte Wilhelm I. den Kronprinzen aufgrund dessen lebhaften Interesses an der Marine „à la suite des I. Seebataillons gestellt", und zwar, so sah es zumindest der Enkel, mit dem Auftrag, die Marine zur „ebenbürtigen Schwesterwaffe der Armee" aufzubauen.

Die ,glorreiche Armee' selbst fand dies und die eine derartige Aufmerksamkeit hervorrufende Marinepassion des Kaisers allerdings gar nicht angenehm. Im Generalstab vermerkte man verstimmt, dass diese verhängnisvolle Neigung bei Flottenmanövern dazu führe, dass der Kaiser fast den ganzen Tag mit Ausnahme der Mahlzeiten an Deck verbringe; und überhaupt werde diese ausgeprägte Leidenschaft „von der Marine in ungehöriger Weise ausgebeutet", so General Graf von

Waldersee – resultierend in erheblichen Geldforderungen für einen großen Flottenausbau zu Lasten des Heeres, dem der Kaiser nur allzu sehr geneigt sei, zuzustimmen. Tatsächlich bringen die Marineoffiziere, in deren Kreis sich der Kaiser stets „pudelwohl" fühlt, diesen recht zügig für ihre Sache in Stellung, und an Bord hatten die Heereskameraden, kaum dass der Kaiser eingeschifft war, ohnehin schlechte Karten. Ein Vertreter des Auswärtigen Amtes, Alfred von Kiderlen-Waechter, Mitreisender bei der kaiserlichen Nordlandreise im Sommer 1890, fiel an Bord S.M.S. KAISER merkwürdig auf, dass der Monarch, von Seeluft umweht und von ‚Seinen' Marineoffizieren umgeben, nicht nur für Vorträge zu auswärtigen Angelegenheiten völlig unzugänglich war, sondern dass selbst der an Bord anwesende Chef des Militärkabinetts, General von Hahnke, dort „als simpler Landgeneral von den Mariniers schlecht behandelt" werde – wenngleich auch von einigen dieser Herren zu hören sei, was im Übrigen den Kaiser „furchtbar geärgert habe", dass sein „ewiges Herumziehen mit der Flotte" die dortige Ausbildung nicht unbedingt beförder, sondern eher für die Zeit seines Aufenthaltes zum Erliegen bringe. General Karl Graf von Wedel, diensttuender Flügeladjutant des Kaisers, vermerkte dazu: „Die Marine ist und bleibt leider eine Krankheit des Allerhöchsten Herrn, und nur ein Krieg und die in diesem zweifellos zutage tretende geringe Bedeutung der Marine wird in dieser Richtung heilend wirken können." Oder wie dies der Staatssekretär des Auswärtigen Amtes, Adolf Hermann Freiherr Marschall von Bieberstein, 1895 nach einem Besuch beim Kaiser vermerkte: „Morgens S. M. Er hat nichts wie Marine im Kopf" – er war eben, bei immerhin 4 ½ Jahren Amtszeit, die er insgesamt an Bord S.M.Y. Hohenzollern verbringt, am liebsten auf dem Wasser, seinem „Lieblings-Element", wie ihm seine Frau, die Kaiserin Auguste Viktoria, attestierte.

Darauf aber fuhr, wie einst das Schaukelschiff ‚Fortuna', die Marine als ‚mechanical toy'. „Wilhelm II. hatte von Anfang an, seitdem er begann die Flotte zu bauen, der Gedanke ganz ferngelegen, seine Marine kriegerisch zu verwenden. Eine möglichst starke deutsche Seemacht sollte nur die Schutzwehr gegen Friedensstörungen sein. Sie sollte auch gelegentlich die Möglichkeit zu prächtigen Manövern bieten. Mehr nicht." So Reichskanzler Bernhard von Bülow. Und es sollte ein ‚Flotten-Race' gewonnen werden, gleichsam das ‚Blaue Band' für die Marine. Das traditionelle für die Transatlantikpassage ohnehin, und überhaupt in jeder Hinsicht „einen Vorsprung vor anderen Nationen zu gewinnen", wie dies die ‚Hamburger Nachrichten' auch für die Ambitionen des Kaisers in Bezug auf die deutsche zivile Seeschifffahrt zufrieden diagnostizierten. Und Großherzogin Augusta Caroline von Mecklenburg wies schließlich daraufhin hin, dass Wilhelm, der passionierte Segler, der sich insgesamt fünf Hochseeyachten bauen ließ, um damit an internationalen Regatten teilzunehmen, auch auf diesem Gebiet darauf ziele, „alle anderen Flotten zu übertreffen". Das Wort alle unterstrich die alte Großherzogin, so vermerkt dies Röhl, dreimal.

Die Deutschen um ihren Marinekaiser und mit all ihren Kindern in ‚Kieler Knabenanzügen' waren mit einem Mal wieder zu einem Volk von Matrosen geworden. Es war, wie schon einst in des Kronprinzen Lesebuch, wie im Märchen. Und der Kaiser mit dem märchenhaften Namen ‚Imperator Rex' heftete diesen nun auch einem Schiff an. Und wenn es wirklich so war, wie die Großherzogin meldete, dass der Kaiser alle Flotten der Welt zu übertreffen gedenke, dann galt das eben auch für die Handels- und Passagierflotten.

Albert Ballin, ‚des Kaisers Reeder', der Generaldirektor der weltweit größten Reederei, der Hapag in Hamburg, ließ nun das größte Passagierschiff der Welt bauen – mit 272,2 Metern Länge über alles und klingendem Namen. Ursprünglich wollte er es EUROPA nennen, schlussendlich wird es, mutmaßlich auf des Kaisers Wunsch oder in vorauseilendem Gehorsam Ballis, auf den martialischen Namen IMPERATOR getauft – am 23. Mai 1912 in Hamburg, vom kaiserlichen ‚Imperator' höchst selbst (s. dazu ausführlich Kapitel 2.4.).

Zwei Jahre später wird das Schwesterschiff des IMPERATORS in Dienst gestellt, noch größer und luxuriöser als sein Bruder: Am 14. Mai 1914 startet von Cuxhaven die Jungfernfahrt der VATERLAND, nunmehr der größte Passagierdampfer auf dem blauen Planeten. Und das ‚Hamburger Fremdenblatt' rief dazu aus: „Führer wollen wir sein! Deutschland in der Welt voran! Hier ist ein Produkt deutscher Arbeit, deutschen Fleißes! Habt ihr Besseres oder auch nur Gleichwertiges zu zeigen?" Derart müssen die Tirpitzsche Flottenrüstung und die Allerhöchsten Ambitionen des Marinekaisers auch in eins gesehen werden mit der zivilen Flottenentwicklung und ihrer gleichen Marschrichtung zum „Platz an der Sonne" für das Deutsche Reich.

Für die Seestreitkräfte aber stand die Nagelprobe noch bevor und das Verdikt des Grafen Wedel über die Marine nach wie vor im Raum, dass diese nur eine Krankheit, eine pathologische Form von Militär sei und daher im Kriege von vernachlässigenswerter Bedeutung. Und so war es dann auch: Die stolze deutsche Hochseeflotte verblieb mit Kriegsbeginn 1914, bis auf einige erfolglose Vorstöße, eingeschnürt durch die Fernblockade der Engländer im Seegebiet der Deutschen Bucht.

Da half auch kaum mehr die Ermahnung, die der Kaiser seinen Offizierszöglingen anlässlich der Einweihung der Marineschule Mürwik am 21. November 1910 mit auf den Weg gegeben hatte: „Der nächste Krieg und die nächste Seeschlacht fordern gesunde Nerven von Ihnen. Da heißt es: klare Nerven und kühlen Kopf, und diejenige Nation, die das geringste Quantum von Alkohol zu sich nimmt, die gewinnt. Und das sollen Sie sein, Meine Herren!"

Doch es kam anders, und am Alkohol hatte es auch nicht gelegen. Der Kaiser fabulierte zwar nach der Skagerrakschlacht noch siegestrunken: „Die englische Flotte wurde geschlagen! Der erste gewaltige Hammerschlag ist getan, der Nimbus der englischen Weltherrschaft herabgerissen!" – doch das glaubte ihm nicht einmal mehr der ‚Sieger vom Skagerrak', Admiral Reinhard Scheer.

Und tatsächlich half es alles nichts und am Ende nahm auch noch die Revolution von den kaiserlichen Schiffen vor Schillig-Reede ihren Ausgang. Der von Diederich Heßling so gefürchtete „Umsturz" war da – und ‚Seine Marine' hatte ihn ausgelöst. „Ich habe keine Marine mehr", so der Kaiser zum Chef des Marinekabinetts, Admiral Georg Alexander von Müller, und flüchtete per Bahn ins niederländische Doorn – aufs Land.

Literaturauswahl

Clark, C., Wilhelm II. München 2008.

Hartau, F., Wilhelm II. 6. Auflage Reinbek 1997.

Herre, F., Kaiser Wilhelm II. Köln 1993.

Röhl, J. C. G., Wilhelm II. 3 Bde. München 1993-2008.

Röhl, J. C. G., Wilhelm II. München 2013.

2.2. „Ziel erkannt – Kraft gespannt." – Des Kaisers Admiral: Alfred von Tirpitz

Großadmiral Alfred von Tirpitz (1849-1930), 1916

Alfred Tirpitz, geboren am 19. März 1849 in Küstrin, tritt am 1. April 1865 zur Überraschung und auch zum Unwillen seiner Eltern gemeinsam mit seinem Schulfreund Curt von Maltzahn, den er später ob dessen gegenteiliger operativ-strategischer Auffassungen erbittert bekämpften wird, als Kadett in die Preußische Marine ein. Er entflieht so einer ungeliebten und eher mäßigen schulischen Karriere in ein gleichermaßen seemännisches, weltgewandtes und technisches Abenteuer, in das er sich mit Ehrgeiz und Akribie stürzt und in dem er schließlich eine glänzende Kariere macht – ab 1877 in der Torpedowaffe, einer innovativen und hoch technisierten Sparte, deren Chef er schon 1878 wird. Zehn Jahre später wird ein ‚Marinekaiser' sein Allerhöchster Kriegsherr.

Und dieser Kaiser, Wilhelm II., 1888 auf den Hohenzollern-Thron gelangt und der Marine mehr als zugetan, erlebt im Frühjahr 1891 im Kieler Schloss anlässlich der Überlegungen für die Weiterentwicklung ‚Seiner' Flotte wenig einfallsreiche Admirale. Stattdessen aber, unvermittelt zur Stellungnahme aufgefordert, einen Kapitän zur See mit imposantem Gabelbart, der, die Gelegenheit kühn beim Schopfe ergreifend, nunmehr auf der Grundlage seiner zuvor in der Torpedowaffe, und wie er später auch behauptet, unabhängig, ja parallel zu Alfred Thayer Mahan, entwickelten konzeptionellen Gedanken über den Zusammenhang von Welt- und Seemacht und deren Erreichen durch Formierung einer ehrfurchtgebietenden Schlachtflotte, die Vision vorträgt, dass „das Schicksal unserer Flotte und unserer Seegeltung durch eine Schlacht in den europäischen Gewässern entschieden" werde. Und auf diese Schlacht, und nur auf diese, müsse die gesamte Entwicklung der Flotte, die „ihre höchste Kriegsleistung zwischen Helgoland und der Themse zu entfalten" habe, ausgerichtet werden.

Der Kaiser, obgleich er eigentlich lieber in Kreuzer, die auf allen Weltmeeren schneidig unterwegs wären, investieren würde als in Schlachtschiffe gleichsam vor der eigenen Haustür, ist begeistert von derartigem Schwung. Und so nimmt Tirpitz' Karriere nun, mit kaiserlichem Rückenwind, richtig Fahrt auf.

1892 avanciert er zum Stabschef des Oberkommandos der Marine – ein konzeptionell denkender Offizier, der 1894 mit der ‚Dienstschrift IX' seine an jenem US-amerikanischen Seehistoriker und -strategen Alfred Thayer Mahan geschärften Gedanken zur Begründung einer zur Offensive fähigen Schlachtflotte als Machtinstrument eines Staates mit ‚Weltinteressen' vorlegt. So wie dieser es in ‚The influence of Seapower upon history' verkündet hatte – in einem Buch, das der Kaiser nach eigenem Bekunden nicht nur ‚verschlang', sondern gar versuchte, „es auswendig zu lernen", in jedem Falle aber für die Dienststellen ‚Seiner' Marine übersetzen und nachdrucken ließ. „Der Dreizack gehört in unsere Faust!" hatte Wilhelm II. ausgerufen, und der von seinem Reichskanzler Bernhard von Bülow beschworene „Platz an der Sonne" führte über die See. Mahan hatte dazu das ‚Rezeptbuch' geliefert, und Tirpitz würde ihm, dem Marinekaiser, den Weg dorthin bahnen.

Wilhelm II. holt den energischen Mann mit dem Gabelbart dazu von weither zurück: aus China, wo er seit 1895 als Chef der Ostasiatischen Kreuzerdivision wesentlich am Zustandekommen des ‚Pachtvertrages' für die deutsche Marineansiedlung Tsingtau in der Bucht von Kiautschou beteiligt war. Am 15. Juni 1897 wird Tirpitz Staatssekretär des Reichsmarineamtes – zuständig für Verwaltung, Ausbildung und Schiffbau, de facto Marineminister – und Nachfolger des glücklosen Konteradmirals Friedrich Hollmann, dem es trotz mehrfacher Anläufe zuvor nicht gelungen war, die Flottenpläne des marineenthusiastischen Kaisers durch den Reichstag zu bringen. Tirpitz' erste, gleichermaßen heikle wie schließlich gelungene Tat war es nun, die Ausrichtung der künftigen Flotte auf die vom Kaiser so sehr gewünschten und geliebten schnittigen Kreuzer zu den Akten zu legen: „Linienschiffe in so hoher Zahl wie möglich", das war jetzt die Devise. So dekretierte es der neue Mann – selbstbewusst und unbeirrt angesichts der Aussichtslosigkeit eines Kreuzerkrieges für ein Land wie Deutschland, das in Übersee nicht, wie die Engländer, über eine Vielzahl von Stützpunkten verfügte – in seinem in Bad Ems vor Dienstantritt im Reichsmarineamt verfassten Memorandum „mit dem unscheinbaren Titel" (Volker R. Berghahn) ‚Allgemeine Gesichtspunkte bei der Feststellung unserer Flotte nach Schiffsklassen und Schiffstypen' vom Juli 1897.

Mit Tirpitz hatte der Kaiser nicht nur einen umtriebigen und ehrgeizigen, sondern auch technisch interessierten und systematischen, planungsstarken Kopf gewonnen, der gleichermaßen von seinen Fähigkeiten überzeugt war wie von einem einmal eingeschlagenen Weg nicht mehr abzubringen: „Ziel erkannt, Kraft gespannt!" – so der Wahlspruch des ‚Meisters', wie ihn, zu seiner großen Freude, ehrfurchtsvoll seine Mitarbeiter und ‚Schüler' nennen. So ging er nun ans Werk: Auf der Basis seiner seit seiner ‚Denkschrift IX' von 1894 nicht mehr veränderten Sichtweise von der alleinigen Bedeutung großer Schlachtflotten im Kampf um den „Platz an der Sonne" entwirft er eine Flotte, die zur allgemeinen Überraschung deutlich kleiner als erwartet ausfällt und vor allem auch als vom Kaiser gewünscht. Anders als Admiral Hollmann bringt aber Tirpitz seine Überlegungen in eine systematische Form: Gliederung der Schlachtflotte in zwei Geschwader à 8 Linienschiffen (= der alte Begriff aus der Segelschiffzeit) sowie einem Flottenflaggschiff als operativem Kern des gesamten Flottenensembles mit festgelegter Zahl und, der eigentliche ‚Clou' des Gesetzes, „der springende Punkt der Vorlage" (Admiral Scheer), mit fixen Ersatzfristen: 25 Jahre für die Linienschiffe, 20 Jahre für die vorgesehenen 12 Großen und 30 Kleinen Kreuzer – eine gleichsam im Bestand ‚eiserne', sich selbst regenerierende Flotte, gegossen in Gesetzesform und damit auch von wechselnden Parlamentsmehrheiten oder Stimmungen unabhängig.

Als eine der ersten Amtshandlungen verfügt der ‚Meister' sodann die Einrichtung eines ‚Nachrichtenbureaus' im Reichsmarineamt, einer Flottenpropagandazentrale. Und flankierend zum parlamentarischen Befassungsgang entfaltet Tirpitz eine Kampagne, wie sie Deutschland noch nicht erlebt hatte und die das einstmalige ‚Flottenfieber' des Vormärzes, das immerhin im Revolutionsjahr 1848 die erste „deutsche Marine" gebar, noch weit in den Schatten stellte. Allenthalben in deutschen Landen wird man wieder, wie schon zu jenen vormärzlichen Zeiten von Heinrich Heine diagnostiziert, zu „begeisterten Matrosen", die Kinder im ‚Kieler Knabenanzug' und die ‚Flottenprofessoren' am Universitätskatheder mit flammenden Vorlesungen zu deutscher Seemacht in Vergangenheit und Zukunft.

Am 10. April 1898 passiert das Flottengesetz problemlos den Reichstag. Der Kaiser ist vor Freude außer sich, habe Tirpitz doch „das allen unglaublich dünkende in acht Monaten zu Wege gebracht. Wahrlich ein gewaltiger Mann!" Die Bestandsforderungen selbst sind maßvoll und keineswegs spektakulär. Doch dies wird sich bald ändern; denn das Flottengesetz von 1898 ist nur die erste Etappe, der „Sprung über den Stock" für das Parlament, so Tirpitz, Auftakt eines längst für die Zukunft ausgeplanten weiterreichenden Rüstungsprozesses, des ‚Tirpitz-Planes' (Volker R. Berghahn). Als dieser „Sprung" gelungen ist, und der „Stock" wird dabei mit Absicht nicht sehr hoch gehalten, wird dies erste Flottengesetz wieder kassiert und durch ein neues, planerisch weit umfangreicheres, ersetzt. Die Parlamentsvorlage wird immer wieder geschliffen, „gerollt", wie es Tirpitz nennt, um es geschmeidig und akzeptabel für eine ausreichende Mehrheit der Parlamentarier werden zu lassen und dies mit einem noch größeren Aufwand an PR-Maßnahmen als noch 1898 durch das ‚Nachrichtenbureau' des Reichsmarineamtes zu flankieren – jener umtriebigen Propagandazentrale, stets an der kurzen Leine des ‚Meisters', die nun alle Register zieht und ein Feuerwerk an Flottenwerbung abbrennt: Bücher, Vorträge, Offiziere in Schulen, ‚Open Ship', Unterrichtung und Mitfahrten von Politikern, Industriellen und Bankiers, Versorgung der Presse mit fertigen Artikeln, diese begleitet von einer Fülle eigener Publikationen, von Reinhold Werners ‚Deutschlands Ehr im Weltenmeer' bis zu großformatigen Bildbänden von Marinemalern wie Carl Saltzmann, Willy Stöwer und Hans Bohrdt und nicht zuletzt maritimen Schauspielen von der ‚Kieler Woche' bis zum Marionettentheater. Und dies alles orchestriert von Tirpitz, der hier eine hoch innovative Öffentlichkeitsarbeit gleichsam ‚neuen Typs' kreiert, die er virtuos und kraftvoll, namentlich auch durch Nutzung aller verfügbaren Medien, bedient. Tirpitz aber lässt nicht nur schreiben, reden und malen, er lässt auch bauen. Heinrich Walle weist in diesem Buch ausführlich darauf hin, wie in der architektonischen Gestaltung der Kieler Marinebauten sowie der Marineschule Mürwik gerade das avantgardistische künstlerische Design von hansischem Klinkerbau mit Jugendstil-Ornamentik die politisch-kaiserliche Botschaft, „Reichsgewalt ist Seegewalt", vermittels Architektur und Emblematik transportiert wird. Tirpitz – ein merkwürdig moderner, neuer Technik wie Kunst gleichermaßen aufgeschlossener ‚homo faber', in seinen politischen Auffassungen gleichwohl und gelinde gesagt erzkonservativer Mann, ein brillanter PR-Agent seiner selbst und Seiner Majestät Marine – und das mit durchschlagendem Erfolg:

Am 14. Juni 1900, also just am Tag des ersten Flottenbeschlusses der Nationalversammlung in der Frankfurter Paulskirche 1848, unterschreibt der Kaiser, der selbsternannte ‚Imperator Rex', zudem sinnigerweise auf der Rekonstruktionsbaustelle des ehemaligen Römerkastells Saalburg, das novellierte, nun zweite ‚Gesetz, betreffend die deutsche Flotte'. Dies ersetzt nicht nur das erste von 1898. Es sieht vielmehr mit der Vermehrung der bisherigen zwei Geschwader auf nunmehr deren 4 „zu je 8 Linienschiffen", 2 Flottenflaggschiffen, dazu 8 Großen und 21 Kleinen Kreuzern neben weiteren 13 Kreuzern für die „Auslandsflotte" und 4 Linienschiffen mit 7 Kreuzern als „Materialreserve", nicht weniger als die Verdopplung der deutschen Hochseeflotte vor.

Ein Paukenschlag von Rüstungsplanung, systematisch und voluminös. Dies wird England, in den Worten von Tirpitz den „für Deutschland

34

zu Zeit gefährlichsten Gegner zur See", ebenso auf den Plan rufen wie die heimische Sozialdemokratie. Tirpitz, der am Tag der Verabschiedung des Zweiten Flottengesetzes in den preußischen Erbadel erhoben wird, weiß das – und dem gilt es vorzubauen.

Dazu wird in den Begleit- und Begründungsdokumenten des Zweiten Flottengesetzes der ‚Risikogedanke' eingeführt, nämlich eine Flotte zu planen, die zwar zur Offensive fähig sei, aber allein durch ihre bloße Quantität und Kampfkraft Angriffe auf Deutschland verhindern solle. Eine Abschreckungsflotte mithin – allerdings auch, so Tirpitz am 28. September 1899 in einem Immediatvortrag beim Kaiser, eine „so gewaltige Macht, dass nur noch England überlegen. Aber auch England gegenüber (…) haben wir zweifellos gute Chance." Denn England werde angesichts einer mächtigen deutschen Flotte, so führt der ‚Meister' weiter aus, „vom rein nüchternen Standpunkt des Geschäftsmannes aus jede Neigung uns anzugreifen, verloren haben" – d. h. freie Hand für den Kaiser und die „Möglichkeit grosser überseeischer Politik", den Dreizack also in die Faust zu bekommen und damit aber de facto Englands Abdankung als allein führende Welt- und Seemacht herbeizuführen.

Alles in allem ein Flottenbau, der nicht nur eine außenpolitische Komponente hatte, sondern ebenso eine innenpolitische Zielrichtung: Sollte er doch, so Tirpitz an seinen Mentor General Albrecht v. Stosch, von 1872 bis 1883 erster Chef der Kaiserlichen Admiralität, auch ein „starkes Palliativ gegen die Sozialdemokratie" sein, ein Beruhigungsmittel für die industrielle Arbeiterschaft, die dadurch nicht nur vom Zuwachs an Schiffbauaufträgen profitieren, sondern auch von der Glorie einer dadurch er-rüsteten ‚Weltstellung' erfasst werden würde. Derart sediert und geblendet aber sei sie, so das namentlich von Berghahn auf den Begriff gebrachte Kalkül, umso mehr geneigt, weitergehenden sozialen Forderungen oder denen zu mehr politischer Teilhabe zu entsagen.

Am Ende führt Tirpitz die deutsche Flotte nicht nur auf den zweiten Platz der Flotten der Welt, sondern den Reichshaushalt auch in eine arge Krise, die Marine selbst hingegen heraus aus ihrem „Minderwertigkeitskomplex" (Gerhard P. Groß), den sie von Anfang an mit sich herumtrug – mit der aus Sicht einer Kaiserlichen Marine zweifellos unglückseligen Gründung als Geschöpf der deutschen Revolution von 1848 mit ihrem spezifischen „Ludergeruch", so der damalige Preußenkönig Friedrich Wilhelm IV., und ihrer dann ebenso wenig ehrenvollen Versteigerung unter dem Auktionshammer Hannibal Fischers. Und in der Folge vor allem auch der eher spärlichen Beteiligung der Marine bei der Gründung des deutschen Kaiserreiches im Zuge des Deutsch-Französischen Krieges mit der schmählichen Nichtanerkennung ihrer Tätigkeit im Krieg 1870/ 71 als Kriegsdienstzeit durch die kaiserlichen Pensionsbehörden, und schließlich zu allem Überfluss auch noch der Arbeit der Marine von 1871 bis 1888 „unter Landgenerälen" (Tirpitz). Für eine Marine, die in dem Bewusstsein lebte, „zu spät gekommen zu sein und ihre Existenzberechtigung noch unter Beweis stellen zu müssen" (Wulf Diercks), war die plötzliche Gunst, die ihr ab 1888 durch den neuen Mann auf dem Hohenzollern-Thron, Wilhelm II., zu Teil wurde, geradezu eine psychotherapeutische Steilvorlage. Prinz Heinrich hatte dies auch in einem Schreiben an seinen kaiserlichen Bruder deutlich gemacht: „Nur durch einen solchen Geist werden wir befähigt mit Deiner glorreichen Armee in einem Athem genannt zu werden." Endlich ein Feld, auf dem die Marine reüssieren und ihren Minderwertigkeitskomplex saturieren kann, kommt sie doch nun aus ihrer Jahrzehnte währenden Schattenexistenz an jenen „Platz an der Sonne", den nur sie allein dem Deutschen Reich und seinem Kaiser in der Welt schaffen kann — unversehens und unter den Händen von Tirpitz zu einem heilsgeschichtlichen Instrument geworden. Der alte Flottentraum der 1848er Revolution, auf den Tirpitz bezeichnenderweise gleich eingangs seiner ‚Erinnerungen' Bezug nimmt, wird von ihm nun unter dem Motto „Weltpolitik als Aufgabe, Weltmacht als Ziel, Flotte als Instrument" reanimiert; und der Kaiser kleidet die nun heranstehenden großen maritimen Aufgaben und den Weg, gleichsam das Fahrwasser zur Weltmacht, in die Sätze „Der Ozean ist unentbehrlich für Deutschlands Größe" und „Deutschlands Zukunft liegt auf dem Wasser!"

Als die Engländer dann um die Jahreswende 1899/ 1900 zwei deutsche Postdampfer mit vermeintlicher Konterbande für die Buren aufbringen, sieht Tirpitz die Gelegenheit, sein Zweites Flottengesetz zu ‚zünden': „Jetzt haben wir den Wind, den wir brauchen, um unser Schiff in den Hafen zu bringen; das Flottengesetz geht durch." Und so war es: Am 12. Juni 1900 stimmt der Reichstag zu, zwei Tage später unterschreibt es der Kaiser an historischem Ort: „Gegeben Castell

Saalburg bei Homburg v. d. Höhe, den 14. Juni 1900." Das neue Flottengesetz reklamiert er, immerhin hatte er es ja unterschrieben, auch sofort für sich: „Mein Risikogedanke!" sei darin verankert, der Reichstag ausmanövriert, und nun, so der Kaiser in gewohnt schneidiger Form, sollen „die Hunde zahlen, bis sie blau werden."

Tatsächlich und trotz allem kaiserlichen Gedröhne aber bleiben die eigentlichen Triebfedern der Tirpitzschen Flottenrüstung verborgen, oszillierend zwischen der Konzeption einer dem Reichstag gegenüber erklärten ‚Risikoflotte', einem puren Abschreckungsinstrument also, einer wie auch immer gearteten Gleichberechtigung mit Britannia oder doch dem Griff nach der Weltmacht mittels eines systematischen, kontinuierlichen und ganz ohne Seeschlacht auskommenden Verdrängens der englischen Flotte und Nation vom ersten Platz auf der See und in der Welt – mithin eher eine Verdrängungs- denn Risikoflotte. Ob tatsächlich des Kaisers Vorstellung von seiner Position in der Welt, seine Berufung auf die imperiale Tradition alten deutschen Kaisertums oder auch Tirpitz' Treitschke-Verehrung die Plausibilität einer bloßen ‚Risikoflotte', wie sie dem Reichstag schmackhaft gemacht wurde, relativieren könnte, wird ausführlicher im ‚Akademischen Anhang' dieses Buches abgehandelt. Auffällig zumindest ist aber, dass der ‚Risikogedanke' ja auch durch zeitgenössische Stellungnahmen selbst, zudem von hoher wie gar Allerhöchster Stelle, desavouiert wurde: So bekundete Admiral William Michaelis, dass „den Risikogedanken meines Wissens keine maßgebliche Stelle ernst genommen habe"; und der Kaiser höchst selbst, der sich diese Idee des ‚Meisters' im Reichsmarineamt und seiner dortigen ‚Torpedobande', den Kampfgefährten aus alten Torpedobootszeiten, spornstreichs selbst an die Brust heftete („Mein Risikogedanke!"), tönte schließlich, wie er den Reichstag, die von ihm von Herzen verachtete „Schwatzbude", mit eben diesem, offensichtlich bewusst verschleiernden Begriff, den man sich natürlich in Wahrheit im Reichsmarineamt ausgedacht hatte, übertölpelt und dazu gebracht habe, das Zweite Flottengesetz und damit die Verdopplung ‚Seiner' Flotte und die gesetzliche Verewigung ihres Schiffsbestandes durchzuwinken: „Da habe ich das Parlament ganz schön hereingelegt."

Die Engländer allerdings nicht. Hier erkennt man sogleich das Potential dieser entstehenden neuen deutschen Flotte. Nachdem John Fisher, ein Mann, der Tirpitz in puncto systematischer Planung, Akribie und Durchsetzungsvermögen in nichts nachsteht, 1904 das Amt des First Sea Lords übernommen hat, ist die englische Antwort auf die deutsche Herausforderung zur See schnell da, und sie erscheint auf zwei Feldern: dem der auswärtigen Politik mit der ‚Entente Cordial‘, dem 1904 geschlossenen Bündnis von England und Frankreich, später gar als ‚Triple Entente‘ zusätzlich mit Russland, und auf einem Feld, das Tirpitz, der bei seinen Rüstungsplanungen vor allem in Quantitäten gedacht hatte, massiv überrascht und überrumpelt – mit einer technischen Innovation, ja einer Revolution im Kriegsschiffbau, die letztendlich all seine Berechnungen obsolet werden lässt: Im Oktober 1905 wird in England mit dem Bau eines neuen Kriegsschifftyps, der DREADNOUGHT, begonnen, mit 10 x 30,5 cm Rohren in fünf Doppeltürmen als Hauptbewaffnung, kampfkräftiger als alle zuvor gebauten Linienschiffe.

Tirpitz hatte nun die Möglichkeit, sein fein modelliertes Rüstungsprogramm von Neu- und Ersatzbauten aufzugeben oder mitzurüsten, den maritimen Fuhrpark des Kaisers gleichsam auch auf ‚Dreadnought‘-Beine zu stellen. Und so geschah es: Mit der NASSAU-Klasse werden, unter erheblichen und zusätzlichen finanziellen Klimmzügen, die ersten deutschen ‚Dreadnoughts‘ auf Stapel gelegt, das Typschiff am 7. März 1908 auf der Kaiserlichen Werft in Wilhelmshaven.

Getreu seinem Wahlspruch „Ziel erkannt – Kraft gespannt!" baut Tirpitz, unter dem Schutz seines Kaisers, also weiter. Doch auch die Engländer waren ob der ungeheuren Haushaltsmittel, die das ‚Naval Race‘ zunehmend verschlang, ohne dass Tirpitz den britischen Vorsprung nennenswert verringern konnte, an Schadensbegrenzung interessiert. Deshalb versuchte der britische Kriegsminister Lord Richard Burdon Haldane 1912 mit einer Reise nach Berlin, noch Mäßigung und Begrenzung der dortigen Flottenrüstung zu erwirken, doch er blitzte bei Kaiser, Tirpitz und Bethmann Hollweg ab und reiste unverrichteter Dinge wieder ab. Eine letzte Chance war vertan, und der Kaiser schrieb stolz, er habe dem deutschen Volk sein „Anrecht auf die Seegeltung" gerettet.

So blieb es beim Umschlag des technologischen wie vor allem auch des finanziellen Wettlaufes in eine aussichtslose Aufholjagd bis zum Beginn des Weltkrieges, in dem sich die Engländer per Fernblockade der erhofften Entscheidungsschlacht entziehen; bis es zu einem eher zufälligen Treffen der beiden Flotten vor dem Skagerrak kommt, das dann zur größten Seeschlacht der Geschichte und auf Seiten der Briten 6094 und deutscherseits 2550 Soldaten das Leben kosten wird. Ein zweifelhafter ‚Sieg' über die Engländer, den Wilhelm II. allzu voreilig hinausposaunt. Der ‚Sieg' veränderte die prekäre strategische Lage der deutschen Hochseeflotte, durch die britische Sperrung der Nordseeausgänge gleichsam in der Deutschen Bucht gefesselt zu sein, nämlich keineswegs und führte vielmehr den Chef der Hochseeflotte und Kommandierenden vor dem Skagerrak, Admiral Reinhard Scheer, zu der Schlussfolgerung, dass von den großen Schiffen keine Entscheidung mehr zu erwarten sei und es nun allein die U-Boote würden richten müssen.

Tirpitz, der sich geradezu verzweifelt im Verlaufe des Krieges immer vehementer für den uneingeschränkten U-Bootkrieg ausgesprochen hatte, wird im März 1916, längst einflusslos geworden, entlassen – oder anders: seinem Gesuch auf Demissionierung wird vom Kaiser stattgegeben. Und dann waren es am Ende des Krieges wie des Tirpitzschen Lebenswerkes ausgerechnet die Schiffe und Besatzungen Seiner Majestät, die den Funken der Revolution entzündeten und nicht nur die Hohenzollernmonarchie hinwegfegten, sondern auch die Flotte, die sich am 21. Juni 1919, interniert in der Bucht von Scapa Flow, schließlich selbst versenkte. Für Tirpitz, so schreibt er es in seinen ‚Erinnerungen' von 1919, nicht nur ein schrecklicheres Ende als das der versteigerten Flotte von 1848; es war ebenso die Vernichtung seines Lebenswerkes, das nun, so der ehemalige Flottenbaumeister, „mit einem Minus" ende. Schuld daran aber seien andere, habe doch das deutsche Volk „die See nicht verstanden."

Dabei sah es angesichts einer nicht einmal mehr im Hafen, sondern nun gar auf dem Grunde der Bucht von Scapa Flow ‚schlafenden' deutschen Flotte doch fast so aus, als sei er es selbst gewesen, der mit der vermeintlich alles entscheidenden Schlacht bei Helgoland just jene Bedeutung geografischer Positionen für die Entfaltung von Seemacht übersehen hatte, die die Engländer mit ihrer Fernblockade für die Ausschaltung seiner ‚Risikoflotte' nutzten – und sich eben nicht, wie deutscherseits erwartet und erhofft, vor der deutschen Nordseeküste zur Schlacht stellten.

Nach seinem Abschied aus dem Amt 1916 wurde Tirpitz 1917 Mitbegründer der rechtsnationalen Deutschen Vaterlandspartei, 1924 dann Reichstagsabgeordneter der Deutschnationalen Volkspartei und zog sich vier Jahre später aus der Politik zurück. Er starb am 6. März 1930 in Feldafing am Starnberger See. Sein Grab befindet sich auf dem Waldfriedhof in München.

Literaturauswahl

Berghahn, V. R., Der Tirpitz-Plan. Düsseldorf 1971.

Epkenhans, M., Tirpitz. Architect of the German High Seas Fleet. Washington 2008.

Kaulisch, B., Alfred von Tirpitz und die imperialistische deutsche Flottenrüstung. 2. Auflage Berlin/ DDR 1982.

Schulze-Wegener, G. (Hrsg.), Militär & Geschichte Extra. Sonderheft Nr. 10. Tirpitz und die deutsche Schlachtflotte. München 2018.

Tirpitz, A. v., Erinnerungen. 6. Auflage Leipzig 1942 (Erstausgabe 1919).

2.3.   Alfred von Tirpitz, der Fortschritt und die Sektsteuer

Großadmiral von Tirpitz. Gemälde von Lovis Corinth (1858-1925), 1917

Schwarzqualmende Linienschiffe in stürmischer See auf einem großen
Wandbild im Ausflugsrestaurant an der Saalburg sind bis heute die
bleibende Erinnerung des Verfassers an einen Schulausflug im Jahr
1952 zum Römerkastell Saalburg bei Bad Homburg im Taunus. Das
damals noch vorhandene Relikt war die erste Begegnung der weit
verbreiteten Aktivitäten einer Propaganda, mit der Großadmiral Alfred von Tirpitz als Staatsekretär des Reichsmarineamtes das gesamte
deutsche Volk für seine gigantischen Flottenbaupläne zu mobilisieren
versuchte. Mit solchen Bildern, aber vor allem auch mit einer Fülle
unterschiedlichster Veröffentlichungen, sollte die Bevölkerung von

41

der Notwendigkeit einer großen Flotte überzeugt werden. So erschien das 1867 von Reinhold Werner erstmalig veröffentlichte ‚Buch von der Deutschen Flotte' seit 1900 nach zahlreichen Neuauflagen unter dem Titel ‚Deutschlands Ehr im Weltenmeer'. Bildmappen wie ‚Deutschland zur See' wurden seit 1900 mit Farbdrucken deutscher Kriegsschiffe nach Vorlagen von den damals ebenfalls für die Flottenwerbung tätigen Marinemalern wie Carl Saltzmann, Willy Stöwer und Hans Bohrdt veröffentlicht. Sie waren ungemein populär und weit verbreitet. Ihre Bildtafeln dienten oft noch bis in die 80er Jahre des vergangenen Jahrhunderts als Wandschmuck in Offizier- und Soldatenheimen. Zu dieser Kategorie von Bildwerken gehörte auch das großformatige ‚Marine-Album', das etwa seit 1910 erschien. Hier wurden die neuesten deutschen Kriegsschiffe auf hochwertigen Schwarzweiß-Reproduktionen von Fotos dargestellt. Dieses ‚Marine-Album' wurde offensichtlich öfter als Preis für Bestleistungen an Gymnasiasten oder Kadetten überreicht und diente damit direkt der Nachwuchswerbung.

Tirpitz muss eine Persönlichkeit gewesen sein, die wie kaum einer seiner Fachkollegen bewusst moderne Kunst zur Vermittlung politischer Zielsetzungen als Ausdrucksmöglichkeit für technisches Selbstverständnis mit nationalem Geltungsanspruch gesehen hat. Das wird besonders deutlich in der Baugestaltung des zwischen 1902 bis 1915 errichteten Marinestützpunktes in der Kieler Wik. Kasernen, Werkstätten, ein großes Marinelazarett, Wohnbauten und vor allem die Petruskirche sind nicht mehr im historisierenden Baustil, sondern unter deutlicher Nutzung des damals modernen Jugendstils gestaltet worden. Künstlerischer Mittelpunkt dieses ganzen Stadtviertels ist die heute unter Denkmalschutz stehende Petruskirche, an deren Bauausführung, wie aus den Akten ersichtlich, Tirpitz bis in die Detailplanung Einfluss genommen hatte. Auch die 1912 fertiggestellte Marineschule in Flensburg-Mürwik ist ein gelungenes Beispiel der Nutzung künstlerischer Mittel zum Ausdruck von Zielsetzungen maritimer Sicherheitspolitik. Von Kaiser Wilhelm II. als historisierendes Bauwerk favorisiert, ließ der Großadmiral einen Zweckbau errichten, der heute noch ohne grundlegende Veränderungen als zentrale Ausbildungsstätte für die Marineoffiziere dient. Durch die Backsteinverblendung der Fassaden im Stil hanseatischer Backsteingotik geschah zwar ein Rückgriff auf die Hanse als „deutsche Seemacht des Mittelalters". Das aber war preiswerter als der Skulpturenschmuck eines historisierend gestalteten Bauwerks. In den Türbeschlägen, Fenstergriffen und Treppengeländern sowie den Innenräumen sind Elemente des Jugendstils jedoch unverkennbar. Nicht von ungefähr steht die Marineschule Mürwik heute ebenfalls unter Denkmalschutz. Auch die Innenausstattung der Offiziersmessen der neuen Kriegsschiffe sollte „modern" sein. So wurde Professor Richard Riemerschmid als Designer und Architekt, damals führend im Deutschen Werkbund, mit der Gestaltung der Messen für 13 Kreuzerneubauten beauftragt. Sie sollten „geschmacklich, praktisch, behaglich und unenglisch" sein (s. ausführlich Kapitel 5.).

Mit dem ‚Deutschen Flottenverein', der am 30. April 1896 gegründet wurde, hatte Tirpitz einen Interessenverband ins Leben gerufen, der 1908 mehr als eine Million Mitglieder stark war und damit eine ähnlich hohe politische Bedeutung hatte wie beispielsweise heute der ADAC. Mit diesem „Verein" wurden vor allem auch Reichstagsabgeordnete für die Zustimmung der zum Flottenbau notwendigen Gelder motiviert. Der Flottenverein gab die Zeitschrift ‚Überall' heraus, mit der die Ziele der Flottenpolitik verbreitet wurden. Ein Mittel zur Förderung der Flottenbegeisterung war auch der so genannte „Kieler Knabenanzug". Als praktische, kleidsame und auch kostengünstige Kleidung für Jungen und Mädchen wurde die Matrosenuniform verbreitet. Die Firma Bleyle lieferte hier preiswerte Massenkonfektion, die sich vor allem beim Bürgertum als modische und praktische Kinder- und Jugendkleidung großer Beliebtheit erfreute. Wenn man auf einem 1912 aufgenommenen Bild von einem Ball im Gouverneurspalast von Tsingtau Tänzer in Matrosenuniform sieht, so waren das keine Mannschaftsdienstgrade der Marine, sondern die Söhne höherer Offiziere und Beamten.

Tirpitz war, so der Historiker Michael Salewski, „zutiefst ahistorisch, begriff Geschichte immer nur als Tradition. Anders als die Politiker seiner Zeit erkannte er den Wert von Öffentlichkeitsarbeit, mit der er in geradezu genialer Weise Kräfte zu Erreichung seiner politischen Ziele zu mobilisieren verstand." Als „moderner Mensch, der in der Zukunft lebte", so Salewski, ließ Tirpitz sich schließlich auch vom Maler Lovis Corinth, einem Klassiker der Moderne und führenden deutschen Impressionisten, porträtieren.

Kulinarisch-fiskalischer Nachtrag: Der Sekterlass des Staatssekretärs des Reichsmarineamtes Vizeadmiral Alfred Tirpitz

Zahlreiche rosa- und lichtgrünfarbene kleine Zettel in einem Aktenkonvolut aus der Zeit um 1900 fielen dem Verfasser im Bundesarchiv-Militärarchiv zu Freiburg bei einem Magazinbesuch auf. Dieses Aktenbündel aus den Beständen des ehemaligen Reichsmarineamtes hätte auch eine Quelle zu Thomas Manns Roman ‚Die Bekenntnisse des Hochstaplers Felix Krull' sein können. Es war aber der Vorgang eines Schriftverkehrs, den Sektkellereien aus dem Rheinland mit dieser Spitzenbehörde der Kaiserlichen Marine führten. Die kleinen bunten Zettel waren das Geschäftspapier von Sektfabrikanten. Anlass war eine Beschwerde, dass man erfahren habe, dass kürzlich, d. h. um 1900, ein deutsches Kriegsschiff mit französischem Champagner getauft worden sei. Das verstieße gegen die nationale Ehre, aber eigentlich wollte man ein Sektmonopol zur Belieferung der Messen deutscher Kriegsschiffe erhalten. Vizeadmiral Alfred Tirpitz, seit 1897 Staatssekretär des Reichsmarineamtes, entschied salomonisch:

1. Deutsche Kriegsschiffe sind grundsätzlich mit Schaumwein deutscher Herkunft und Produktion zu taufen!

2. Diesen Schaumwein dürfen deutsche Kellereien der Kaiserlichen Marine zu diesem Zweck kostenlos zur Verfügung stellen.

3. Ein Monopol zur Belieferung der Messen deutscher Kriegsschiffe wird nicht erteilt. Die Messen wirtschaften eigenverantwortlich und beziehen ihren Schaumwein dort, wo er am günstigsten ist.

Leider vergaß der Verfasser, die Signatur dieser Archivalie zu vermerken. Und so ging es aus: Der Deutsche Reichstag beschloss 1902 eine „Sektsteuer" zur Finanzierung der im Bau befindlichen Flotte. Von einem damaligen Durchschnittspreis von 2,50 Mark pro Flasche wurden 0,50 Mark als Steuern an den Fiskus abgeführt. Um 1905 sind dadurch 5,5 Mio. Mark zustande gekommen, was damals etwa 0,59% der gesamten Rüstungsausgaben des Deutschen Reiches ausmachte.

Literaturauswahl

Salewski, M., Tirpitz. Aufstieg-Macht-Scheitern. Persönlichkeit und Geschichte. Göttingen 1979.

2.4. „Mein Feld ist die Welt." – Des Kaisers Reeder: Albert Ballin

Albert Ballin (1857-1918) an Bord der AUGUSTA VICTORIA.
Zeichnung von Christian Wilhelm Allers, 1891

„Mein Feld ist die Welt", so der Wahlspruch Albert Ballins, General-direktor der Hapag, Freund des Kaisers, Patriarch und Patriot, König von Hamburg. Und diese Welt tat sich vor einigen Jahren wieder auf: in des Autors und Dokumentarfilmers Klaus Eichlers Buch – einer Schatzkiste, die in Bild und Text das birgt, was ein Zufallsfund auf dem Anwesen des Urenkels von Albert Ballin, dem Kino-Unter-nehmer Heinz Hueber und seiner Frau Ingrid, genauer gesagt auf dem Dachboden ihres alten Bauernhauses in Oberösterreich, wieder zu Tage förderte. Dort befanden sich jahrelang unberührt einige alte Koffer und Kisten, die, so stellte sich später heraus, 1944 von Hamburg hierher transportiert worden waren und dann, nach dem Tod von Huebers Mutter Ursula, der in Hamburg aufgewachsenen Tochter von Ballins Adoptivtochter Irmgard, dem Vergessen anheimgefallen waren. Nachdem Ingrid und Heinz Hueber bereits viele Jahre lang mit Gegenständen aus Ballins Besitz, Möbeln, Gemälden, Fotoalben, Geschirr, Silberbesteck mit eingraviertem AB lebten und Ballins legendären Zwicker in einer Glasvitrine aufbewahrten, beschließen sie im Jahre 2014, die bisher ungeöffneten Kisten auf ihrem Dachboden, teils mit den Aufschriften „MB" (Marianne Ballin) und „Albert Ballin, Hamburg", zu öffnen. Und dann eröffnet sich diese ‚Welt' Albert Ballins auf Neue und fast 100 Jahre nach seinem Tod: Fotos, Briefe, Dokumente und weitere persönliche Gegenstände des ‚Kaisers Reeders' erblicken wieder das Tageslicht, Fotos von Familie und Villa, Hafenpanoramen, Porträtgemälde und immer wieder Bilder von Schiffen. Der Riesen-Passagierdampfer IMPERATOR mit seinen Schwimmbädern, Fahrstühlen und Speisesälen allen voran, Ballin im weißen Anzug im Deckstuhl, dazu Plakate, Zeitungsartikel und private Dokumente vom Gästebuch bis zur Sterbeurkunde. Der Chef der ehemals größten Reederei der Welt kehrt gleichsam wieder zurück.

Albert Ballin war ein Kind des Hamburger Hafens. Geboren am 15. August 1857, wuchs der spätere Generaldirektor der Hapag als jüngstes von dreizehn Kindern des dänischen Einwanderers Samuel Joel Ballin und der aus einer Altonaer Rabbiner- und Kaufmannsfamilie stammenden Mutter Amalie an den Fleeten der Hansestadt auf. Dort befand sich auch die kleine Auswanderer-Agentur seines Vaters, Morris & Co. am Stubbenhuk, die der Sohn schon 1874 nach dem frühen Tod des Vaters übernahm und zu großem Geschäftserfolg führt. „Ich wünsche nicht Sie zu sprechen, junger Mann, sondern den Inhaber der Firma", so wurde Ballin, seiner Biografin Susanne Wiborg folgend, bei Geschäftskontakten gern beschieden. Gleichwohl merkte man bei den etablierten Linien schnell, dass ihnen hier ein ernstzunehmender Rivale erwuchs, gedankenschnell und kreativ. Die Reeder Carr und Sloman gewinnt er als Partner, bietet über britische Reedereien deutlich günstigere Atlantikpassagen an und bricht damit erheblich vor allem in die Geschäfte der Hamburg-Amerikanischen Packetfahrt-Actiengesellschaft, der Hapag, ein – bis er schließlich, seit 1883 mit Marianne, geb. Rauert, verheiratet, auf Initiative des Hapag-

Aufsichtsratsvorsitzenden Carl Laeisz, am 31. Mai 1886 als Chef ihrer Passage-Abteilung in die Hapag einsteigt und nur zwei Jahre später, im Alter von dreißig Jahren, in deren Vorstand berufen wird. Albert Ballin wird schließlich die Hapag-Flotte von 23 auf 194 Schiffe und die Anzahl der Linien von deren zwei auf 67 vergrößern und die Hapag an die Weltspitze der Reedereien führen.

Von Allerhöchster Stelle erfährt der aufstrebende Schiffs-Manager Gunst und nahezu uneingeschränkte Unterstützung. Denn auf dem deutschen Kaiserthron sitzt seit 1888 ein selbsternannter „passionierter Seemann", ebenso mäßiger wie begeisterter Segler und schon in seiner frühesten Jugend von einer heftigen maritimen Passion befallen, die sich neben der ‚schimmernden Wehr' seiner Flotte auch auf die Passagierschifffahrt erstreckte, zumal er sich auch hier, im Glanz der großen Ozeandampfer, prächtig sonnen konnte; und dies vor allem bei der Teilnahme an Stapelläufen und Schiffstaufen – so wie der des ersten Doppelschraubendampfers der Hapag gleich im Jahr seiner Thronbesteigung.

Das Schiff, so hatte Ballin verfügt, sollte den Namen der Gattin des Kaisers tragen. AUGUSTA VICTORIA prangte sodann auch bei der Taufe am Bug des Dampfers. Allein, da war Ballins Truppe im Werben um die kaiserliche Gunst ein misslicher Fehler unterlaufen, hieß die Kaiserin doch Auguste und nicht Augusta, und im Übrigen schrieb sie sich auch Viktoria. Peinlich genug, der Kaiser sah gnädig darüber hinweg, das Schiff wurde später bei einem Werftaufenthalt in AUGUSTE umbenannt, während das VICTORIA blieb. Und zu allem Unglück wurde der Dampfer nicht einmal von der Namensgeberin getauft, die dies zwar versuchte und die Flasche deutschen Schaumweins auch in Richtung Schiffstäufling schleuderte. Das Getränk kam hingegen dort nicht an, pendelte zurück und der Kaiser selbst beförderte die Flasche nunmehr energisch an den Bug der AUGUSTA VICTORIA, wo sie dann doch noch einigermaßen glücklich zerschellte.

Auch dieses Schiff aber lag, wie alle Passagierdampfer, im Winter beschäftigungslos im Hafen – bis Ballin hier lukrative Abhilfe ersann: Der Leiter der Passage-Abteilung schlug den Hapag-Eignern vor, den Dampfer im Winter auf ‚Excursionsfahrt' gehen zu lassen, in wärmere Gefilde, in die von Mittelmeer und Orient, Landausflüge zu den Häfen inklusive. Die ‚Kreuzfahrt‘ war geboren, Ballin ihr Erfinder und die AUGUSTA VICTORIA das erste Kreuzfahrtschiff. Am 22. Januar 1891 ging es los, ab Cuxhaven, mit 241 Passagieren, Kurs Mittelmeer inklusive Landgängen zu den Pyramiden von Gizeh, nach Jerusalem und auf die Akropolis. Ballin war selbst als Gastgeber an Bord, Journalisten, die anschließend eifrig berichteten, hatte er auch eingeladen und zu allem Überfluss erschien kurz vor der Abfahrt auch noch, „wie ein glänzender Meteor", so eine Zeitung, der Kaiser selbst an Bord, der just an diesem Tage in Cuxhaven weilte und Hafenanlagen inspizierte.

Ballin führte dem Kaiser stolz das Schiff vor, das jener selbst mit der Sektflasche seiner Gattin getauft hatte, und wurde von Majestät gnädigst gelobt: „Sie sehen, meine Herren, wir können in Deutschland Schiffe bauen." Orden werden auch noch verliehen, nach einer halben Stunde rauscht der Kaiser samt Entourage von Bord und die AUGUSTA VICTORIA legt ab Kurs Sonne. Kein Wunder, dass eine knappe Woche nach Auslaufen an Bord Kaisers Geburtstag mit einer Ansprache Albert Ballins begangen wird, die mit den Worten endet: „Lassen Sie es uns verkünden, dass heute überall, wo Gottes Sonne strahlt, wo das Meer seine Woge wälzt, wo immer Deutsche sich befinden, der Ruf erschallt: ‚Gott segne den deutschen Kaiser!‘" Darauf erklangen dann bis spät in die Nacht die Gläser.

So nimmt die Verbindung zwischen dem Kaiser und ‚Seinem Reeder‘ ihren Anfang. Sie wird bis zum Weltkrieg halten und den Bilanzen der Hapag ebenso dienlich sein wie der Illuminierung des Monarchen, der, vor allem auf der Kieler Woche, an Bord der Ballinschen schwimmenden Paläste ‚deutsche Seegeltung‘ auch außerhalb der Linienschiffe seiner Hochseeflotte demonstrieren kann.

Doch Ballins Erfolg entsprang keineswegs der kaiserlichen Gunst. Es war ein selbstgemachter und selbsterlittener: Ballin ist ein ‚workaholic‘, der nicht ausspannen, abschalten kann, nicht einmal richtig schlafen. Dazu bedarf es tagsüber wie nachts schwerer Beruhigungsmittel, Bromwasser und Veronal, von denen er große Bestände in seiner Schreibtischschublade ‚fährt‘. Ballin arbeitet 16 Stunden pro Tag, sieben Tage die Woche, temperamentvoll, zuweilen cholerisch und laut werdend, sich nicht nur der globalen Reederskunst, sondern auch noch dem Mikro-Management widmend, fein säuberlich in seinem Notizbuch und zum Schrecken seiner Angestellten festgehalten: „Toast in der Serviette servieren - warm! Moselwein: Lieferantenliste revidieren! Luxuskammer: kein Platz für Koffer." Ein Pedant und geschworener Feind der Sozialdemokratie und aller ‚umstürzlerischen' Gelüste oder Mitspracherechte, gleichwohl ein jovialer und fürsorglicher Unternehmer. 1907 richtet er eine Sozialpolitische Abteilung ein, etabliert eine eigene Pensionskasse, eine zusätzliche Invaliditätsversicherung für Seeleute und Arbeiter, eine Witwen- und Waisenkasse und ab 1909 lässt er eigene Arbeiterwohnungen und ein Seefahrer-Altenheim in Cuxhaven bauen — ein Patriarch alter Schule und mehr Künstler denn kühl kalkulierender, mit spitzem Bleistift bewaffneter Rechner, wie sein Freund, der Bankier Max Warburg, fand.

Und mit eben jener künstlerischen Gestaltungskraft etabliert er, mittlerweile zum Generaldirektor der Hapag avanciert, mit dem ‚Literarischen Bureau' auch die erste PR-Abteilung in einem deutschen Großunternehmen, zuständig für die Organisation der Pressearbeit bei Schiffstaufen und -besichtigungen, vor allem aber für die Belieferung der Presse mit Broschüren, Plakaten, Fotos und Filmen sowie Artikeln, die Ballin zuweilen auch selbst schreibt.

Im Sommer 1901 ist er erstmalig Gast des Monarchen und nimmt voller Stolz an der kaiserlichen Familientafel teil. Einige Jahre später begannen dann auch die Privatbesuche des Kaisers bei Ballin; eine ganz ungewöhnliche Ehre, die dem Generaldirektor zuteilwurde, der sich als versierter Gastgeber mit opulentem Aufwand bedankte und alle seine geradezu höfischen Festessen minutiös in einem kleinen ledergebundenen Büchlein protokollierte: „75 Gäste, Souper geliefert vom Restaurant Mathaes (Schauspielhaus) ganz vortrefflich. 10 Lohndiener. 10 kleine Tische à 8 Personen. Das Ganze war ein großer Erfolg."

Ab 1905 besucht ihn dann Wilhelm II. seinerseits und höchst selbst – mit dem Sonderzug bis zum neuen ‚Kaiserbahnhof' Dammtor, dann mit dem Auto zur Ballinschen Wohnung, natürlich in seinem ‚Lieblingsornat', der Admiralsuniform. Ungewöhnlich genug für einen König, gar Kaiser, war es doch eiserne preußische Tradition, die Wohnungen von Privatleuten keinesfalls zu besuchen. Ballin lässt sich schließlich 1908 in der Feldbrunnenstraße 58 eine Villa bauen, einen mächtigen, säulenbestandenen Bau, repräsentativ und im Hinblick auf die Allerhöchsten Besuche unbedingt kaisertauglich. Und hier präsidierte dann der Kaiser zumeist einem ‚Gabelfrühstück', und Ballins Gästebuch hält penibel fest: „Frühstück unter Teilnahme des Kaisers (…) 38 Pers. an einer großen ovalen Tafel" – das Ganze garniert mit einem maritimen Vortrag. Im Rahmen eines derartigen ‚Frühstücks' schenkte der Kaiser dem Hapag-Chef auch „seine Broncebüste", wie Ballin in sein Gästebuch notiert, die schließlich ihren Platz unmittelbar neben des Hausherrn Schreibtisch fand.

Des Generaldirektors Einladungen und Gastgeberqualitäten sind legendär, und er lässt alles auffahren, was Küche, Keller und die Hamburger Gästeliste hergeben. Bei ihm, in der Villa wie in seinem Landhaus in Hamfelde, geht die Hamburger ‚Gesellschaft', Politiker, Kaufleute, Wissenschaftler, Künstler und Journalisten, ein und aus, seine Diners und Gartenfeste sind Teil des Geschäftes, Verbindungspflege, Gedankenaustausch, gesehen und gesehen werden. Gastfreundschaft galt bei Ballin aber auch für die, die nicht so leicht in den Genuss von Galadiners kamen: 1892 hatte er bereits ‚Auswandererbaracken' am Amerika-Kai im Hamburger Hafen für den Verwaltungs- und Quarantäneaufenthalt von 1400 Zwischendeckspassagieren geschaffen. Als die Hafenerweiterung diese dort verdrängt, eröffnet er 1901 auf der Elbinsel Veddel die ‚Hapag-Auswandererhallen', mit Wohnquartieren, Speisehalle, Krankenstation, Musikpavillon, einer Synagoge und Kirchen für beide Konfessionen. Eine kleine Stadt von zuletzt 30 Gebäuden, die ab 1939 und endgültig 1963 großenteils abgerissen wurden. Ab 2007 wieder teilweise restauriert, bildet das Terrain heute das ‚Auswanderermuseum BallinStadt Hamburg'.

Diese ausgeprägte, und nur zum Teil geschäftstaktisch motivierte Gastfreundschaft transportiert er schließlich auch an Bord seiner Passagierschiffe. Bequem und luxuriös sollen sie sein, möglichst für alle Passagiere an Bord, und auch für die, die es sich nicht leisten können, in der I. oder II. Klasse zur reisen. Also erfindet Ballin die III. Klasse, Vorläufer der späteren Touristenklasse, und lässt auch hier Stewards an weißgedeckten Tischen servieren. Ein entschiedener Schwenk von Geschwindigkeit und der Jagd nach dem ‚Blauen Band', der schnellsten Atlantiküberquerung, hin zu Luxus und Annehmlichkeit – ein unternehmerischer Coup, der sich auszahlte.

Nun ließ der Generaldirektor auch noch die größten Schiffe der Welt bauen, die sogar die TITANIC in den Schatten stellten: 1913 wird das Typschiff einer neuen Klasse von Hapag-Schiffen in Dienst gestellt, das eigentlich EUROPA hätte heißen sollen. Es war mit 272,2 Metern Länge, 29,4 Metern Breite und 52.117 BRT deutlich größer als die TITANIC mit ‚nur' 269 Metern Länge und 46.329 BRT. Rund 4.000 Passagiere in vier Klassen und 1200 Besatzungsangehörige, davon 350 Heizer, zählt das Schiff unter ‚Vollauslastung'. Es ist, in den oberen Klassen, ein schwimmendes Luxushotel, mit großen, kronleuchterbehangenen Sälen, Fitnessraum, der damals noch ‚Turnsaal' heißt, mit Ladenzeilen, Fahrstühlen, Schwimmbädern und Solarium, mehreren Restaurants in Regie von Ritz-Carlton mit elektrischer Ventilation, dazu wasserdichte, elektrisch bedienbare Schotten zwischen den Abteilungen, die den Mythos der Unsinkbarkeit, der bei der TITANIC ein Jahr zuvor noch so getrogen hatte, nun unter dem Signum ‚Made in Germany' erneut belebt. Und nicht zuletzt verfügt der Dampfer auch über Gewächshäuser für all die Blumen, die die Säle dekorieren und in immer wieder frischer, bunter Pracht die Bankette garnieren. Die Technik des Schiffes ist ‚state of the art', mit drahtloser Telegrafie und Kreiselkompass, und das alles angetrieben von vier Dampfturbinen mit insgesamt 62.000 PS bei 46 Kesseln in vier Kesselräumen.

Getauft wird das mächtige Schiff am 23. Mail 1912 in Hamburg durch den in Admiralsuniform erscheinenden Kaiser auf den Namen IMPERATOR – auf just jenen Namen also, den sich der Kaiser selbst zugelegt hatte und den er seiner Unterschrift gern als Sigle I. R., Imperator Rex, anfügte – eine Position, in der er sich in der Nachfolge der römischen wie der alten deutschen Kaiser sah, oder auch nur sich selbst und seinen Untertanen einredete – als Enkel ‚Barbablancas', der sich daran machte, das von seinem ‚verewigten Großvater', dem Kaiser Wilhelm I., mit Heereskräften geschmiedeten nationalen Deutschen Reich nun, mit den ‚schimmernden' Mitteln der Marine, zu einem Weltreich zu machen. Und dies nicht nur mit der militärischen, sondern auch mit der zivilen Flotte, vornehmlich eben der seines ‚Freundes' Albert Ballin, in dessen ursprünglich kosmopolitisches Namenssignalement (EUROPA) er, direkt oder indirekt, mit dem ‚imperialen' Namen für dieses zunächst größte Passierschiff der Welt deutlich und signifikant eingriff. Eine kaiserliche Besitzergreifung, die Hand nun auch auf die zivile deutsche Flotte legend – in jenem ‚Flotten-Race', das sich schon auf militärischer Ebene, mit zunehmender politischer Brisanz und dem Effekt nahezu zerrütteter Reichsfinanzen, in Regie des Großadmirals Tirpitz ereignete. „Alle Flotten" sollten übertroffen werden, wie schon die mecklenburgische Großherzogin festgestellt hatte.

Nichts liebte der Kaiser mehr, denn als Sieger von Segel-Regatten ins Ziel gefahren zu werden; und dies war der Versuch, dieses Rennen auch auf dem Parkett der ‚christlichen Seefahrt' zu gewinnen – hin zu jenem „Platz an der Sonne", den man zu erobern trachtete, und der, dies spiegelt der IMPERATOR in Gestalt und Namen wider, nichts anderes als der erste Platz in der Welt zu sein hatte. Ein maritimes Großmacht-Zeichen, das man sinnigerweise nur wenige Wochen nach dem Untergang der TITANIC der britischen White Star-Line am 24. April 1912 mit dem Stapellauf des nun größten Passagierschiffes der Welt nicht ohne Bedacht setzte – eine Attacke. Und ein Kriegsschiff sei es tatsächlich, teilte das Literarische Bureau der Hapag dann auch mit, allerdings eines „nicht gegen Menschen, aber gegen das elementare Meer!", und rühmte seine „ungeheure Körperlichkeit", die mit „seiner dampfbewegten Kraft und seinem Riesenpanzer aus Stahl die breiten Wogen des Ozeans zehn Meter tief auseinanderpflügt, (...) zu stark, zu mächtig, zu drohend, daß es nicht zugleich als ein Kriegsfahrzeug erscheinen müßte" – alles in allem nichts weniger als integraler Teil jenes Verlangens nach ‚Weltstellung', die, das wussten Kaiser und Tirpitz zweifelsfrei aus der entsprechenden Anleitung Alfred Thayer Mahans, nur über die See zu erreichen war.

Die Anfänge des IMPERATOR waren allerdings noch holprig. Während der kaisergekrönte Stapellauf am 23. Mai 1912 auf der Zweigniederlassung der Stettiner Vulcan-Werft in Hamburg noch gelang, lief das Schiff elf Monate später bei der ersten Probefahrt am 22. April 1913 querab der Altonaer Landungsbrücken auf Grund, da das Fahrwasser nicht tief genug war für das gigantische Schiff. Erst 13 Stunden später, mit Hochwasser, ging die Reise dann weiter. Auch die offizielle Probefahrt, mit dem ‚echten' Imperator an Bord (‚Kaiserfahrt'), musste zunächst wegen technischer Nacharbeiten verschoben werden und ging schließlich am 23. Mai 1913 über die Bühne.

Der Imperator sollte das Schiff, wider alle Schiffstradition, auf Allerhöchsten Wunsch zudem genannt werden, ein männliches Wesen mithin und umso mehr stahlgewordene Inkarnation des Kaisers selbst auf den Weltmeeren: „Der Dreizack gehört in unsere Faust!" – ein Anspruch und ein Vorhaben, das der bronzene Bugadler vor dem Strahlenkranz, mit der Weltkugel in den Fängen, nicht nur martialisch kundtat, sondern dem Eigner des Schiffes, Albert Ballin, auch dessen Wahlspruch ‚Mein Feld ist die Welt', auf einem Spruchband auf der Weltkugel eingraviert, gleichsam entwand und offensiv umformte. Geschaffen vom Berliner Bildhauer Bruno Kruse, einem Spezialisten in heroischer Bildhauerkunst, dräute der Adler mit weiten Schwingen vorn am Schiff, Beherrscher der Weltmeere, vergoldet und mit der Kaiserkrone auf dem Haupt.

Und als hätte Neptun diese Konkurrenz nicht eben gern gesehen, fegt der erste schwere Sturm, den das Schiff im März 1914 auf See erlebt, die Flügel dieses monströsen Vogels mit ihrer Spannweite von insgesamt 16 Metern auf Nimmerwiedersehen in die Fluten. Die Reste des stolzen Adlers werden schließlich demontiert. Auf eine Neuauflage des Aars verzichtet man weise.

Mit dem IMPERATOR, der VATERLAND und schließlich der BISMARCK, die zwar noch 1914 vom Stapel läuft, vor dem Krieg aber nicht mehr fertig gestellt wird, ist Ballin auf dem Gipfelpunkt seiner Tätigkeit angelangt. Die Riesenschiffe sind Signum eines Imperiums; jener ‚Weltstellung', die der Kaiser für das Deutsche Reich erstrebte und die Albert Ballin mit der Hapag, die er auf Platz 1 der größten Reedereien der Welt steuert, schon erreicht hatte. Der Krieg wird dieses Imperium hinwegfegen.

Ballin versucht noch verzweifelt, die ‚Urkatastrophe' aufzuhalten, bemüht sich zu vermitteln, seinen ‚Freund', den Kaiser, auf seine Seite zu ziehen, vergebens. Anfangs noch ein Befürworter der Tirpitzschen Flottenrüstung, sah Ballin diese zunehmend als Bedrohung des Friedens und damit auch einer ungestörten, weltweiten Schifffahrt unter der Hapag-Flagge. Der Generaldirektor hatte den Kaiser, den er zuweilen geradezu väterlich ‚betreute', stets in Schutz genommen, auch wenn es eigentlich nichts mehr zu entschuldigen gab. Als der Kaiser 1910 in Königsberg in einer Rede seine vollkommene Unabhängigkeit vom Reichstag erklärte und damit einen heftigen Eklat auslöste, schreibt Ballin an Max Warburg: „Er ist offenbar (…) infolge der glänzenden Ovationen, die ihm während der ganzen Zeit seines Aufenthaltes im Osten dargebracht wurden, völlig überwältigt worden. Dazu kommt der Nachteil der großen Gabe der freien Rede, die auch in diesem Falle sicherlich an ein ganz anderes Ziel geführt hat wie das welches er im Auge hatte." Und so versucht Ballin, den Kaiser auch in Flottendingen zu ‚bearbeiten‘, reist mehrmals in Vermittlungsmission nach England, spricht mit Winston Churchill und schafft es, als Höhepunkt seiner Pendeldiplomatie und unter Zuhilfenahme der Dienste seines britischen Freundes Sir Ernest Cassel, den britischen Kriegsminister Haldane 1912 zu, allerdings von Wilhelm II., Bethmann Hollweg und Tirpitz absichtsvoll ergebnislos geführten, Gesprächen nach Berlin (s. ausführlich Kapitel 2.5.) zu lotsen.

Die zunehmende politische Entfremdung zwischen Deutschland und England macht den Weltbürger Ballin regelrecht krank, erst recht der Beginn des Weltkrieges. Mit Brom und Veronal kämpft er gegen Unruhe, Schlaflosigkeit, Magengeschwüre und Neuralgien an. Doch Tirpitz, so sah es Ballin schließlich, „wollte keine Übereinkunft, er wollte nur Schiffe bauen." Ballin war, ein gängiges Verdikt im Generalstab, zum ‚Flaumacher‘ geworden. Der Kaiser wird zunehmend vor ihm abgeschirmt und der lässt ihn schließlich fallen wie eine heiße Kartoffel, souffliert von einer missgünstigen, auch antisemitischen Hof-Camarilla.

Ballin wird endgültig zur tragischen Figur, als ihm der Weltkrieg seine Schiffe nimmt. Zu Kriegsbeginn liegt die 1913 in Dienst gestellte VATERLAND, mit 289,5 m Länge und 54.282 BRT nunmehr das größte Schiff der Welt und bis heute das größte kohlebetriebene Dampfschiff aller Zeiten, in New York, und wird 1917 dort mit deren Kriegseintritt von den USA beschlagnahmt. Der IMPERATOR versinkt derweil im Schlick des Hamburger Hafens und die Arbeiten am dritten Schiff der Klasse, der BISMARCK, 291,4 m lang und 30,5 m breit mit 56.551 BRT, die am 20. Juni 1914 noch ihren Stapellauf bei Blohm & Voß in Hamburg erlebt, werden schließlich kriegshalber eingestellt. Alle drei Schiffe gehen oder verbleiben nach dem Krieg als Reparationen auf Seiten der USA bzw. Großbritanniens.

Ballin ist ein gebrochener Mann. Letztmalig am 5. September 1918 wird ihm noch eine Audienz bei Seiner Majestät gewährt, nicht ohne ihm vorher mit auf den Weg zu geben, den hohen Herrn auf keinen Fall zu ‚betrüben‘.

Dann ist es vorbei. Am 8. November 1918 wird das Hapag-Gebäude am Alster-, dem heutigen Ballindamm, vom Hamburger Arbeiter- und Soldatenrat besetzt. Bewaffnete Revolutionäre dringen bis zu Ballins Büro vor, fordern ihn auf, dieses zu verlassen. Respektvoll treten sie auseinander, als der Generaldirektor das Gebäude durch die Empfangshalle verlässt. Er geht zu Fuß in der Dämmerung nach Hause, zu seiner Villa, in der bereits geplündert wurde. Aus seiner Schreibtischschublade nimmt er sich, nachdem ihm sein Diener ein Glas Wasser gebracht hatte, einige Medikamente, darunter wohl auch Sublimat, Quecksilberchlorid, ein stark ätzendes Gift, besonders auffällig gefärbt. Ob er es absichtlich oder in der Aufregung einnimmt, man wird es nie wissen. Gleichwohl liegt es nahe, dass es so war, wie Susanne Wiborg, die beste Kennerin der Fakten, urteilt: „Es ist daher völlig auszuschließen, dass Ballin eine derart stark gefärbte Substanz mit Schlaftabletten oder anderen Medikamenten verwechselt haben könnte, selbst wenn er in größter Erregung Präparate aus mehreren Packungen genommen hat. Er war lebensmüde und er hatte das oft gesagt: ‚Es ist nichts mehr los mit mir, was ich erleben musste, war auch genug, ‚to kill anybody.'"

Ballin bricht nach der Einnahme mit starken Schmerzen zusammen, wird zu einer Privatklinik in der Nähe geschleppt, wo ihm noch der Magen ausgepumpt wird, doch er stirbt am folgenden Tag, dem 9. November um 13.15 Uhr, weniger als eine Stunde bevor Philipp Scheidemann von einem Balkon des Reichstages die deutsche Republik ausrufen wird. Der Totenschein vermeldet „Verblutung aus Magengeschwür". Am 13. November 1918 wird Albert Ballin auf dem Ohlsdorfer Friedhof beigesetzt, tausende Hamburger geben ihm das letzte Geleit.

Seine großen Schiffe überleben ihn: Der IMPERATOR war im Versailler Vertrag den Briten zugesprochen worden und fuhr dort bei der Cunard Line unter dem Namen BERENGARIA, bis das Schiff im November 1938 und nach einem Brand zunächst aufgelegt, seine letzte Fahrt in eine Abwrackwerft im nordenglischen Jarrow antritt. Die in New York 1914 ‚gestrandete' VATERLAND verbleibt in den USA als Passagierschiff und Truppentransporter und wird, nunmehr unter dem Namen LEVIATHAN, ebenfalls im Jahre 1938 im schottischen Rosyth abgebrochen. Die vor dem Krieg nicht mehr fertig gestellte BISMARCK ist ab 1922 als britische MAJESTIC unterwegs und wird 1936 außer Dienst gestellt.

Ein Jahr zuvor war das Hapag-Flaggschiff ALBERT BALLIN, 1922 von Ballins Frau Marianne getauft, auf Druck der nationalsozialistischen Behörden in HANSA umbenannt worden. Und der Kaiser? Der hatte ‚Seinen Reeder‘ im Exil vergessen. In Wilhelms Memoiren ist nur noch kurz und beiläufig von einem gewissen ‚Herrn Ballin‘ die Rede.

Literaturauswahl

Eichler, K., Albert Ballin. Vater Unternehmer Visionär. Hamburg 2018.

Flohr, D., Der Imperator. In: Schiff und Zeit-Panorama maritim 119/ 2020.

Kludas, A., Die deutschen Schnelldampfer. T. IV. Die Imperatorklasse – Höhepunkt einer Epoche. In: Deutsches Schiffahrtsarchiv 8/ 1985.

König, W., Wilhelm II. und die Moderne. Der Kaiser und die technisch-industrielle Welt. Paderborn 2007.

Wiborg, S., Albert Ballin. Hamburg, 5., erweiterte u. aktualisierte Auflage Hamburg 2023.

2.5. „Der Kaiser hat den Krieg nicht gewollt." – Wie Albert Ballin versuchte, den Ersten Weltkrieg aufzuhalten.

Albert Ballin, 1918

Der Kaiser bewunderte den Selfmademan Ballin, der es, Sohn eines mäßig erfolgreichen Auswandereragenten, ohne die Gnade höherer Geburt aus dem Hamburger Hafenviertel zum Chef der größten Reederei der Welt gebracht hatte. Obgleich Vertrauter des Kaisers, kommt Ballin, so seine Biografin Susanne Wiborg, in der Hamburger Geschäftswelt nie so richtig an – er bleibt ein Emporkömmling, gleichwohl Sinnbild eines Großkapitalisten. Dabei war er de facto angestellter Geschäftsführer einer Aktiengesellschaft, der Hamburg-Amerikanischen-Paketfahrt-Actiengesellschaft, der Hapag.

Bei Hofe wurde er aufgrund seiner jüdischen Herkunft, zumal aus einfachen Verhältnissen, misstrauisch beäugt. Wilhelm II. erklärte schließlich gönnerhaft, er sehe Ballin nicht als Juden an. Der wiederum mochte den Kaiser wirklich, kümmerte sich, ganz ohne Berechnung, geradezu väterlich um ihn und nahm ihn immer wieder in Schutz, wenn diesem eine Rede wieder einmal ‚entgleist' war.

In ganz verzweifelten Augenblicken meinte Ballin dann, wenn die Hapag so geführt werde wie das Deutsche Reich, wäre sie längst pleite. Das schmälerte aber nicht seine grundsätzliche Zuneigung zum Marinekaiser auf dem Hohenzollernthron. „Der arme Kaiser" sagte er dann, so Bernhard von Bülow, der ehemalige Reichskanzler. „Er hätte, beinahe wie eine gute Kinderfrau, den Kaiser gern beschützt. Er sorgte sich ehrlich um ihn." Und selbst gegen Ende des Krieges erklärte Ballin, der Kaiser habe dies alles nicht gewollt. Gleichwohl sei er aber „doch der Generaldirektor und verantwortlich dafür, wenn es schief geht."

„Wenige Menschen sind mir so sympathisch gewesen. Er hatte vor allem ein goldenes Herz," so noch einmal Bernhard von Bülow. Doch Ballin war auch einer der wenigen, die sich nicht scheuten, dem Kaiser eine abweichende Meinung vorzutragen, sehr vorsichtig und verhalten, gleichwohl in der Sache bestimmt und dies alles zum größten Unwillen der höfischen Umgebung, die dem jüdischen ‚Freund des Kaisers' ohnehin mit Distanz begegnete. Wilhelm II. selbst bot ihm zwar mehrfach, aber vergeblich, ein Ministeramt an, letztendlich aber ließ sich der Monarch doch eher von anderen beraten und beeinflussen, oder auch von niemandem: „In Meiner Praxis werde ich Mich aber für später nur auf Gott und Mein scharfes Schwert verlassen und berufen! Und scheiße auf die ganzen Beschlüsse."

Albert Ballin war gleichsam eine Personifizierung der frühen Globalisierung. „Mein Feld ist die Welt" eben. Das internationale Schifffahrtsgeschäft hingegen beruhte zwar auf hartem Wettbewerb, die Chefs, allen voran Ballin, aber respektierten sich auch über Ländergrenzen hinweg. Und daher war der Hapag-Direktor auch in England, wo er tatsächlich über viele ‚Geschäfts-Freunde' verfügte, ein durchaus geachteter Konkurrent und in vielerlei Hinsicht Partner in einem gemeinsamen, weltumfassenden Geschäft. Nur dies erlaubte ihm dann auch, und trotz seiner bekannten Nähe zum Kaiser, für die deutsche Regierung oder auch auf eigene Faust als Vermittler in England tätig zu werden, als das Flotten-Wettrüsten zwischen dem deutschen Kaiserreich und dem britischen Königreich die Finanzen der beiden Kontrahenten nicht nur zunehmend strapazierte, sondern auch die außenpolitischen Beziehungen und damit nicht zuletzt die Geschäftsinteressen der weltweit agierenden Reeder unter erhebliche Belastung brachte.

„Deutschlands Zukunft liegt auf dem Wasser!" hatte Wilhelm II. im Jahre 1900 anlässlich der Taufe des Hapag-Schiffes PRINZESSIN VICTORIA LUISE auf den Namen seiner Tochter ausgerufen und damit den maritimen Kurs des Deutschen Reiches auch für die zivile Schifffahrt abgesteckt. Ballin hatte diesen Anspruch schon eingelöst und war längst der ‚Global Player', der Wilhelm II. mithilfe ‚Seiner Marine' erst noch werden wollte. Doch Ballins weltweitem Engagement durfte die deutsche Marinerüstung, der Kampf um die Spitze in der Welt-Flotten-Liga, nicht in die Quere geraten, so sehr der Hapag-Chef diese Entwicklung anfangs auch begrüßt hatte. Im Verlaufe der Zeit aber sah er sie, vor allem auch mit den Augen eines England-Kenners und wie die Briten ohnehin, zunehmend als Bedrohung des Weltfriedens und damit auch einer ungestörten, globalen Schifffahrt unter der Hapag-Flagge.

So kann Ballin schließlich der Flottenpolitik des Kaisers und seines Großadmirals nicht mehr folgen, sieht er doch, wie auf der britischen Seite der Nordsee der Aufwuchs der deutschen Hochseeflotte mit ihrem Ziel, gegen England ‚eine Chance' zu haben, mit zunehmender Beunruhigung verfolgt wird und spätestens seit 1905, mit der Indienststellung der DREADNOUGHT, in ein ruinöses Wettrüsten ausartet. Er versucht, seiner alten Geschäftsmaxime folgend, die schon die Hapag und den Norddeutschen Lloyd mit dessen Direktor Heinrich Wiegand, namentlich in Form gemeinsam betriebener Linien in Ostasien, einander nähergebracht hatte, zu vermitteln und auszugleichen, führt Gespräche mit Wilhelm II., den er aus dem Einfluss von Tirpitz zu lösen trachtet und investiert viele Reisen in Gespräche mit seinen englischen Ansprechpartnern, die bis in höchste Regierungskreise reichen.

Gemeinsam sollten nach Ballins Ansicht die beiden Partner diesseits und jenseits der Deutschen Buch die globale Entwicklung befördern – eine Haltung, die ihm zunehmend unterstellt, er sei kein Patriot. Umso mehr ist er angesichts des deutsch-britischen ‚Naval Race' in zunehmendem Maße beunruhigt, dass der Frieden in Europa nicht mehr lange von Bestand sei und die für die Hapag essentiellen freien internationalen Seeverbindungslinien gekappt und blockiert werden könnten – ein hellsichtiger, in größeren Räumen denkender Unternehmer und, sozusagen im Nebenamt, auch Außenpolitiker und Diplomat. In dieser Funktion reist er nun öfter, auch in Begleitung seines Freundes Max Warburg, in Vermittlungsmission nach England, während er zuhause den Kaiser, mit der nötigen Vorsicht und Zurückhaltung, zu mäßigen bemüht ist, Artikel in verschiedenen deutschen und englischen Zeitungen schreibt und vom Auswärtigen Amt, das eigentlich zuständig für derartige diplomatische Missionen wäre, nicht viel hält: Dieses Amt sei vielmehr „gefährlich, verantwortungslos und engstirnig bis an die Grenze des Schwachsinns".

Tatsächlich nutzte die deutsche Regierung, derem Reichskanzler Theodor von Bethmann Hollweg er attestiert, für ihn in der Hapag wohl kaum eine Stelle zu haben, „höchstens als Bibliothekar", Ballins ausgezeichnete Beziehungen zum ‚perfiden Albion', um in England zu ‚sondieren'. Der Hapag-Chef hatte dies schon im Sommer 1909 dem Kaiser auf der Kieler Woche angeboten, erhält dessen Placet und konferiert von da an unter anderem mit Winston Churchill, dem First Sealord seiner Majestät, de facto dem britischen Marineminister, den er auch privat besucht und schließlich Wilhelm II. als Ehrengast für die Kieler Woche vorschlägt – damit sich Kaiser und First Sealord einmal beim Segeln, als sei es ein Galadiner bei Ballin, in maritim-entspannter Atmosphäre unterhalten könnten. Doch die deutsche Seite lässt den Besuch absichtsvoll scheitern: Churchill solle erst einmal einen offiziellen Einreiseantrag stellen – worauf dieser umgehend absagt.

Privat ist Ballin auch mit dem britischen Kriegsminister Lord Richard Burdon Haldane bekannt, der anlässlich der von Ballin über seinen Freund, den Bankier Sir Ernest Cassel, in London avisierten neuen deutschen Flotten(vermehrungs)novelle im Februar 1912 zu Gesprächen über ein rüstungsbegrenzendes Abkommen nach Berlin reist – Unterredungen, die an der unnachgiebigen Haltung der Deutschen scheitern. Kurz nach der Abreise Haldanes schlägt Ballin dem Kaiser vor, in das von Streiks erschütterte England als Zeichen guten Willens Kohle zu liefern. Die Antwort Wilhelms: „Kohlen? Eine Granate schicke ich ihnen hinüber, sonst nichts."

Ballin trifft sich gleichwohl weiter in London zu Gesprächen auf höchster politischer Ebene, mit Premierminister Herbert Harry Asquith, Außenminister Edward Grey und weiter mit Winston Churchill. Letztmalig wird er von Außenamts-Staatssekretär Jagow auf dem Höhepunkt der sogenannten Juli-Krise nach dem Attentat von Sarajevo per Telegramm gebeten, diskret, und als Geschäftsreise getarnt, in England zu ermitteln, wie sich die britische Regierung zu einem eventuellen Krieg auf dem europäischen Kontinent verhalten würde. Am 20. Juli 1914 trifft Ballin in London ein. Doch sein Eifer wie seine wachsende Verzweiflung tragen ihn zuweilen davon und der Wunsch wird Vater des Gedankens. Schon früher hatte er einmal nach Gesprächen in England freudig, aber, wie sich herausstellte, falsch, dem Kaiser gemeldet: „Euer Majestät, ich bringe das Bündnis mit England!" Nun, nach einem Abendessen unter anderem mit Premier Asquith und Kriegsminister Lord Haldane, später noch einer letzten Begegnung mit Churchill, verfestigt sich bei ihm die Überzeugung, dass England dann neutral bleiben würde, wenn Deutschland Frankreich in einem künftigen Krieg nicht ‚verschlingen' (‚swallow up'), in Gänze annektieren, werde und berichtet dies auch so nach Berlin. Churchill weist später allerdings in seinen Memoiren darauf hin, Ballin vielmehr mitgeteilt zu haben, dass England „von Fall zu Fall Stellung nehmen werde" und er keineswegs eine Garantie für ein Nichteingreifen Englands gegeben habe: „Es wäre ein Fehler anzunehmen, England bliebe draußen, einerlei was geschehe." Der Kriegseintritt Großbritanniens in Folge der Verletzung der Neutralität Belgiens durch den deutschen Aufmarsch gegen Frankreich zeigte dann, dass Ballin seine Gespräche allzu optimistisch gedeutet hatte; und dies verfolgte ihn bis zuletzt.

Dabei war die Begeisterung im Deutschen Reich groß, als der Kaiser am 1. August 1914 mobilmachen ließ und dann Russland, schließlich Frankreich und dann auch England den Krieg erklärte. „Nun aber wollen wir sie dreschen", hatte Wilhelm II. vor dem Reichstag erklärt, und Albert Ballin war der Verzweiflung nahe. Während sein Freund, der Bankier Max Warburg, sich prompt zu den Fahnen meldet, fürchtet der ‚Weltbürger' Ballin hellsichtig den Untergang der ‚alten' Welt und seines Lebenswerks.

Noch zu Beginn der Tirpitzschen Flottengesetzgebung und mit den Worten Heinrich Heines ein ‚begeisterter Matrose', ein engagierter Verfechter der deutschen Aufrüstung zur See, unterstützte der Hapag-Direktor den Deutschen Flottenverein, verfasste im September 1899 gar eine ‚Abhandlung über die Notwendigkeit der schnelleren Verstärkung unserer Kriegsmarine' und erwog gar, mit seinen Hamburger Reeder-Kollegen eine diesbezügliche Eingabe an den Reichstag zu machen. Mit dem Kaiser war er voll und ganz der Auffassung, dass „der Kommandant eines Kriegsschiffes im fremden Erdteil (…) ein Agent für seine heimischen Handelsinteressen" zu sein habe. Und während der Kaiser noch vollmundig erklärte, dass die Entwicklung von deutschem Handel und Seefahrt sich nur so bedeutend habe entfalten können, weil „hinter ihr des Reiches Schutzwehr und vor allen Dingen eine gutrespektierte deutsche Kriegsflotte" stehe, stellte Ballin am Ende resignierend fest: „Ich brauche den deutschen Flottenschutz für meine Schiffe nicht, und ich hätte dies dem Kaiser eindringlicher sagen sollen; doch ich habe mich dazu nie wirklich aufraffen können (…). Wir waren alle schwach dem Kaiser gegenüber. Keiner wollte seinen kindlich-frohen Optimismus trüben." Am 1. Oktober 1914, als der Kriegsverlauf die ersten Zweifel an einer erfolgreichen deutschen Seestrategie sät, schreibt Ballin an Tirpitz: „Könnten wir England auswischen aus der Reihe der Großmächte, das wäre ein Erfolg so groß und gewaltig, daß man dafür den letzten Mann und den letzten Groschen zu opfern voll berechtigt ist. Aber ich fürchte, es bleibt ein zu hoch gespanntes Ziel. Man soll nicht nach den Sternen greifen." Acht Wochen nach Kriegsbeginn schlägt er, folgenlos, dem Großadmiral ein Bündnis Deutschland-England-Frankreich vor, das nach einer anzustrebenden Verständigung mit England über den Flottenbau etabliert werden könne.

Der deutsche Handelsaustauch über See war derweil weitgehend zum Erliegen gekommen, erst recht die Passagierfahrten, die deutsche Nordseeküste durch die englische Fernblockade schachmatt gesetzt, die größte Reederei der Welt gelähmt. Und deren Generaldirektor, der seit 1915 für ein Schifffahrts-Entschädigungsgesetz streitet, das dann im November 1917 auch in Kraft tritt, lässt den Reichskanzler v. Bethmann Hollweg wissen: „Da habe ich nun (…) mein Leben hindurch etwas aufgebaut, das dem Deutschen Reich doch ungeheure Werte verschafft hat, und da kommen Sie und ein paar andere und werfen das alles um. Und ich bin nur ein Beispiel, dem ganzen Volk, der ganzen Volkswirtschaft geht es ebenso." Der Krieg sei „ein Verbrechen. Der dümmste und blutigste Krieg, den die Weltgeschichte gesehen hat." Und er sagt dies schon, als seine Freunde, allen voran Max Warburg, noch voller Kriegsbegeisterung sind: „Wir waren zuversichtlich", so der Bankier später. „Wir waren es so sehr, dass Ballin immer wieder über uns den Kopf schüttelte." Der aber schreibt an den Chef des Marinekabinetts, Admiral Georg Alexander von Müller, dass er sich entschlossen habe, „nach dem Friedensschluß mich aus meinem Amte zurückzuziehen. Ich schrieb Ihnen ja schon nach Beginn des Krieges, daß mein Lebenswerk zerbrochen ist. Man müßte mir schon meine Jugend wiedergeben können, wenn ich mir die Aufgabe zutrauen sollte, in der internationalen Schiffahrt die Stellung wieder zu erringen, die ich besessen habe." Und wen er dafür auch verantwortlich macht, stellt er unmissverständlich klar – in einem Brief an Gottlieb von Jagow, Staatssekretär des Auswärtigen Amtes, der Ballin zu Gesprächen gebeten hatte, ihn aber „aus Zeitmangel" im Frühjahr 1916 dann doch nicht empfängt: „Ich habe jede Nachsicht für einen Mann, der wie Euer Exzellenz so schwer belastet ist und die entsetzliche Verantwortung zu tragen hat für die Inscenierung eines Krieges, der Deutschland Generationen prächtiger Menschen kostet und es um 100 Jahre zurückwirft."

Ballin, den man in Deutschland verdächtigt, mit England gemeinsame Sache machen zu wollen und den man auch im Inselreich als Vasall seines Kaisers nicht ohne Misstrauen betrachtet, ist zunehmend isoliert. Vom Kaiser wird er sicherheitshalber ‚abgeschirmt', um aus Sicht von Hof, Auswärtigem Amt und Generalstab zu verhindern, dass der Hamburger ‚England-Freund' den Monarchen allzu sehr für seine Friedensbemühungen ‚verballinisiert'. Und am Ende ist der Hapag-Generaldirektor dann auch davon überzeugt, dass eine Abdankung Wilhelms II. und eine ‚Modernisierung der Verfassung' den Weg zum Frieden eher bereiten könne: „Den Krieg haben wir gemacht, und der Kaiser, der als Sitzredakteur verantwortlich zeichnet, wird nicht umhinkommen, abzudanken."

Schon zuvor waren alle Warnungen des ‚Flaumachers' Ballin vor einem Kriegseintritt der Vereinigten Staaten von Amerika durch einen uneingeschränkten U-Bootkrieg in den Wind geschlagen worden. „Kniefällig habe er gebeten", schreibt er an Walther Rathenau, aber in Berlin habe man ihn nur ausgelacht. Obgleich von Wilhelm II. ferngehalten, nimmt Ballin ‚seinen' Kaiser immer noch in Schutz: „Keiner sagt ihm die ganze Wahrheit, die meisten sagen ihm nicht mal die halbe Wahrheit, und sehr viele belügen ihn." Der Kaiser, so Ballin, habe den Krieg nicht gewollt. „Den Krieg wollten bei uns der Kronprinz, Tirpitz und der General Falkenhayn." „Sechs bis acht Idioten", so Ballins Resümee, „sind schuld daran." Und der neue Staatssekretär des Reichsmarineamtes und Nachfolger des am 15. März 1916 per Kabinettsordre auf sein Gesuch hin entlassenen Tirpitz, Admiral Eduard von Capelle, teilt im Reichstag den staunenden Abgeordneten mit, dass er in „militärischer Hinsicht die Stärkung durch den Eintritt der USA in den Krieg auf Seiten unserer Gegner", der sich wesentlich aufgrund des am 1. Februar 1917 durch das Deutsche Reich erklärten uneingeschränkten U-Bootkrieges am 6. April des Jahres auch ereignet, geradewegs „für Null" erachte.

Am 5. September 1918 dann Ballins letzte Audienz beim Kaiser, auf Schloss Wilhelmshöhe bei Kassel. Als Aufpasser bei einem gemeinsamen Spaziergang fungiert der neue Kabinettschef Friedrich Wilhelm von Berg, der permanent redet, so dass Ballin selbst kaum zu Wort kommt und nicht viel mehr als seine „große Besorgnis" zum Ausdruck bringen kann.

Das war's. Der Hapag-Chef kehrt niedergeschlagen nach Hamburg zurück. Und wird schließlich zum Propheten: „Wenn der Friede nicht bald von oben kommt, dann kommt er von unten." Dann werde es „bald vorbei sein mit den großen Potentaten." Und so kam es dann auch.

Literaturauswahl

Wiborg, S., Erster Weltkrieg: Albert Ballin. In: Die Zeit Nr. 8/ 2014 v. 13. Februar 2014.

Wiborg, S., Albert Ballin. 5., erweiterte und aktualisierte Auflage Hamburg 2023.

3. Der Kaiser und der Krieg

3.1. „So muss denn das Schwert entscheiden." – Der Weg in die ‚Urkatastrophe'

Deutsches U-Boot torpediert britisches Schiff MAPLEWOOD, 1917

„"Also sie ham uns den Ferdinand erschlagen', sagte die Bedienerin zu Herrn Schwejk, der vor Jahren den Militärdienst quittiert hatte, nachdem er von der militärärztlichen Kommission endgültig für blöd erklärt worden war, und der sich nun durch den Verkauf von Hunden, häßlichen, schlechtrassigen Scheusälern, ernährte, deren Stammbäume er fälschte. Neben dieser Beschäftigung war er vom Rheumatismus heimgesucht und rieb sich gerade die Knie mit Opodeldok ein. ‚Was für einen Ferdinand, Frau Müller?' fragte Schwejk, ohne aufzuhören, sich die Knie zu massieren. ‚Ich kenn zwei Ferdinande. Einen, der is Diener beim Drogisten Pruscha und hat dort mal aus Versehn eine Flasche mit irgendeiner Haartinktur ausgetrunken, und dann kenn ich noch den Ferdinand Kokoschka, der was den Hundedreck sammelt. Um beide is kein Schad.' ‚Aber gnä' Herr, den Herrn Erzherzog Ferdinand, den aus Konopischt, den dicken frommen.' ‚Jesus Maria', schrie Schwejk auf. ‚Das ist aber gelungen. Und wo is ihm denn das passiert, dem Herrn Erzherzog?' ‚In Sarajevo ham sie ihn mit einem Revolver niedergeschossen, gnä' Herr. Er ist dort mit seiner Erzherzogin im Automobil gefahren.' ‚Da schau her, im Automobil, Frau Müller, ja, so ein Herr kann sich das erlauben und denkt gar nicht dran, wie so eine Fahrt im Automobil unglücklich ausgehn kann.'"

So, oder so ähnlich, also begann sie, die ‚Urkatastrophe des 20. Jahrhunderts', hier aus der Perspektive des weisen Narren und braven Soldaten Schwejk, dem unsterblichen Geschöpf Jaroslav Haseks. Und so endete sie: mit Millionen Toten, Hungersnot, Kriegsschuldfrage, Dolchstoßlegende, der ersten deutschen Republik und dem Ende der Monarchie in Deutschland.

‚Hineingeschlittert' sei man in diesen Krieg, so hieß es später entlang einer Formulierung des britischen Premierministers David Lloyd George allenthalben, die großen Potentaten wie die Politiker auf allen Seiten, ausgerutscht gleichsam auf dem glatten Parkett der großen Weltpolitik. ‚Schlafwandler' seien sie gewesen, wie es der australische Historiker Christopher Clark in einem voluminösen Buch diagnostiziert und die Revolverschüsse des serbischen Separatisten Gavrilo Princip am Juni 1914 vor der Bibliothek von Sarajevo als Beginn eines unaufhaltsam-schicksalhaften Prozesses geschildert hat, in dessen Verlauf sämtliche Regierungen Europas geradezu magisch und durch ein Geflecht internationaler Verwicklungen in den Abgrund des Ersten Weltkrieges gezogen wurden.

Der deutsche Historiker Fritz Fischer hatte bereits Jahrzehnte zuvor den gleichen Prozess des Schlitterns und Taumelns in den Krieg als eher zielgerichteten, absichtsvollen Weg des Deutschen Reiches mit seinem Kaiser an der Spitze als ‚Griff nach der Weltmacht', so der Titel seines Buches von 1961, oder mit anderen Worten: „Niederringung der englischen Weltmachtstellung", beschrieben und damit eine heftige, nicht nur im akademischen Raum geführte ‚Fischer-Kontroverse' ausgelöst. „Da Deutschland den österreichisch-serbischen Krieg gewollt und gedeckt hat und, im Vertrauen auf die deutsche militärische Überlegenheit, es im Juli 1914 bewusst auf einen Konflikt mit Russland und Frankreich ankommen ließ, trägt die deutsche Reichsführung den entscheidenden Teil der historischen Verantwortung für den Ausbruch des allgemeinen Krieges" – so hatte es Fischer formuliert. Das Attentat auf Erzherzog Ferdinand am 28. Juni 1914 in Sarajevo und die der Habsburger Monarchie durch den deutschen Kaiser per ‚Blankovollmacht' zugesicherte „volle Unterstützung Deutschlands" bei einem Feldzug Wiens gegen das national aufbegehrende Serbien wirke, so Fischer weiter, daher als Hebel zur Realisierung expansionistischer Kriegsziele in Europa und auf dem ‚Rohstoff-Kontinent' Afrika – oder anders: der Herbeiführung einer neuen Weltordnung mit Deutschland an der Spitze eines ‚Imperiums Germaniae', eben jenem deutschen ‚Griff nach der Weltmacht', und das Attentat auf den österreichischen Thronfolger als Gelegenheit der ‚Inscenierung', so hatte es ja Albert Ballin gegenüber Staatssekretär Jagow formuliert, eines Krieges hin zu diesem Ziel.

Des Kaisers Marine, die in den Jahren der Flottengesetze und -novellen nicht weniger als zur zweitstärksten der Welt avancierte, war zwar nicht Auslöser des Krieges. Das Vertrauen Englands in betont friedliche Absichten der Deutschen zur See hatte sie aber auch nicht ausräumen können. Außerdem war sie mit Kriegsbeginn, so ihr Baumeister Tirpitz, noch „nicht fertig" – ganz im Gegensatz zum Heer, das, so General Alfred Graf von Waldersee, „wie immer bereit" sei.

Die Marine lief stattdessen weiter dem britischen Flottenumfang hinterher, jeden Tag weiter davon entfernt, einmal gegen England mit einer ‚Risikoflotte', eher wohl einer ‚Verdrängungsflotte', aufwarten zu können.

Im Sommer 1914 herrschte in der Marine gleichwohl ungetrübte Stimmung und der Kaiser segelte. Am 18. Juni trat er, so berichtet es Admiral Georg Alexander von Müller, Chef des Kaiserlichen Marinekabinetts, in seinem Kriegstagebuch, das 1959 mit einem Vorwort seines Sohnes Sven von Müller unter dem Titel ‚Regierte der Kaiser?' von Walther Görlitz herausgegeben wird, seine übliche Sommer-Sportreise nach Hamburg und Kiel an. Im Anschluss an die Elb-Regatten traf er am 24. Juni mit S.M.Y. HOHENZOLLERN in Kiel ein, um dort am 28. Juni mit seiner Rennyacht METEOR zur Segelwettfahrt auszulaufen. Als Admiral von Müller am Nachmittag mit dem Verkehrsboot HULDA dem Kaiser in See die Depesche mit der

Meldung vom Attentat in Sarajevo überbringt, habe dieser nur gefragt, ob er, von Müller, meine, „daß man das Race besser abbrechen soll?" Dies meinte der Admiral sehr wohl, und so wurden erst einmal die Dinereinladungen für den Abend abgesagt. Am nächsten Morgen reiste der Kaiser mitsamt Entourage zurück nach Berlin – um dort am 1. Juli einem 2½-stündigen Vortrag über die Möbelausstattung der neuen HOHENZOLLERN beizuwohnen. Tags darauf bescheidet er den deutschen Botschafter in Wien mit dem Satz „Mit den Serben muss aufgeräumt werden, und zwar bald" und am 5. Juli, von Reichskanzler Theodor von Bethmann Hollweg einen Tag später regierungsamtlich bestätigt, versichert er dem Botschafter Österreich-Ungarns in Berlin, dass Wien selbst im Falle „ernster europäischer Komplikationen", inklusive eines österreichisch-russischen Krieges, „in gewohnter Bundestreue" auf die „volle Unterstützung Deutschlands rechnen" könne (‚Blankoscheck') – zumal „Russland überdies ja noch keineswegs kriegsbereit" sei. Dann dampft der Kaiser ab zu seiner jährlichen Nordlandreise mit der kaiserlichen Yacht HOHENZOLLERN samt illustrer Reisegesellschaft. „Ich habe mich zwar über den Entschluß der Reise gewundert, aber als direkt unzulässig habe ich sie nicht empfunden," so Admiral von Müller in seinem Kriegstagebuch.

Am 25. Juli geht an Bord der Funkspruch über das österreichische Ultimatum an Serbien ein. Der Admiral notiert: „Eingang Funkspruch vom Ultimatum an Serbien. Kommentar Graf Wedel: ‚Wir haben nur die Sorge, daß die Serben die Note schlucken.'" „Da kam der Kaiser", so von Müller weiter, „wie üblich, vor dem Frühstück an Deck und sagte zu mir, der ich den Funkspruch von Norddeich in der Hand hatte: ‚Was, das ist doch einmal eine forsche Note'. Ich antwortete: ‚Ja, forsch ist die Note, aber sie bedeutet Krieg!' Worauf der Kaiser meinte, den Serben würde es gar nicht einfallen, einen Krieg zu riskieren."

Als kurz darauf ein Telegramm aus Russland eingeht, dass es in dem sich anbahnenden Konflikt „nicht uninteressiert" bleiben könne, schlägt die Stimmung an Bord blitzartig um: „Nun war plötzlich große Aufregung." Schon „um 6 Uhr nachmittags" geht S.M.Y. HOHENZOLLERN Anker auf Kurs Heimat. Die letzte Sommerreise Wilhelms II. geht zu Ende. „Der Kaiser stand lange auf der Kommandobrücke", so von Müller, „freute sich über die friedlichen Bilder von Wald, Bergen und Bauernhöfen, die sich uns auf der Fahrt aus dem Sognefjord darboten (...) und meinte, daß im letzten Moment doch alle Lenker der jetzt in Konflikt geratenen Staaten vor der ungeheuren Verantwortung des Krieges zurückschrecken würden."

Dann aber geht es Schlag auf Schlag: Der Kaiser, gerade von seiner Seefahrt zurückgekehrt, liest am 28. Juli morgens die anscheinend durchaus entgegenkommende serbische Antwort auf das österreichische Ultimatum, die explizit nur die Mitwirkung von k. u. k. Regierungsstellen bei den Mordermittlungen auf serbischem Territorium verweigert und erklärt: „Aber damit fällt jeder Kriegsgrund fort" – um sogleich Staatssekretär Gottlieb von Jagow vom Auswärtigen Amt schriftlich anzuweisen, die Österreicher von dieser ‚Seiner' Auffassung in Kenntnis zu setzen.

Doch jetzt wird der Kaiser „überspielt" (Fritz Fischer): Denn Jagow befolgt dessen Weisung ebenso wenig wie der Reichskanzler, der des Kaisers Beurteilung nur mit Verzögerung, und ohne den „fehlenden Kriegsgrund" zu erwähnen, nach Wien übermittelt, und zwar erst, nachdem Österreich-Ungarn um 11.00 Uhr an diesem 28. Juli Serbien den Krieg erklärt hat. Russland macht daraufhin am 29. Juli teil- und am Folgetag gesamtmobil, Wilhelm II. erklärt am Nachmittag des 31. Juli den ‚Zustand drohender Kriegsgefahr' („Man drückt uns das Schwert in die Hand"). Und als sich am 1. August die voreilige Meldung des deutschen Botschafters in London, Karl Fürst von Lichnowsky, über eine avisierte französische und englische Neutralität, die den Kaiser zunächst veranlasst, Sekt auffahren zu lassen und den verzweifelten Generalstabschef Helmuth von Moltke anzuweisen, den bereits im Westen mit ersten Patrouillen in Luxemburg angelaufenen Aufmarsch zu „inhibieren" und sich nur gegen Russland zu wenden, gegen Mitternacht als ‚Ente' entpuppt, meldet sich Wilhelm II. für den Rest des Krieges aus dem Kreis – mit den Worten an den zum Aufmarsch gegen Frankreich drängenden Moltke: „Nun können Sie machen, was Sie wollen."

Das Ergebnis ist bekannt: Da Russland trotz des deutschen Ultimatums seine Mobilmachung nicht zurücknimmt, erklärt das Deutsche Reich unter vorheriger Mobilmachung um 17.00 Uhr noch am gleichen Tag Russland den Krieg. Am 3. August dann der deutsche Einmarsch in Belgien und die Kriegserklärung des Reiches an Frankreich unter Zuhilfenahme der Erfindung französischer Grenzverletzungen. Mit Ablauf eines britischen Rückzugsultimatums um Mitternacht tritt schließlich das Vereinigte Königreich am 4. August in den Krieg ein.

„Der Schlieffen-Plan für einen Zweifrontenkrieg mit seinem Aufmarsch durch das neutrale Belgien war ein übermütiger Plan, und er scheiterte", so Sebastian Haffner. Moltkes Feldzug zur schnellen Umfassung der französischen Hauptstreitkräfte bei Paris, dann Aufmarsch im Osten gegen Russland, bleibt in den Schützengräben hängen – ein Operationsplan, der von einem nicht mechanisierten Millionenheer, das außerdem über keine entsprechenden Fernmeldemittel verfügte, über diese weiten Entfernungen nicht durchführbar war. Moltke wird, nervlich zerrüttet, schon Mitte September durch General Erich von Falkenhayn abgelöst, die letzte eigenständige Personalentscheidung Wilhelms II. im Krieg. Im Übrigen versprach der ‚Oberste Kriegsherr' seinen Militärs, dass er davon absehen werde, sich in den Ablauf der Operationen einzumischen, tat dies fortan auch nicht und entzog sich nicht nur der Verantwortung, sondern überhaupt allen schlechten Nachrichten von der Front durch seine alte Taktik des Verreisens, oder, in dem er sich einfach mehrere Tage ins Bett legte.

Der Kaiser spricht noch am 4. August zur Eröffnung des Reichstags („Uns treibt nicht Eroberungslust"), lässt zwei Tage danach einen ‚Aufruf an das deutsche Volk!' ausgehen („So muß denn das Schwert entscheiden!") und verschwindet fortan hinter den Kulissen der nun einsetzenden Militäroperationen.

Es war wohl von beidem etwas, vom Hineinschlittern und vom inszenierten Krieg. Kronzeugen gibt es auch für Letzteres. So erklärte der damalige Reichskanzler Theodor von Bethmann Hollweg im Februar 1918: „Ja, Gott, in gewissem Sinne war es ein Präventivkrieg", und der Chef Seiner Majestät Marinekabinett, Admiral von Müller, sprach von „unserer Regie des Kriegsausbruches." Das hatte ja auch schon Ballin so gesehen, der dem Außenamts-Staatssekretär Jagow die ‚Inscenierung' dieses Krieges vorgeworfen hatte und seinen ‚Freund' Wilhelm in den Händen einer kriegsgeneigten Camarilla sah. Wie oft hatte er durch Antichambrieren, gutes Zureden und ‚Pendeldiplomatie', vor allem in London, versucht, das Schlimmste, den Kriegsausbruch, zu verhindern. Und tatsächlich gehörte Wilhelm II. nicht zu den ‚Hardlinern'. Dies war er zuvörderst in seinen oft martialischen Reden, die in auffallendem Kontrast zu seinen Taten standen und für mehr Verwirrung, Spannungen und Unfrieden sorgten als seine Aktionen selbst – so dass sich seine Frau sogar genötigt sah, ihrer Mutter, Queen Victoria in England in einem Brief zu gestehen, dass sie am liebsten ihrem Mann ein Schloss vor den Mund hängen würde. Im Innersten seines Herzens war Wilhelm II. tatsächlich jenes weiche, furchtsame Kind geblieben, als das Diederich Heßling, der ‚Untertan' von Heinrich Mann, in die deutsche Literaturgeschichte eingegangen ist:

„Der Kaiser schließlich wollte überhaupt keine Krise und schon gar keinen Krieg. Im Gegensatz zu manchen unschön auftrumpfenden Äußerungen, die er gelegentlich von sich gab, war Wilhelm II. im Grunde genommen eine sensible, nervöse und friedliebende Natur." So hat Sebastian Haffner geurteilt, und tatsächlich begann der junge Kaiser seine Amtszeit mit einem erklärten Bekenntnis, fortan als Friedenskaiser zu wirken, wie am 25. Juni 1888 anlässlich der Reichstagseröffnung: „In der auswärtigen Politik bin ich entschlossen, Frieden zu halten mit jedermann, so viel an mir liegt." Gegenüber Admiral Georg Alexander von Müller, einem der ‚Vertrauten' des Kaisers, bekundete er, dass „er wünsche, dass seine Herrschaft eine Zeit der Konsolidierung sei, nicht der Expansion" und „dass seine Herrschaft als eine Ära des europäischen Friedens in Erinnerung bleiben möge."

Dies harmonierte zwar gut mit der Vorstellung eines Welt- und Friedenskaisers am Ende der Zeiten, wie sie die alten deutschen Kaiserprophetien formuliert hatten, doch kam dies, namentlich in den militärischen Führungsetagen, nicht besonders gut an. „Es war allgemein bekannt, dass die hohen Militärs der Unentschlossenheit und Zögerlichkeit des ‚Friedenskaisers' nicht trauten", so Wilhelm-Biograf Christopher Clark. „Das Weltreich, das Ich Mir erträumt habe, soll darin bestehen, dass vor allem das neuerschaffene Deutsche Reich von allen Seiten das absoluteste Vertrauen als eines ruhigen, friedlichen Nachbarn genießen soll." So sprach der Kaiser, und Erich von Falkenhayn, der spätere Generalstabschef, notiert kurz vor Kriegsausbruch, dass der Kaiser „fest entschlossen ist, den Frieden unter allen Umständen zu erhalten." Und fügt, wie Christopher Clark berichtet, voller Bedauern hinzu: „Und in seiner ganzen Umgebung befindet sich kein Mensch, der ihn von diesem gefährlichen Entschluss abzubringen vermochte." Was dann, im August 1914, aber doch geschah.

Resümee von Heinrich Walle:

Christopher Clark, der australische Historiker, hat 2012 in seiner umfassenden Darstellung ‚Die Schlafwandler. Wie Europa in den Ersten Weltkrieg zog' vier Jahrzehnte nach Fritz Fischer unter Einbeziehung der inzwischen erheblich gewachsenen Forschung wohl eine der plausibelsten Interpretationen über die Ursachen des Ersten Weltkrieges vorgelegt. Danach hat Kaiser Wilhelm II. die ihm damals noch formal zustehenden Vollmachten über politische Entscheidungen nicht ausgeführt. Offensichtlich war er dazu persönlich auch gar in der Lage oder willens. Die Konsequenzen einer solchen Haltung hat er, so wie die hier geschilderten Episoden zeigen, auch nicht erkannt. Mit Sicherheit war er, wie Sebastian Haffner bemerkte, „eine sensible, nervöse und friedliebende Natur", der die brutale Wirklichkeit eines Krieges nicht verantworten wollte. Für ihn war das Militär und hier besonders die Marine eigentlich nur ein gigantisches Spielzeug für Paraden und Manöver, in denen stets diejenige Partei, die der Kaiser in seiner Eigenschaft als Oberbefehlshaber der Armee führte, siegen musste. Wilhelm II. hatte sich mit Schmeichlern umgeben, denen er dann die weiteren Entscheidungen überließ. Diese ‚Berater' waren aber vielfach Männer, die rücksichtslos und vielfach, auch nicht mit anderen Kollegen abgeglichen, die Ziele ihrer eigenen Ressorts vertraten, ohne deren Folgen in einem größeren Kontext zu beachten. Damit wurden dann Automatismen mit fatalen Folgen ausgelöst, weshalb Christopher Clark den Begriff „Schlafwandler" im Titel seiner Untersuchung wählte. So zeigen die vorangehend beschriebenen Episoden, dass Wilhelm II sich in ernsten Situationen geradezu für lächerliche Nebensachen interessierte und deshalb, wie Fritz Fischer feststellte, „überspielt" wurde.

Die deutschen Militärs hatten offensichtlich den Begriff Technik nicht in seiner vollen Tragweite erkannt. Dass ein Krieg im Industriezeitalter, in dem sich die Staaten Europas 1914 schon befanden, in erster Linie ein Schlagabtausch von Industriepotentialen und Rohstoffressourcen war, wurde nicht in seiner vollen Tragweite erkannt. Man sah nicht, dass das Deutsche Reich gegenüber seinen Gegnern allein schon durch den Mangel an Rohstoffen, die diese aus Übersee beziehen konnten, in einer militärischen Auseinandersetzung unterlegen war. Aus diesem Grunde sollte ein Sieg innerhalb kurzer Zeit nach dem sogenannten „Schlieffen-Plan" erfochten werden. Die darin vorgesehenen gewaltigen raumgreifenden Bewegungen konnten mit den damaligen technischen Möglichkeiten von einem noch nicht mechanisierten Massenheer, dessen Verbände im Operationsgebiet sich nur fußläufig bewegen konnten und die angesichts unzureichender Fernmeldemittel nicht flexibel genug zu führen waren, nicht ausgeführt werden. Daher war der Krieg schon im September 1914, knapp einen Monat nach Kriegsausbruch, für Deutschland verloren. In einem Grabenkrieg mit Massenanstürmen unter Millionenverlusten auf beiden Seiten, war Deutschland dann nach vier Jahren erschöpft und musste den Kampf einstellen. Da keiner der Kriegsgegner einen Frontdurchbruch erreichen konnte und sich das deutsche Heer personell und materiell erschöpft zurückziehen musste, wurde dieser Rückzug dann propagandistisch durch die „Dolchstoßlegende" verklärt, wonach dem „im Felde unbesiegten Heer" von linken Kräften in der Heimat der Dolch in den Rücken gestoßen worden sei.

Literaturauswahl

Clark, C., Die Schlafwandler. München 2013.

Epkenhans, M., Der deutsche Griff nach der Weltmacht. In: Duppler, J. (Hrsg.), Seemacht und Seestrategie im 19. und 20. Jahrhundert. Hamburg u. a. 1999.

Fischer, F., Griff nach der Weltmacht. Auf Grund der 3. Auflage vollständig neu bearbeitete Sonderausgabe. Düsseldorf 1967 (Erstausgabe 1961).

Haffner, S., Von Bismarck zu Hitler. München 1987.

Müller, G. A., v., Regierte der Kaiser? Göttingen 1959.

Walle, H., Technikrezeption der militärischen Führung in Deutschland im Spannungsfeld zwischen Tradition und Fortschritt. Beispiele aus dem Land-, Luft- und Seekrieg. In: Historische Mitteilungen der Ranke-Gesellschaft, Band 26-2013/ 2014.

3.2. Skagerrak – Die größte Seeschlacht der Geschichte

S.M.S. SEYDLITZ nach der Skagerrakschlacht, 1916

Vom 21. Februar bis zum 15. Dezember 1916 tobte die Schlacht von Verdun; vom Spätnachmittag des 31. Mai bis in die frühen Morgenstunden des 1. Juni 1916 stand die deutsche Hochseeflotte vor dem Skagerrak mit der britischen Grand Fleet im Kampfe.

Beide Waffengänge nehmen in der Geschichte eine Sonderstellung ein: Verdun, das ist die bisher längste und verlustreichste Landschlacht mit fast 600 000 Gefallenen auf einem Gebiet von der Größe des Landes Bremen. Die Seeschlacht vor dem Skagerrak war die letzte klassische Seeschlacht, die von schweren Artillerieträgern ausgetragen wurde. Durch die Beteiligung von 254 Schiffen mit einer Gesamttonnage von ungefähr 1,6 Millionen Tonnen (99 deutsche und 155 britische Schiffe) war sie die größte Seeschlacht der Geschichte.

Aus beiden gigantischen Schlachten ging keine Partei als eindeutiger Sieger hervor. Die Seeschlacht vor dem Skagerrak hatte aber im Gegensatz zu vielen anderen Seeschlachten, die mit geringerer Schiffszahl durchgekämpft worden waren, weder einen epochalen, noch einen kriegsentscheidenden Charakter gehabt. Sie war auch keine Wiederholung des „Glorious first of June", als 1794 Lord Howe die Kriegsflotte des revolutionären Frankreichs westlich Quessant schlug, womit er die Preisgabe des französischen Seemachtanspruches einleitete. Sie lässt sich auch nicht mit Trafalgar vergleichen, wo Nelson mit 25 Schiffen für Großbritannien für ein Jahrhundert die Seeherrschaft errang.

Allerdings sahen die Franzosen Verdun als Erfolg an, weil sie den Durchbruch der Front und die Einnahme der Stadt Verdun verhindern konnten, und weil es ihnen gelang, im Oktober und Dezember die deutschen Truppen wieder bis in die Nähe ihrer Ausgangsstellungen vom Februar zurückzudrängen.

Skagerrak wurde lange Zeit in erster Linie als deutscher Sieg empfunden, da es der Hochseeflotte trotz zahlenmäßiger Unterlegenheit gelungen war, dem Gegner größere Verluste beizubringen (6094 Gefallene und 115 025 ts versenkten Schiffsraumes), als sie hinnehmen musste (2550 Gefallene und 61 180 ts versenkten Schiffsraumes).

Aber auch in England hielt man die „Battle of Jutland" für erfolgreich, da man der Ansicht war, die deutsche Hochseeflotte zum Rückzug gezwungen und somit die eigene seestrategisch vorteilhaftere Position trotz empfindlicher Verluste behauptet zu haben.

Beide Schlachten führten zu keiner Kriegsentscheidung. In ihren Fernwirkungen bestimmten sie aber bis zum Zweiten Weltkrieg hinein das Denken und Empfinden der Militärs.

Seit England 1805 in der Seeschlacht von Trafalgar und durch die kurz zuvor errungenen Seesiege von Kopenhagen und Abukir zur Beherrscherin der Weltmeere geworden war, galt noch in den 1930er Jahren das Wort von Großadmiral Erich Raeder, dass die Skala der Weltmächte nach der Reihenfolge ihrer Flotten bestimmt sei. Bereits der damalige Kapitän zur See der US Navy, Alfred Thayer Mahan, hatte in seinen 1890 erschienen Werken die Theorie vertreten und aus der Geschichte abzuleiten versucht, dass nur Staaten mit einer Schlachtflotte eine Rolle in der Geschichte spielen könnten.

Diese Gedanken verfochten damals in Deutschland vor allem Kaiser Wilhelm II. und der im Jahre 1897 zum Staatssekretär des Reichsmarineamtes ernannte Admiral Alfred v. Tirpitz. Letzterer sah vor allem im Bau einer Flotte das Mittel, dem aufstrebenden Deutschen Reich zur Weltmacht zu verhelfen.

Durch die Einbringung entsprechender Flottengesetze nach dem Vorbild der englischen „Naval Defence Acts" sicherte er seit 1898 das kontinuierliche Wachstum der Flotte.

Aus den Erfahrungen des Russisch-Japanischen Krieges heraus entwickelte England das so genannte „All big gun ship", das in Gestalt des mit zehn 30,5 cm Geschützen bestückten Linienschiffes DREADNOUGHT 1906 in Erscheinung trat. (Die bisherigen Linienschiffe waren nur mit vier großkalibrigen Geschützen bestückt.) Mit der Einführung dieses Typs eines Großkampfschiffes waren mit einem Schlag alle vorher gebauten Linienschiffe veraltet.

Um der britischen Herausforderung zu begegnen, setzte bei allen damaligen Großmächten ein regelrechtes Wettrüsten ein, wobei die unter gewaltigem finanziellen und industriellen Aufwand gebaute deutschen „Hochseeflotte" zu Kriegsbeginn 1914 etwa zwei Drittel der britischen Flottenstärke erreicht hatte. Sie rangierte damit an zweiter Stelle unter den Weltflotten.

Die kaiserliche Flotte sollte Deutschland bündnisfähig machen und England mit dem Risiko belasten, im Kriegsfall seine Übermacht zu verlieren. In Deutschland hoffte man, nach einem Kräfteausgleich durch Minenoperationen und Vorstöße kleinerer Verbände, das verbliebene Gros der Flotte zur entscheidenden Seeschlacht stellen zu können. Für diese große Kraftprobe bildete man die Besatzungen der Schiffe aus.

Die englische Planung sah vor allem die Sicherung der Zufuhren aus Übersee durch Erhaltung der eigenen Seeherrschaft vor. Als weitere Ziele sollten dadurch die Seeverbindungen des Deutschen Reiches unterbrochen werden und die Sicherstellung des Transportes von Menschen und Material nach dem Verbündeten Frankreich gewährleistet sein.

Wenn nach Admiral Edward Wegener Seemacht das Produkt aus Flotte und geographischer Lage ist, wird die entscheidende Schwäche der damaligen Seemacht Deutschland sichtbar, da mangels Versorgungsbasen und auch auf Grund der technisch bedingten Grenzen der Aktionsradien die Hochseeflotte nur in der Nordsee operieren konnte.

England, gestützt auf seine bessere seestrategische und geografische Lage, begann sofort nach Kriegsbeginn mit der Fernblockade zwischen Island und den Orkneys sowie dem Kanal und vermied jede größere Flottenberührung. Die deutsche Flotte war dadurch zur Untätigkeit verdammt und nicht in der Lage, die Aufrechterhaltung der Fernblockade zu verhindern.

Auf beiden Seiten operierte man mit großer Zurückhaltung, um das Flotteninstrument nicht unnötig zu gefährden und für die erwartete Seeschlacht intakt zuhalten.

Seit dem 15. Januar 1916 versuchte Vizeadmiral Reinhard Scheer nach Übernahme des Oberbefehls über die Hochseeflotte durch verschiedene Vorstöße der Schlachtkreuzer zu Küstenbeschießungen einen Kräfteausgleich herzustellen, indem er Teile der englischen Flotte in Gefechte verwickeln wollte. Im Mai 1916 hatte Scheer einen Erkundungsvorstoß zum Skagerrak geplant. Dabei sollte die Schlachtflotte die Aufklärungsstreitkräfte decken.

Am 30. Mai erfasste die britische Funkaufklärung das für den kommenden Tag befohlene Vorhaben. In der Annahme, unterlegene Seestreitkräfte vorzufinden, ließ der Befehlshaber der Grand Fleet, Admiral John Jellicoe, die Einheiten der Grand Fleet aus den Flottenbasen Scapa Flow, Cromarty Firth (Nordschottland) und die Schlachtkreuzer unter Vizeadmiral David Beatty aus Rosyth im Firth of Forth auslaufen. Wegen der ungünstigen Wetterlage war auf beiden Seiten keine Luftaufklärung möglich, so dass keiner der Flottenchefs damit rechnete, das Gros der gegnerischen Flotte vor sich zu haben.

Am 31. Mai 1916 trafen daher um 15.20 Uhr mitteleuropäischer Zeit etwa 80 Seemeilen westlich der Jammerbucht vor dem Skagerrak die Spitzenschiffe der größten Flotten der Welt aufeinander. Die deutschen Aufklärungsstreitkräfte unter dem Befehl von Vizeadmiral Franz Hipper standen etwa 40 Seemeilen nordwestlich vor Admiral Scheers Kräften, während die britischen Aufklärungskräfte unter Admiral Beatty sich rund 70 Seemeilen südöstlich von Jellicoe befanden. Die erste Feindberührung ergab sich infolge des Anhaltens eines neutralen Handelsschiffes. Dadurch erhielten Beattys Seestreitkräfte Gelegenheit, Hipper anzugreifen.

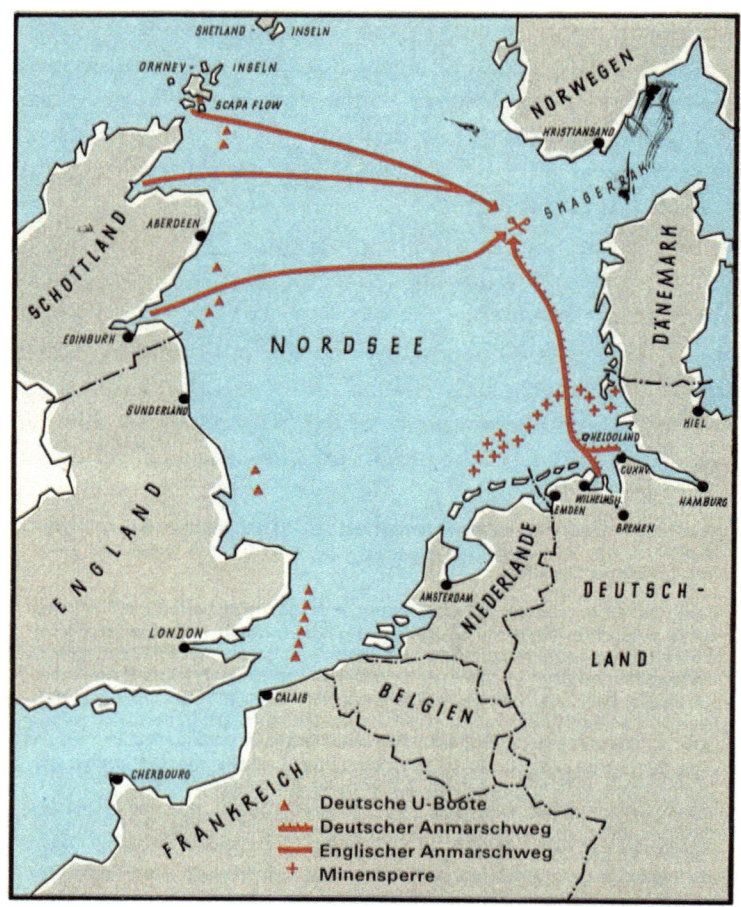

Quelle: Potter/ Nimitz/ Rohwer, Seemacht.

Aus dem filigranartigen Muster der Kurse von den 254 an dieser Schlacht beteiligten Schiffen, wie die Karten im 5. Band des deutschen Admiralstabswerkes zeigen, lassen sich vereinfachend die Bewegungen von vier großen Flottenkörpern herausnehmen: die der beiden Schlachtkreuzergeschwader, d. h. die Aufklärungsstreitkräfte unter der Führung von Hipper und Beatty sowie die Bewegungen der beiden Gros, d. h. die Schlachtflotten unter der Führung der Flottenchefs Scheer und Jellicoe. Die Skagerrakschlacht lässt sich damit in vier Phasen einteilen:

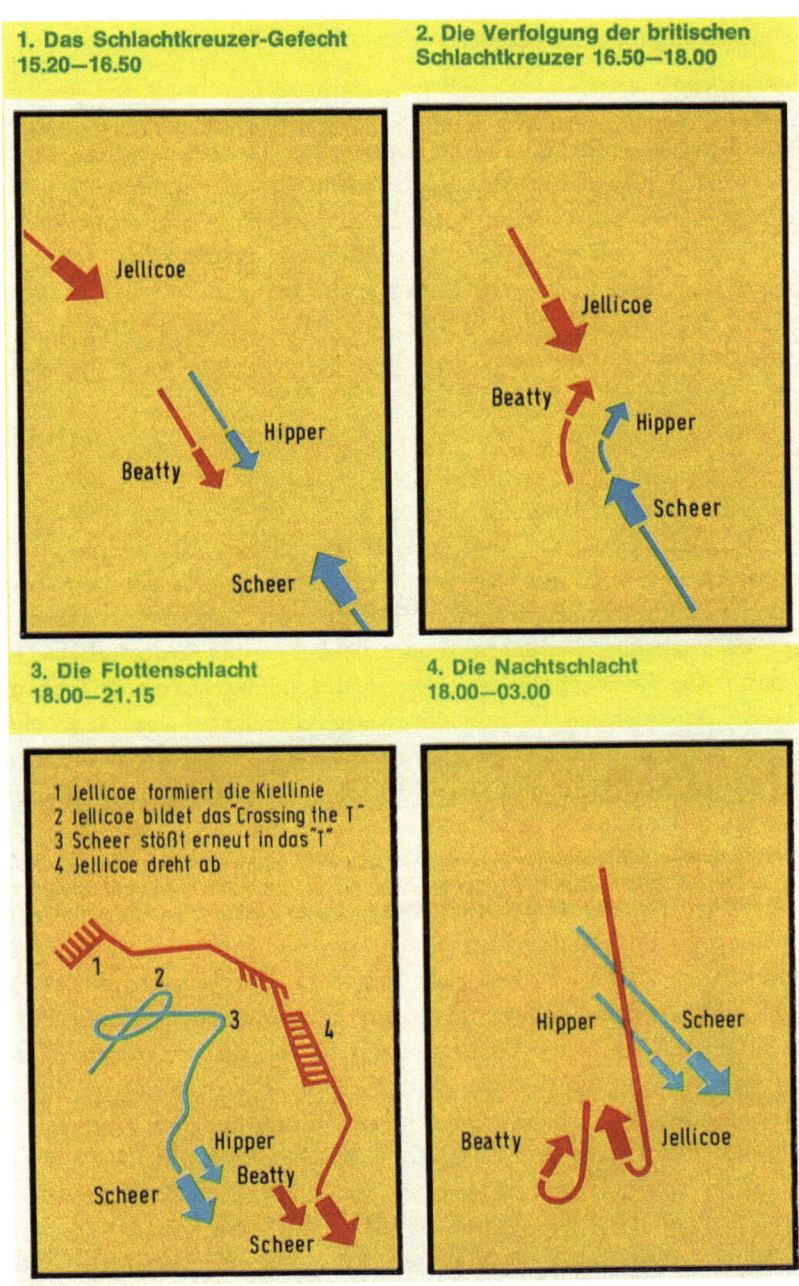

1. Das Schlachtkreuzer-Gefecht 15.20—16.50

Jellicoe

Hipper

Beatty

Scheer

2. Die Verfolgung der britischen Schlachtkreuzer 16.50—18.00

Jellicoe

Beatty

Hipper

Scheer

3. Die Flottenschlacht 18.00—21.15

1 Jellicoe formiert die Kiellinie
2 Jellicoe bildet das "Crossing the T"
3 Scheer stößt erneut in das "T"
4 Jellicoe dreht ab

1

2

3

4

Hipper

Scheer

Beatty

Scheer

4. Die Nachtschlacht 18.00—03.00

Hipper

Scheer

Beatty

Jellicoe

Quelle: Potter/ Nimitz/ Rohwer, Seemacht.

Erste Phase: Schlachtkreuzergefecht, 15.20 bis 16.50 Uhr:

Die erste Phase dieser Seeschlacht, das Gefecht zwischen den Schlachtkreuzern der Aufklärungsstreitkräfte, dauerte von 15.20 Uhr bis 16,50 Uhr. Vizeadmiral Franz Hipper, der Führer der deutschen Schlachtkreuzer, versuchte seinen in Sonnenluv stehenden Gegner auf die hinter ihm mit Nordkurs heran marschierende Hochseeflotte zu ziehen. Kurze Zeit nach dem Austausch der ersten schweren Salven fliegen im Abstand von 20 Minuten die britischen Schlachtkreuzer INDEFATIGABLE und QUEEN MARY durch Treffer in die Munitionskammern in die Luft.

Zweite Phase: Verfolgung der britischen Schlachtkreuzer, 16.50 bis 18.00 Uhr:

Die englischen Schlachtkreuzer drehen jetzt in der zweiten Phase der Seeschlacht nach Norden ab und versuchen, sich vor ihr eigenes Gros zu setzen. In einem „Crossing the T" versuchen sie, die deutsche Flotte nach Osten zu überflügeln. Verfolgt von Scheer und Hipper dampfen die britischen Schlachtkreuzer nach Norden. Admiral Beatty führte damit die Deutschen zu dem von ihnen unerwarteten Treffen mit Jellicoe. Mittlerweile verschlechtert sich die Sicht, vor allem die deutschen Schiffe können den in Sonnenlee stehenden Gegner schlecht ausmachen, während sie selbst als Silhouetten gegen die tief stehende Abendsonne gut sichtbar sind.

Dritte Phase: Flottenschlacht, 18.00 bis 21.00 Uhr:

Den Höhepunkt bildete die dritte Phase, der Kampf der Schlachtflotten dauerte von 18.00 Uhr bis zum Einbruch der Dunkelheit, etwa um 19.15 Uhr. Admiral Jellicoe erwartete dringend zuverlässige Meldungen über den Standort der deutschen Flotte, die er jedoch nicht erhielt. Er verzögerte die Bildung einer Gefechtslinie, weil er das Risiko, die Deutschen völlig zu verpassen oder ihnen den Rückweg nach Deutschland zu öffnen, nicht eingehen wollte. Erst um 18.15 Uhr entwickelte er seine Geschwader nach links zur Gefechtsformation (Fig. 1 in Skizze). Danach drehte er nach Südosten, so dass es ihm gelang, Scheers von Südwesten herankommende Streitkräfte in das „Crossing the T" zu bekommen (Fig. 2). Der drohenden Umfassung kann Admiral Scheer nur durch ein gewagtes Manöver, einer gleichzeitigen Kehrtwendung aller Schiffe, das durch einen Torpedoboots-angriff zur Ablenkung des Gegners unterstützt wird, entgehen. Der deutsche Flottenchef, der vor sich nichts als das Aufblitzen der geg-nerischen Geschütze sah, hatte um 18.35 Uhr instinktiv die erste Ge-fechtskehrtwendung durchgeführt, um vom Feind loszukommen (Fig. 2). Sein Gegner, Admiral Jellicoe, der den Kontakt mit den Deut-schen verloren hatte, ging mit seinen Schiffen divisionsweise nach Süden. Scheer drehte um 1855 Uhr zur Wiederaufnahme des Kampf-es nach Osten. Damit kamen die deutschen Schlachtschiffe direkt wieder in Richtung auf das Zentrum der britischen Schlachtflotte, die den deutschen Flottenchef erneut in das „Crossing the T" brachte. Da Scheer die Unmöglichkeit eines Durchbruches erkannte, wieder-holte er um 19.18 Uhr mit der zweiten Gefechtskehrwendung (Fig. 3) sein Manöver von 18.35 Uhr, das er mit einem Ausfall seiner Schlachtkreuzer und einem Torpedobootsangriff deckte. Um den deutschen Torpedos zu entgehen, gab Admiral Jellicoe sein Ziel, die Vernichtung der deutschen Schlachtflotte, auf und drehte gegen 19.30 Uhr ab (Fig. 4). In dieser dritten Phase verloren die Briten die Pan-zerkreuzer DEFENCE und WARRIOR sowie den Schlachtkreuzer INVINCIBLE, während auf deutscher Seite der Kleine Kreuzer WIESBADEN zusammengeschossen wurde, auf dem der Dichter „Gorch Fock" (Johann Kinau) als Matrose fiel. Auch der schwerbe-schädigte und im Sinken begriffene Schlachtkreuzer LÜTZOW, das Flaggschiff von Vizeadmiral Hipper, musste aufgegeben werden. Hierbei kam es zu einer Tragödie besonderer Art: 17 Männer waren im Steuerbord-Diesel-Dynamoraum eingeschlossen. Da alle umge-benden Abteilungen bereits unter Wasser standen, war jede Rettung für die Eingeschlossenen unmöglich. Um zu verhindern, dass das im Sinken befindliche Wrack den Engländern in die Hände fiel, wurde es nach Abbergung der Überlebenden unter bewusster Inkaufnahme des Todes der eingeschlossenen Kameraden von einem deutschen Tor-pedoboot versenkt.

Gegen 21.00 Uhr löste sich die Hochseeflotte vom Gegner. Admiral Jellicoe nahm zu diesem Zeitpunkt die Nachtformation ein. Beide Flotten marschierten nach Süden. Jellicoe, der die Schlacht bei Tages-anbruch wieder aufnehmen wollte, stand zwischen Scheer und dessen Heimathäfen.

Vierte Phase: Nachtschlacht, 21.30 bis 03.00 Uhr:

Die Hochseeflotte löst sich vom Gegner, der auch seinerseits das Gefecht nicht fortsetzen will. In der Nacht kommt es in der vierten Phase, der Nachtschlacht, nochmals zu mehreren kurzen Gefechtsberührungen, bei denen die Engländer einen älteren Panzerkreuzer und fünf Zerstörer, die Deutschen ein älteres Linienschiff und drei Kleine Kreuzer verloren. Admiral Scheer hatte sich entschlossen, seine Heimathäfen zu erreichen und war deshalb auf südliche Kurse gegangen. Er war hinter das Gros der Briten zurückgefallen und kämpfte sich durch die britische Nachhut den Rückweg frei. Ehe Jellicoe ein klares Lagebild von der Lage seiner Nachhut gewonnen hatte, war Scheer der Durchbruch gelungen. Um 02.30 Uhr musste der britische Flottenchef erkennen, dass er den Kontakt zu seinem Gegner verloren hatte. Um nicht zu nahe an die deutschen Minenfelder zu gelangen, gab er gegen 04.00 Uhr den Befehl zum Heimmarsch und ging auf Nordkurs. Die Hochseeflotte begann gegen 05.00 Uhr den Rückmarsch auf südlichen Kursen und erreichte am Nachmittag des 1. Juni 1916 den Jadebusen.

Fazit:

Eine Schlacht gegen die Gesamtflotte des Gegners wurde im Mai 1916 von keiner Seite der Kontrahenten gesucht. Die beiden Flottenführer nahmen jedoch die Schlacht an, als sie sich unvermutet mit ihrem Gros einander gegenübersahen. Die Absicht, die Schlacht bis zur Entscheidung durchzuschlagen, hatte keiner von beiden. Am Beginn des Abends befand sich Admiral Scheer in einer taktisch ungünstigen Position: Seine Schlachtkreuzer und das die Hochseeflotte führende III. Geschwader lagen im Feuer der die deutsche Spitze umfassenden britischen Schlachtschiffe, wobei sie im Dunst und Qualm auf mittlere Distanzen kaum rechte Trefferaussichten hatten. Admiral Jellicoe, der Seeoffizier, der nach Churchills Worten an einem Nachmittag den ganzen Krieg verlieren konnte, wollte Risiken durch deutsche Torpedobootsangriffe aus dem Weg gehen und bei Vermeidung unübersichtlicher Nachtkämpfe am nächsten Tage im Tageslicht mit der schweren Artillerie den Gegner niederkämpfen. Allerdings hielten beide Flottenführer eine Rückführung ihrer Schiffe in die Heimathäfen und die Durchführung von Reparaturen für unbedingt notwendig.

Für die Briten geschah dies, um ihre Seeherrschaft in der Nordsee weiter aufrechtzuerhalten, für die Deutschen, weil selbst die Hinnahme größerer Verluste unter Schädigung der britischen Flotte die eigene seestrategische Position nicht hätte verbessern und im Ostseebereich sogar hätte verschlechtern können.

Folgerungen:

Von der Größenordnung aus gesehen, hatte hier die bisher gewaltigste Schlacht der Seekriegsgeschichte stattgefunden. Von allen Marinen der Welt in den folgenden 25 Jahren auf das genaueste untersucht, bot sie jedoch nur wenige Lehren von bleibendem Wert. Strategisch gesehen war ihre Bedeutung gering. Admiral Scheer hatte sich zwar erfolgreich der Vernichtung entzogen. Er musste aber erkennen, dass durch die Hochseeflotte, trotz ihres Erfolges vor dem Skagerrak, die Seemacht England nicht entscheidend geschlagen werden konnte. Die Blockade gegen Deutschland hielt an, Nachschub und Verstärkungen der Entente-Streitkräfte in Frankreich flossen auf dem Seeweg weiter. Hochseeflotte und Grand Fleet blieben weiter sogenannte Fleets-in being. Sie belauerten sich zwar und suchten Gelegenheiten für günstige Treffen, die sich jedoch nicht mehr ergaben.

Der deutsche Flottenchef forderte nunmehr die Konzentration aller Kräfte auf die Führung des U-Bootkrieges. Auch Admiral Jellicoe wollte eine neue Kraftprobe mit der Hochseeflotte nicht mehr riskieren, weil das Instrument der britischen Seeherrschaft geschont werden musste.

In Deutschland verwelkte der Lorbeer vom Skagerrak scheinbar schnell; die Hochseeflotte kam nicht mehr zum Einsatz. Dieser Umstand und der Abzug der tüchtigsten Besatzungsmitglieder zu U-Boot-Waffe begünstigten zu einem gewissen Teil die Ereignisse vom Oktober und November 1918.

Die Seeschlacht vor dem Skagerrak war die letzte bei Tage ausgefochtene Seeschlacht zwischen Großkampfschiffen. Hier allerdings zeigte sich, dass die technische Entwicklung der Seekriegsmittel die taktischen Führungsmöglichkeiten überflügelt hatte. Mit anderen Worten: Der technische Fortschritt hatte die operative Beweglichkeit, die Grundlage der Taktik großer Flottenverbände, untergraben. Weittragende Geschütze, hohe Fahrtgeschwindigkeiten sowie die große Verschiedenheit der Schiffstypen und die nach heutigen Maßstäben geradezu primitiven Fernmelde- und Ortungsmittel machten es einem Oberbefehlshaber unmöglich, die Lageentwicklung im Blick zu behalten. Weil die den Befehlshabern zur Verfügung stehenden Beobachtungs- und Führungsmittel der Schiffsgeschwindigkeit und den artilleristischen Reichweiten nicht mehr angemessen waren, hatten sie nur wenige Minuten Zeit, um auf Grund weniger, oft noch unzuverlässiger Informationen, ihre Entschlüsse zu fassen. Das hatte beispielsweise zur Folge, dass Scheer wie auch Jellicoe sich zur Beibehaltung einer einzigen Gefechtslinie entschieden und unabhängige Aktionen einzelner Geschwader nach Möglichkeit einschränkten.

Das bedeutendste Ergebnis der Schlacht lag für die deutsche Seite auf psychologischem Gebiet. Wenngleich der Rückzug der Hochseeflotte geschichtlich gesehen nicht als Sieg zu bezeichnen war, so war man stolz darauf, gegenüber einem zahlenmäßig überlegenen Gegner Stand gehalten zu haben. Eine junge Marine hatte durch überlegenen Kampfgeist, bessere Führung und Ausbildung mit technisch hochwertigem Schiffsmaterial einem traditionsreichen, zahlenmäßig überlegenen Gegner größere Verluste zugefügt, als sie selbst hinnehmen musste. England, das große Vorbild zur See, war besiegbar. Durch die Tatsache, dass dieser „Seesieg" in Gewässern erfochten wurde, in denen die seestrategisch günstigere Lage des Inselreiches keine Rolle spielte, erhöhte sich der Glanz noch mehr. Davor mussten später die Ereignisse von 1918 verblassen.

Anders als in England, wo man die „Battle of Jutland" als eine von zahlreichen Schlachten wahrnahm, die die traditionsreiche Royal Navy in den 400 Jahren ihres Bestehens geschlagen hatte, wurde diese Seeschlacht in Deutschland, vor allem in Marinekreisen, nahezu mythisch überhöht. Dies geschah vor allem aus Gründen eines Kontrastes zu den Meutereien von 1918. Bis 1945 setzten die Schiffe von Reichs- und Kriegsmarine zur Erinnerung an diesen „Seesieg" jeden 31. Mai im Topp die Kriegsflagge der Kaiserlichen Marine. Da auf deutscher Seite während der Schlacht Fotografierverbot herrschte, schufen Marinemaler unterschiedlichsten Könnens seit 1916 zahlreiche Schlachtenbilder. Unter ihnen ragte Claus Bergen durch seine abbildgetreuen Darstellungen dramatischer Gefechtsszenen, die man mit der damaligen Fototechnik gar nicht hätte aufnehmen können, durch die Intensität ihrer Komposition hervor. In Denkmalen, die in den 1920er und 1930er Jahren entstanden, vor allem im Marineehrenmal in Laboe oder auch in der Marineschule Mürwik, wurden nicht allein die Gefallenen geehrt, sondern angedroht, in einer noch unbestimmten Zukunft Rache für die von den Siegermächten der Entente dem Deutschen Reich zugefügte Schmach zu nehmen. Für Marinevereinigungen war der 31. Mai 1916 sogar Anlass der Veranstaltung von „Skagerrakbällen". So wurde der Verfasser als junger Fähnrich zur See noch 1965 nach Bremen zu einem solchen Event eingeladen.

Skagerrak bedeutete aber auch das Ende der britischen Weltherrschaft zur See, denn Großbritannien sah sich nach dem Kriege außerstande, noch eine Flotte bauen zu können, die den technischen Anforderungen, die sich aus dem Verlauf dieser Seeschlacht ergaben, entsprochen hätte. Im Abrüstungsvertrag von Washington musste man deshalb 1922 die Konsequenzen aus der sich abzeichnenden Verlagerung des Weltschwergewichtes von Europa nach Amerika ziehen.

Die Anhänger der Ideen des Großadmirals Tirpitz, vor allem der spätere Oberbefehlshaber der Kriegsmarine, Großadmiral Erich Raeder, der die Skagerrakschlacht als Chef des Stabes von Admiral Hipper miterlebt hatte, sahen nach 1918 deren Richtigkeit durch das Ergebnis vom 31. Mai 1916 bestätigt. Politische Eingriffe von außen, die vom Unverständnis des Wesens der See bestimmt gewesen sein sollen, hätten den Erfolg verhindert. Mit einer neu zu bauenden, ausgewogenen Flotte, die vor allem im Atlantik operieren konnte, sollte durch den Kreuzerkrieg die Seeherrschaft errungen werden. Moralische Überlegenheit der Besatzungen, bessere Führung und Technik sollten teilweise eine numerische Unterlegenheit ausgleichen.

All diese Gedanken wurden bereits 1976 in der Zeitschrift ‚Marineforum' vor allem im Beitrag des 2010 verstorbenen Fregattenkapitän d. R. Professor Dr. Michael Salewski anlässlich des 60. Jahrestages der Schlacht geäußert. Unter der Schlagzeile „Skagerrak! Sechzig Jahre Rückblick. Warum erinnern wir uns immer wieder?" hatte der damals in Bonn lehrende Historiker eine sehr kritische geistesgeschichtliche Bewertung dieses Ereignisses vorgestellt, dessen Aussagen auch nach vier Jahrzehnten gültig geblieben sind. Salewski hatte damals an der Bonner Universität eine Vorlesung über den Ersten Weltkrieg gehalten, die er mit dem Bekenntnis einleitete, auf diese Weise als Historiker den Gefallenen des Ersten Weltkrieges ein ehrendes Denkmal zu setzen. Der Tenor der Gefallenenehrung war in seinem Beitrag auch sehr deutlich erkennbar. Nichtsdestotrotz löste der Artikel eine Vielzahl von Leserbriefen aus, die alle von einer gewaltigen Emotionalität getragen waren. Herbste Kritik kam von damals noch lebenden Zeitzeugen, die in Salewskis kritischen Anmerkungen, die auch im vorangegangenen Beitrag enthalten sind, regelrecht eine Beschmutzung der deutschen Marine sehen wollten und sogar Salewski Zynismus in der Bewertung der Opfer vorwarfen.

Was sagen uns Verdun und Skagerrak heute? Sicherlich haben diese Schlachten für die moderne Kriegführung keinerlei Bedeutung mehr. Aber die Tatsache, dass es in beiden Schlachten keine eigentlichen Sieger gab, und die hohe Zahl der Gefallenen, vor allem bei Verdun, zeigen, dass auf beiden Seiten die Kämpfenden ihr Bestes gaben und sich im Grunde genommen nur unermessliches Leid zufügen mussten.

So ist auch in der Erinnerung nach einem Jahrhundert nach zwei furchtbaren Weltkriegen das gemeinsam erduldete Leid zu einer Brücke der Verständigung geworden und zur konkreten politischen Forderung, dass die Völker Europas ihre Kräfte nicht mehr zur gegenseitigen Zerfleischung, sondern zu gemeinsamer friedlicher Arbeit zusammenfassen sollen. Das ist letztlich die Bedeutung, die diese Schlachten auch nach mehr als 100 Jahren nur noch haben können.

Literaturauswahl

Marine-Archiv (Hrsg.), Das Admiralstabswerkwerk. Der Krieg zur See 1914-1918. Der Krieg in der Nordsee, Band 5. Berlin 1925.

Potter, E. B./ Nimitz, C. W./ Rohwer, J., Seemacht – Von der Antike bis zur Gegenwart. Herrsching 1986.

3.3. „Der Krieg ist zu Ende – nur ganz anders, als wir uns das gedacht haben." – Der Untergang von Kaiser, Reich und Marine

Wilhelm II. auf dem Bahnhof von Eijsden, 1918

Gegen 6 Uhr 30 am 10. November 1918 erscheint ein Mann im Automobil an der belgisch-niederländischen Grenze, am kleinen Zollamt Withuis in der Nähe des Grenzortes Eijsden. Es ist der deutsche Kaiser Wilhelm II., der nach einer Reise von gut 50 Kilometern aus dem Hauptquartier des deutschen Heeres im belgischen Spa hier als „einfacher Privatmann" um Gastaufenthalt bittet.

Um fünf Uhr morgens hatte sich der Hofzug von Spa aus Richtung holländische Grenze in Bewegung gesetzt. Da man befürchtete, bei der Durchfahrt durch den Bahnhof von Lüttich von Revolutionären festgesetzt zu werden, war der Kaiser in ein Auto umgestiegen. Doch das Zollamt Withuis hat noch geschlossen. Es öffne erst um sieben, teilt der Wachhabende mit, und außerdem dürfe er bewaffneten Personen ohnehin keine Einreise gewähren. Nach einigem Hin und Her darf der Kaiser mit Gefolge die Grenze passieren, muss jedoch zwei Kilometer weiter, am Bahnhof von Eijsden, erst einmal warten. Während dieser Wartezeit ‚schießt‘ ein Gymnasiast zufällig das später berühmt gewordene Bild des Kaisers mit Pelzkragen und langem Mantel auf dem Bahnsteig, auf der Flucht.

So sah es aus, das Ende der Hohenzollernmonarchie und ihres ‚Marinekaisers‘. Die Rolle ‚Seiner‘ stolzen Flotte im Krieg war weitgehend marginal geblieben: Neben einigen zaghaften Vorstößen, die namentlich vor Helgoland und auf der Doggerbank mit schweren Schiffsverlusten endeten und dem strategisch folgenlosen Treffen vor dem Skagerrak wartete man vor Schillig-Reede weiter vergeblich auf das Erscheinen der englischen Flotte in der Deutschen Bucht. Schließlich versinkt des Kaisers ‚schimmernde Wehr‘, als man mit dem uneingeschränkten U-Bootkrieg auch noch die Amerikaner mit 1,4 Millionen Soldaten auf den europäischen Kriegsschauplatz gerufen hatte und nachdem auf Schiffen der Hochseeflotte vor Schillig per Meuterei die Novemberrevolution ihren Ausgang nahm, schließlich per Selbstversenkung in der Bucht von Scapa Flow.

Der ‚Eigentümer‘ dieser ‚Seiner‘ Marine hatte mit dem allem nicht mehr viel zu tun. Der hatte sich schon mit Kriegsbeginn als ‚Oberster Kriegsherr‘ de facto abgemeldet und das Feld den Militärs überlassen – genau das, was sich diese von ihrem Kaiser gewünscht hatten. Schon dessen ‚Erzieher‘ aus Kindertagen, Georg Hinzpeter, hatte diagnostiziert, dass der Kaiser „unfähig wäre, das kleinste Schiff von Kiel nach Eckernförde zu führen. Zu Lande wäre es ebenso. Er könne Manöver kritisieren, aber in keiner Weise selbst Heere führen.“

„Wenn man sich in Deutschland einbildet, dass ich das Heer führe“, bemerkte Wilhelm II. im November 1914, „so irrt man sich sehr. Ich trinke Tee und säge Holz und gehe spazieren, und dann erfahre ich von Zeit zu Zeit, das und das ist gemacht, ganz wie es den Herren beliebt.“ Ihm blieb nur noch, wenn auch in deutlich reduzierter Form, jenes ‚Hobby‘ aus früheren Tagen, das ruhe- und rastlose Reisen, gern auch an die Front, aber immer in sicherer Entfernung: „26. Oktober 1914. Seine Majestät sehr gehobener Stimmung. Alles kampffreudig. Er hatte sogar die Leute im Schützengraben auf 1000 Meter Entfernung gesehen und hatte das Gefühl, in der Kampflinie gewesen zu sein.“ So hat es Admiral Georg Alexander von Müller in seinem Kriegstagebuch festgehalten.

Dort an der Front wird gut zugesprochen. So wie am 4. Februar 1915 in Wilhelmshaven den überlebenden Besatzungsangehörigen des Gefechtes an der Doggerbank, in dessen Verlauf der Panzerkreuzer S.M.S. BLÜ-CHER mit 792 Mann untergeht. Dazu der Kaiser: „Es kommt nicht darauf an, dass jedesmal ein Erfolg erfochten ist; auf den Geist kommt es an, der aus euren Taten herausleuchtet. (...) Und wenn das eigene Schiff untergeht, er (der Gegner; F.G.) muss mit hinunter. Denen, die an der Doggerbank mitgefochten haben, spreche ich meine vollste Anerkennung aus. Zum ersten Mal in der Nordsee gegen eine vielfache Überlegenheit habt ihr den stolzen Briten es tüchtig auf die Nase gegeben."

Das war nun allerdings ganz anders, und auch wohl wenig trostreich für die Familien, die vergeblich auf die Rückkehr ihrer gefallenen Männer gewartet hatten. Wie auch am 6. Juni in Wilhelmshaven, als er in alter Manier die Schlacht vor dem Skagerrak zu einem grandiosen Sieg ver-klärte: „Die englische Flotte wurde geschlagen. Der erste gewaltige Hammerschlag ist getan, der Nimbus der englischen Weltherrschaft herabgerissen (korr.) geschwunden, die Tradition von Trafalgar in Fetzen gerissen." Auch das war bei weitem nicht so, und der ‚Sieger vom Skagerrak', der postwendend durch den Kaiser zum Admiral beförderte Reinhard Scheer, erklärte auch unumwunden, dass „selbst der glück-lichste Ausgang einer Hochseeschlacht England in diesem Kriege nicht zum Frieden zwingen wird." Ein sieghaftes Ende des Krieges könne daher, so Scheer weiter, nur durch Ansetzen des Unterseebootes gegen den englischen Handel herbeigeführt werden.

Danach sprach er nicht mehr viel, der vormals so redselige Kaiser, doch seiner zweiten alten Leidenschaft, dem Reisen, ging er gleich-wohl weiter nach, gern auch einmal zu einer sechswöchigen Kur ge-gen die strapazierten Nerven in einem Heilbad, so dass ihn schließlich sein Kabinettschef v. Müller darauf hinweisen musste, dass er eigent-lich doch eher nach Berlin oder ins Hauptquartier gehöre als an spru-delnde Solequellen. Wenn also dienstliche Reise, dann lieber in mari-time Gefilde denn in die nervenzerrüttende Atmosphäre eines Hauptquartiers, und Admiral von Müller notiert im Tagebuch: „Reise nach Oberitalien 12. November 1917. 9 Uhr in Pola. Regenwetter, Fahrt zu unseren U-Booten. Freier Nachmittag im Hofzug. 5 Uhr Fahrt zum Tee ins Offizierskasino. Seine Majestät versäumt es leider, bei den am Wege aufgestellten deutschen U-Bootsarbeitern (= Arbeitern der U-Bootwerften; F.G.) auszusteigen, um sie zu begrüßen. Wir waren sehr traurig hierüber. Einer von unseren Herren meinte, das würde ihm noch einmal heimgezahlt." Und als im Sommer 1918 die letzten Offensiven des deutschen Heeres im Westen scheitern, da ist der Kaiser, so wiederum von Müller, „am Mittag auffallend niedergedrückt, aß bei Tisch nur von seinen Schokoladenplätzchen."

Am sogenannten ‚Schwarzen Tag des Deutschen Heeres', dem 8. August 1918, protokolliert dann der Admiral: „Schlechte Nachrichten von der Somme. Einbruch von Franzosen und Kanadiern bis zu 12 km in unsere Linien. Der Kaiser am Abend ziemlich bedrückt. Er sagt: Es ist doch merkwürdig, dass sich unsere Leute so gar nicht an die Tanks gewöhnen."

Die Ententemächte setzten damals fast 4000 Tanks ein, gegen die etwa 300 Beutekampfwagen auf deutscher Seite und 20 aus eigener Produktion eingesetzt wurden. Dennoch konnte aufgrund des damaligen Entwicklungstandes mit den Tanks kein großräumiger Durchbruch der Front erreicht werden. Bis zum Waffenstillstand gelang seit September 1914 keiner Seite ein tiefgreifender Einbruch in die Frontlinie. In den zahlreichen Offensiven verbluteten Millionen von Soldaten auf beiden Seiten. Seit dem 8. August 1918 erkannte die deutsche Heeresführung, dass man jetzt nach vier Jahren personell und materiell erschöpft war und deshalb der gegnerische Durchbruch drohte. Um die restlichen Verbände noch für spätere neue Offensiven retten zu können, wollte man sich zurückziehen.

Der Kaiser hingegen wartete weiter mit Durchhalteparolen auf, wie bei einem seiner letzten öffentlichen Auftritte bei den Angehörigen der Krupp-Werke in Essen am 10. September 1918: „Es kommt nur darauf an, dass der Gegner möglichst viel verliert. Das ist erfolgt, und das geschieht noch weiter. Unsere todesmutige Marine hat es euch bewiesen; gegen fünffache (in der offiziellen Fassung der Rede dann korrigiert in: starke; F.G.) Überlegenheit hat sie den Feind am Skagerrak geschlagen. Unsere U-Boote nagen wie der verzehrende Wurm am Lebensmark der Gegner, mehr, wie unsere Feinde zugeben wollen, wenn es auch manchem unter Euch zu lange dauert." Die Aufnahme der Rede des Kaisers seitens der Arbeiter, so resümiert Admiral von Müller, war äußerst kühl.

Ähnlich kühl war auch die Meldung der beiden Feldherren der Obersten Heeresleitung, Paul von Hindenburg und Erich Ludendorff, im Hauptquartier in Spa am 29. September, die dem konsternierten Obersten Kriegsherrn gleichsam aus heiterem Himmel eröffneten, die Armee wäre am Ende ihrer Kräfte und es müsse sofort Waffenstillstand geschlossen werden. Der Kaiser, so berichtet von Müller unter Berufung auf General von Marschall, soll kein Wort des Vorwurfs geäußert und erklärt haben, der Krieg sei zu Ende, „freilich ganz anders, als wir uns das gedacht haben."

Die bisher so zurückhaltende Marine hingegen beabsichtigt nunmehr, am 30. Oktober, während der schon laufenden Waffenstillstandsverhandlungen, doch noch gen England zu ziehen und mit der Hochseeflotte in die Hoofden, das Seegebiet unmittelbar nördlich des englischen Kanals, vorzustoßen, und sei es ein letztes Mal, die Ehre der Marine zu retten. Dieses Vorhaben war nach den Auffassungen der damaligen Verantwortlichen keine Meuterei von oben, sondern eine Eigenmächtigkeit der Marineführung, die sich nicht an den Primat der Politik gebunden fühlte. Es war eine Folge des Versagens des Kaisers, der diesen Eigenmächtigkeiten der ihm eigentlich untergebenen militärischen Führung erlegen war. Die Reichsleitung, der mittlerweile Prinz Max von Baden als Nachfolger Theodor von Bethmann Hollwegs als Kanzler vorsteht, noch der Kaiser, immerhin Oberbefehlshaber der Marine, wurden gar nicht erst gefragt, zumal, oder gerade weil sich der Kaiser noch im April 1918 ausdrücklich gegen ein solches Unternehmen ausgesprochen hatte.

Auch nicht gefragt wurden die Mannschaften der Großkampfschiffe der Hochseeflotte, die auf Schillig-Reede zusammengezogen worden waren. Und die wollten nicht mehr. Und rissen, wie dies Ernst Toller in seinem Revolutionsdrama von 1930 per Titel formuliert hatte, das ‚Feuer aus den Kesseln'. Am 2. November schreibt Admiral von Müller in sein Tagebuch: „Als ich am Abend von einer Fahrt über Land zurückkomme, finde ich ein Telegramm über eine Meuterei auf der Flotte vor. Die Meuterei, die im Übrigen unblutig unterdrückt worden war, bestand in der Verweigerung des Ankeraufgehens zu einer Offensivschlacht an der englischen Küste, bei Bereitwilligkeit, die eigene Küste zu verteidigen. Die Meuterer wollten nicht ‚als Opfer des Ehrgeizes der Offiziere' in den Tod geführt werden."

Der Flottenvorstoß wird abgeblasen und das III. Geschwader aus der Jade zurück in seinen Heimathafen Kiel beordert. Auf der Fahrt durch den Kaiser-Wilhelm-Kanal, dem heutigen Nord-Ostsee-Kanal, lässt der Kommandeur des Geschwaders, Vizeadmiral Hugo Kraft, die Aufständischen von Schillig-Reede in Arrest nehmen und glaubt, damit die Situation an Bord wieder beruhigt zu haben. Doch das Gegenteil ist der Fall. In Kiel bricht endgültig, nachdem sich die dortige Arbeiterschaft mit den Besatzungen des zurückgekehrten Geschwaders solidarisiert, die Revolution aus und verbreitet sich mit den von dort ausschwärmenden ‚roten Matrosen' über Deutschland.

In Wilhelmshaven, dem neben Kiel zweiten Reichskriegshafen, ging die Revolution in allergrößter Ordnung vor sich. Mit marschierender Marine und klingendem Spiel einer Marinekapelle voran ging es zur Kundgebung. Durch Armbinden kenntliche Ordner sorgten dafür, dass „bei dem Zustrom der Masse keine Unordnung entstand", so das ‚Norddeutsche Volksblatt' – Alkoholverbot inklusive, denn der Ausschank von Spirituosen ist in allen Lokalitäten der Stadt auf Weisung der Revolutionäre untersagt. Es war nicht nur eine ordentliche, sondern eine, trotz Musik, auch eher geräuschlose Revolution, und genau so sackte auch das mächtige Gebäude der militärischen Hierarchie mit einem Mal in sich zusammen.

Am 6. November berichtet Admiral Georg Alexander von Müller: „Auf dem Reichsmarineamt erfahre ich, dass sich die Marine-Revolution – so muss man das Kind jetzt doch nennen – auf Cuxhaven, Geestemünde und Wilhelmshaven ausgedehnt hat, dass Mannschaften des III. Geschwaders Lübeck besetzt haben und dass ein Transport von Matrosen mit roten Kokarden nach Berlin in Marsch gesetzt ist." Als die Revolution Berlin erreicht, ist der Kaiser schon ‚verreist', nach Spa, ins deutsche Hauptquartier. Dort erlebt er den 9. November, doch zurücktreten will er nicht. Allerlei Möglichkeiten werden von ihm oder für ihn erwogen, vom Tod an der Front bis zur Heimführung des Heeres nach Berlin, was ihm General Wilhelm Groener, der mittlerweile zum Nachfolger Erich Ludendorffs ernannt worden ist, allerdings schnell ausredet: „Das Heer wird unter seinen Führern und Kommandierenden Generalen geschlossen und in Ordnung in die Heimat zurückmarschieren, aber nicht unter Führung Eurer Majestät."

Und zu allem Überfluss erklärt auch noch Prinz Max von Baden als Reichskanzler, gleichwohl in einem Akt erstaunlicher Selbstermächtigung, die gar nicht vollzogene Abdankung des Kaisers und Philipp Scheidemann, der damit Karl Liebknecht zuvorkommt, ruft, zum Entsetzen Friedrich Eberts, auf einem Balkon des Reichstages die deutsche Republik aus.

Währenddessen plant der ‚Oberste Kriegsherr‘ auf Zureden Hindenburgs seine Flucht in die Niederlande. Und auch ‚Seine‘ Marine sucht das Weite, an der Spitze das allgewaltige Reichsmarineamt. Das lag damals am Tirpitzufer, seit 1948 Reichpietschufer, und die Bendlerstraße, seit 1995 Stauffenbergstraße, ist eine kleine, rechtwinklig auf das Tirpitzufer stoßende Stichstraße. Dort lag ein Nebengebäude, das aber zum Komplex des Reichsmarineamtes gehörte, worin später die Leitung des Ersatzheeres mit den Dienstzimmern von Graf Stauffenberg lag. Heute ist der ehemalige Eingang zum Reichsmarineamt aufgehoben und man erreicht diesen ganzen Komplex durch einen Haupteingang in der Stauffenbergstraße. Dieser sogenannte ‚Bendlerblock‘ ist heute Berliner Dienstsitz des Bundesministeriums der Verteidigung.

Hören wir also wieder Admiral von Müller, wie es an jenem 9. November im Reichsmarineamt zuging: „Unser Haus in der Bendlerstraße ist heute durch Maschinengewehre in beiden Eingängen in Verteidigungszustand versetzt. Der Privateingang überhaupt für jeden Verkehr geschlossen. Gleich nach Mittag kam der Befehl von der Kommandantur: ‚Kein Waffengebrauch!‘ Die Wachen werden überall eingezogen.“ Derart ‚eingeladen‘ hatten sich, so von Müller weiter, Aufständische ganz ungehindert im Reichsmarineamt Eingang erzwungen, der Wache die Waffen abgenommen und verlangt, dass die Offiziere Kokarden und Achselstücke ablegten. Das aber konnte nicht mehr in die Tat umgesetzt werden, weil die wenigen Offiziere, die sich noch im Hause befanden, schon in Zivil waren. Und als der Admiral dann am Nachmittag, ganz unvorsichtigerweise, wie er bemerkt, in Uniform im Tiergarten spazieren geht, hört sein Begleiter, dass „einige Passanten, nachdem sie an uns vorbeigegangen waren, sagten: ‚Na, der wird auch nicht lange so herumlaufen.‘“

So wurde allenthalben zügig abgedankt, an Bord und an Land, wobei sich die Demission, so Sebastian Haffner, „manchmal in fast gemütlichen Formen“ vollzog: Der König von Sachsen zum Beispiel sprach zu der Abordnung, die ihn zur Abdankung aufforderte: „Na gut, dann macht euch euern Dreck alleene."

Oder man war geflohen, vorneweg Prinz Heinrich, der Bruder des Kaisers, Großadmiral und Befehlshaber der Seestreitkräfte in der Ostsee, in Begleitung einiger Offiziere, allesamt getarnt als Revolutionäre, mit roten Armbinden in einem Auto mit roter Flagge. Geflohen, ohne abzudanken, war schließlich auch Wilhelm II. selbst – womit wir wieder am Bahnhof von Eijsden angelangt wären:

Hier hat mittlerweile der kaiserliche Hofzug Einfahrt erhalten, dem deutschen Monarchen wird auf Allerhöchste Anordnung von Königin und Regierung als Flüchtling Asyl in den Niederlanden gewährt. Nachdem sich Graf Bentinck, der Wilhelm bereits einmal, im Jahre 1909, als Gastgeber in Amerongen zu Diensten war, bereit erklärt hatte, den Kaiser mit Gefolge zunächst provisorisch aufzunehmen, setzte sich der Zug am Morgen des nächsten Tages, noch während des Frühstücks im Speisewagen, bei dem der Kaiser unentwegt redete und seiner Gewohnheit bei Reisen entsprechend die Speisen selbst austeilte („Kinder, so gebt doch eure Teller!"), in Bewegung und unter Johlen und Pfeifen der an der Bahnlinie stehenden Menschen ging es nach Maarn, dann per Autokorso nach Schloss Amerongen.

Am 28. November unterschreibt der Kaiser dort, unwillig bis zuletzt, aber schließlich durch gutes Zureden seiner Frau Auguste Viktoria ‚bearbeitet', seine Abdankungsurkunde und dass er „für alle Zukunft" auf die Rechte an der Krone Preußens und der damit verbundenen Rechte an der deutschen Kaiserkrone verzichte.

1920 zieht man um in das Landhaus Doorn, einen alten Adelssitz bei Utrecht, den die deutsche Reichsregierung generöserweise für den Exil-Kaiser angekauft hatte. An Gepäck wird nur das Nötigste mitgenommen: 28 Eisenbahnwaggons mit insgesamt 30 voll beladenen Möbelwagen, 1 Waggon mit einem Automobil, 30 Waggons mit Stückgut.

In Doorn vertreibt sich Wilhelm, wie schon im Kriege, die Zeit mit Holz sägen und hacken, und zwar in einem Ausmaß, dass man angesichts der täglich von ihm gefällten ‚Strecke' schon um den Baumbestand des Parks von Haus Doorn fürchtet. Daneben gibt er sich der Lektüre, vor allem populärwissenschaftlicher und archäologischer Werke hin, schreibt, auf einem Reitsattel vor seinem Schreibtisch sitzend, seine Memoiren und, mit Ghostwriter Professor Franz Böhl aus Leiden, ein Buch über ‚Das Königtum in Mesopotamien' und den dort, in der orientalischen Antike gegründeten und sodann im deutschen Kaisertum des ‚Heiligen Römischen Reiches deutscher Nation' aufbewahrten Gedanken der Universalität, der weltumspannenden, imperialen Zuständigkeit dieses Kaisertums (s. ausführlich Appendix D. zu Kapitel 4.). Mit dem Gedanken der Universalität, und dies ist der für den gewesenen Kaiser entscheidende psychohygienische Zweck, verortet sich Wilhelm selbst als letzter dieser legendären deutschen Welt-Kaiser, und er versichert sich erneut jener alten Kaiserprophetien vom Kommen des Welt- und Friedenskaisers, die all die Jahre seiner Regentschaft und seine Reden von Gottesgnadentum, Staufer-Nachfolge und der Vorsehung, die für die Deutschen noch „herrliche Tage" bereit halten werde, durchzogen hatte.

Wieder eine Flucht. Diesmal nicht mehr vor der Revolution, sondern aus dem betrüblichen Dasein eines ausgedienten Kaisers, umgeben in den Zimmern seiner Villa nur noch von den Bildern seiner Ahnen, seiner Familie und jenen maritimen Reminiszenzen auf Leinwand, den ‚Seestücken', die auch in den Eisenbahnwaggons en masse herangeschafft worden waren und die er zu Geburtstagen immer noch von seinen alten Marinemalern, namentlich Willy Stöwer und Hans Bohrdt, geschenkt bekam.

Vor allem Bohrdt schickt ihm fortan nur noch Bilder aus alten deutschen Marinezeiten, mit Schiffen des 17. und 18. Jahrhunderts, wohlweislich keine Motive mehr aus ‚Seiner' Epoche, der des ‚Marinekaisers', um ihn fürsorglicherweise nicht mehr an die Revolution und die Rolle, die ‚Seine' Marine dabei gespielt hatte, zu erinnern. Diese Marine habe ihn, so Wilhelm vor der Abreise nach Holland, „ja fein im Stich gelassen", und vielleicht hat er dabei neben den Vorgängen auf Schillig-Reede auch an die ‚heldenhafte' Verteidigung des Reichsmarineamtes gedacht.

Wilhelm II. gab die Hoffnung auf die Rückkehr auf den Thron nie auf und verfügte in seinem Testament, dass sein Leichnam erst aus Doorn wieder nach Deutschland gebracht werden dürfe, wenn die Monarchie in Deutschland wiederhergestellt sei. In dieser Hoffnung starb er auch, am 4. Juni 1941 im Alter von 82 Jahren, an einer Lungenembolie. Fünf Tage später wurde der letzte deutsche Kaiser, mit einigen Verzögerungen infolge englischer Luftangriffe, in einem von der Gemeindeverwaltung Doorn errichteten Mausoleum im Park seiner letzten Residenz beigesetzt. Haus Doorn ist heute ein vielbesuchtes Museum. Zu den Memorabilien, die hier zu sehen sind, gehören auch einig Zähne, die Wilhelm II. gezogen wurden und mit denen, wie der Museumswärter schmunzelnd festzustellen bemerkt, man später den Kaiser vielleicht wieder zurückklonen könne.

Resümee von Heinrich Walle:

Das hier beschriebene Verhalten des letzten deutschen Kaisers ist nahezu Fallbeispiel dafür, wie am Beginn des 20. Jahrhunderts der Monarch einer Europäischen Großmacht nicht fähig oder sogar auch nicht willens war, durch seine formal noch bestehende Machtstellung nach den Prinzipien eines ‚Primates der Politik' den Frieden zu wahren. Für Wilhelm II. waren militärische Potentiale zu Wasser (ganz besonders) und zu Lande gigantische Spielzeuge für Paraden und Manöver, bei denen die Partei des Kaisers immer siegreich sein musste. Den Krieg als Ernstfall mit all seinen Schrecken hat Wilhelm nach dem Grundsatz ‚Krieg zerstört das schöne Bild der Truppe' im Ernst nicht gewollt. Stattdessen überließ er Entscheidungen ihm nachgestellten Führungskräften, die dann eigenmächtig Entscheidungen trafen, deren Konsequenzen sie nicht erkannten. Dadurch wurde ein Mechanismus von Ereignissen ausgelöst, nach denen die europäischen Staaten geradezu in den Ersten Weltkrieg hineingeschlittert sind. Das betraf nicht allein das Deutsche Kaiserreich, sondern auch die Donaumonarchie und das zaristische Russland. Der australische Historiker Christopher Clark hat nicht von ungefähr 2013 sein grundlegendes Werk unter dem Titel veröffentlicht: ‚Die Schlafwandler. Wie Europa in den Ersten Weltkrieg zog'.

Literaturauswahl

Haffner, S., Die Revolution von 1918/ 19. Reinbek 2010 (Erstausgabe 1979).

Kliche, J., Vier Monate Revolution in Wilhelmshaven. Reprint Wilhelmshaven 1988 (Erstausgabe 1919).

Simsa, P., Wilhelm II. und seine Flotte. Stuttgart 2012.

Obst, M. (Hrsg.), Die politischen Reden Kaiser Wilhelms II. Eine Auswahl. Paderborn 2011.

Wilderotter, H./ Pohl, K.-D. (Hrsg.), Der letzte Kaiser. Gütersloh München 1991.

TEIL 2: GESCHICHTE
oder: ‚Akademischer Anhang‘

4. Die ‚Risikoflotte‘ und die deutsche Kaiseridee

Der britische König Edward VII. und Wilhelm II., Berlin 1908

„Was machen Sie, wenn sie nun nicht kommen?"[1] – So Großadmiral Alfred von Tirpitz, Staatssekretär des Reichsmarineamts, während eines Manövers kurz vor dem Weltkrieg zum Flottenchef Admiral Friedrich von Ingenohl. Gemeint waren die Engländer, die man mit Kriegsbeginn in der Deutschen Bucht, vor den deutschen Küsten,

---

[1] Zit. b. Kaulisch, S. 163.

vorzugsweise bei Helgoland erwartete, um sie dort in einer großen Seeschlacht durch die deutsche Schlachtflotte zu besiegen und damit von den Weltmeeren zu vertreiben.

Und so war des Großadmirals Frage auch gar nicht so ironisch, wie sie daherkam. Zeichnete sich doch schon ab 1912 ab, dass es die Engländer wohl gar nicht so eilig, weil nicht nötig, haben würden, vor die Geschützmündungen der von Tirpitz dem Kaiser gebauten deutschen Hochseeflotte zu laufen, an jenem in den Offiziersmessen der großen Schiffe herbeigesehnten ‚Tag'. Admiral von Ingenohl aber hatte nur ein ratloses Schulterzucken für den Flottenbaumeister – ein Offenbarungseid, der dann gleich zu Kriegsbeginn 1914 geradezu 1:1 eingelöst wurde: Die stolze deutsche Hochseeflotte verblieb, eingeschnürt durch die Fernblockade der Engländer an den Nordseeausgängen, wie festgenagelt im ‚nassen Dreieck' der Deutschen Bucht, und wie das ganze Land abgeschnitten von Zufuhren und jeglichem Handels- und Versorgungsverkehr. Ein Desaster. Nicht das erste einer deutschen Flotte.

1853 zerstob unter dem Auktionshammer Hannibal Fischers mit der Versteigerung der ‚Reichsflotte' unter Contre-Admiral Carl Rudolph Brommy, der „deutschen Marine" des Paulskirchenbeschlusses vom 14. Juni 1848, ein erster, sogar kurzzeitig Realität gewordener ‚Flottentraum' der Deutschen.[2] Mit ihm wurde auch die Wiederkehr alter deutscher Kaiserherrlichkeit, wie sie die Provisorische Centralgewalt, die vorläufige Reichsregierung in Frankfurt am Main, noch in der Namensgebung von Brommys Flaggschiff BARBAROSSA beschworen und damit den werdenden deutschen Nationalstaat symbolträchtig wie materiell mit dem Flottengedanken verbunden hatte, erst einmal zu den Akten gelegt.

Das Thema blieb jedoch auf der Tagesordnung, seitdem es in den Flottengedichten des Vormärz besungen und dabei vor allem von Georg Herwegh als dezidiert kaiserliches Nationalprojekt poetisch ausgeformt worden war. Der hatte 1841 in seinem Gedicht ‚Die deutsche Flotte' in Versen ausgerufen, dass es für die Deutschen, als das „große Hoffnungsvolk der Erde" und dem „Hirt der großen Völker-

---

[2] S. zum ‚Flottenfieber' und ‚Flottentraum' des Vormärz Ganseuer/ Wagner, S. 42-47.

herde"[3], um nicht weniger gehe, als die Welt zu erlösen – von Tyrannei, von Sklaverei und „bittrer Armut Not"[4]. Ein deutscher Held, „kühn (…), den Rücken ungebogen",[5] und mit der See als „Lehen",[6] werde sich als deutscher Kaiser den Purpur des Meeres umhängen[7] und mit der „schönste(n) Flotte,/ Die je ein sterblich Aug' entzückt,"[8] „das Steuer der Weltgeschichte"[9] ergreifen – so wie es die alten Kaisersagen und- prophetien vom endzeitlichen Welt- und Friedenskaiser kündeten[10]. Und dieser deutsche Flotten-Kaiser werde, so Herwegh, „der Welt Erneurer"[11] sein, „des Herrn Erwählter und Getreuer"[12] – nichts anderes als Wiederkehr des alten deutschen Kaisertums als weltumspannend-universales, seegestütztes nationales Emanzipationsprojekt auf dem „wilde(n) Meer, der Freiheit Hohe(n) Schule"[13].

Herweghs Dichterkollege Ferdinand Freiligrath griff diese lyrische Vorlage 1844 in seinem Gedicht ‚Flotten-Träume' auf und ließ dort eine Tanne im deutschen Wald davon träumen, einmal Kriegsmast auf dem Schiff einer deutschen Flotte zu werden[14]. Der Dichter stürzt sich am Ende seines Poems dann auch selbst mit einem „trutzig

---

[3] Herwegh (1909), S. 108.

[4] Ebd., S. 110.

[5] Ebd., S. 110.

[6] „Wie dich die Lande anerkennen,/ Soll auch das Meer dein Lehen sein." (Ebd., S. 110).

[7] „Wer will den Purpur von dem Kaiser trennen?-/ Ergreif ihn, er ist *dein*." (Ebd., S. 110).

[8] Ebd., S. 109.

[9] Ebd., S. 110.

[10] Franz Kampers hat diese Sagen und Prophetien in seinem Werk ‚Die deutsche Kaiseridee in Prophetie und Sage' umfassend dargeboten und auf die Wiederkehr des deutschen Kaisers in Gestalt des preußischen Königs Wilhelm und der Hohenzollerndynastie ausgerichtet. Kampers Werk diente Wilhelm II. auch als Vorbereitungslektüre für seinen Einzug in Jerusalem zur Einweihung der Erlöserkirche am 29. Oktober 1898 (s. Röhl (2013), S. 55), der in Kampers Buch als Weissagung von „der Befreiung des heiligen Grabes durch einen Herrscher Europas" (Kampers, S. 75) gleichsam vorgezeichnet ist.

[11] Herwegh (1909), S. 110.

[12] Ebd., S. 110.

[13] Ebd., S. 109.

[14] „Sprach irgendwo in Deutschland eine Tanne:/ 'O, könnt' ich hoch als deutscher Kriegsmast ragen!/ O, könnt' ich stolz die junge Flagge tragen/ Des ein'gen Deutschlands in der Nordsee Banne!'" (Freiligrath (1909), S. 75).

Kriegsgeschwader"[15] von Schiffen, benannt nach deutschen Nationalheroen[16], kühn in die Seeschlacht gegen den „fremden ‚Entrer"[17]. Jacob Grimm schließlich wird die Flottenidee und die damit verbundene Wiederkehr alter Reichs- und Hanseherrlichkeit dann auch auf die Agenda der zweiten Germanistenversammlung 1847 in Lübeck setzen, jenem, wie schon die erste derartige Tagung der Sprach- und Rechtsgelehrten ein Jahr zuvor in der alten Reichs- und Kaiserkrönungsstadt Frankfurt am Main, Vorläufer des ersten deutschen Parlamentes in der Paulskirche. Und zuletzt finden beide, Flotte wie Kaiser, auch noch Eingang in die von diesem Parlament beschlossene Reichsverfassung vom 28. März 1849, bevor diese dann, im Gefolge der Weigerung des preußischen Königs, eine ‚Schweinekrone' aus den Händen einer Volksvertretung anzunehmen, in die Ablage wandert und erst wieder bei den Verfassungsberatungen der Weimarer Republik vorbildhaft in den Blick gerät – und der vormalige Kaiser in dieser neuen Verfassung nunmehr zum ‚Reichspräsidenten' wird.

Selbst im Augenblick ihres Untergangs im Jahre 1853 evozierte die kurzlebige Flotte unter dem Kommando Carl Rudolph Brommys, als „deutsche Marine" erstes und einziges institutionelles Geschöpf der Abgeordneten in der Paulskirche, selbst in der kritischen zeitgenössischen Zeitschriftenliteratur noch jene alten Reichs- und Kaisersehnsüchte, die der nationalsymbolischen Flotte, trotz aller parlamentarisch-demokratischen Dignität, die ihr in ihrem Gründungsakt zuteil geworden war, schon seit dem Vormärz und bis in die Debatten der Nationalversammlung und ihrer Ausschüsse angeheftet waren. Als der Kaiser in Begleitung der Göttin Gefion und mit Brommys Flaggschiff BARBAROSSA als Spielzeugdampfer im Schlepp satireweise ins Pfandleihhaushaus einzog, hatte dieser Einfall neben seiner lustigen auch eine nachdenkliche Seite, in der Frage des Karikaturisten nämlich, wo denn, nachdem der alte Kaiser Barbarossa nicht mehr in den

---

[15] Ebd., S. 77.
[16] „Der Arndt", „die Sieben", „der Alte Fritz", „der Doktor Luther", „Goethe", „der Schiller" (ebd., S. 76f.).
[17] Ebd., S. 76.

Kyffhäuser, sondern ins Auktionshaus eingerückt sei, „des Reiches Herrlichkeit"[18] nunmehr verbleibe.

Es war Preußen, das diese ‚verspätete Nation' Deutschland zumindest erst einmal in kleinerem Maßstab am Leben erhielt und, vermittels einer Flotte, auch nach außen wirksam werden ließ. Prinz Adalbert, der Autor der Denkschrift ‚Über die Bildung einer deutschen Kriegsflotte' und ehemalige Vorsitzende der Technischen Marinekommission der Frankfurter Provisorischen Centralgewalt, hatte Brommy, der sich noch vor dem endgültigen Verscheiden seiner Flotte vergeblich für preußische Dienste beworben hatte, erfolgreich und mit administrativem Geschick als möglichen Konkurrenten aus preußischen Marinediensten fernhalten können und adaptierte nun für Preußen die vormaligen, ursprünglich aus dem Großherzogtum Oldenburg der Frankfurter Nationalversammlung vorgelegten Planungen zur Etablierung eines ‚Marineetablissements an der Jade'[19].

Denn Preußen musste gleichsam schwimmen lernen. War doch nicht von der Hand zu weisen, dass der Handel über die norddeutschen Häfen, wollte man als aufstrebende Kontinentalmacht in Europa weiter im Spiele bleiben, auch hinreichenden militärischen Schutzes zur See bedurfte. Dazu aber brauchte man vor allem einen preußischen Marinestützpunkt an der Nordsee, der freien Zugang zum Atlantik erlaubte.

So beurteilte im Jahre 1852 eine Kommission unter Prinz Adalbert, der nach seinem Frankfurter ‚Ausflug' wieder in preußische Dienste zurückgekehrt war, das Jadegebiet am ‚Fährhuk bei Heppens', ebenso wie vor ihm schon die Experten der Nationalversammlung, als geeignet für die Anlage eines Flottenstützpunktes. Das tiefe Fahrwasser bot ideale Voraussetzungen für die Stationierung auch größerer Schiffe. Und so empfahl der Prinz dem preußischen Kriegsminister dort den Bau eines einfachen Tidehafens mit einigen hölzernen Schuppen.

Preußen – auf dem Weg von der Landmacht auch zur Seemacht – erwarb schließlich mit dem ‚Jadevertrag' vom 20. Juli 1853 vom Großherzogtum Oldenburg, das sich neben dem einträglichen Ver-

---

[18] „So sehr hat abgenommen des Reiches Herrlichkeit – ob sie wird wiederkommen? – Wer gibt darauf Bescheid?" Zit. b. Scholl, S. 87.
[19] S. hier und im Folgenden Ganseuer/ Wagner (2018) und Ganseuer (4/2019) sowie (6/2019).

kaufspreis von 500.000 Talern auch den Bau einer Eisenbahn von der preußischen Ansiedlung versprach, die Hoheitsrechte über eine rund 310 Hektar große Fläche um jenes entlegene ‚Fährhuk' am Jadebusen mit den beiden Dörfern Heppens und Neuende, die 1844 zusammen gerade einmal 24 ‚Feuerstellen' zählten, um dort das ‚Marineetablissement' anzulegen, den preußischen Kriegshafen an der Nordsee.

Am 23. November 1854 wurde das Terrain bei heftigstem Nordoststurm in einem eigens am ‚Fährhuk' und nahe einer ehemaligen französischen Küstenbatteriestellung aufgebauten und arg sturmgebeutelten, kronengezierten Zelt durch den Prinzen Adalbert, der vom König mittlerweile von seinen Aufgaben als Generalinspekteur der Artillerie entbunden und – mangels Schiffen – zum ‚Admiral der preußischen Küsten' avanciert war, vom oldenburgischen Innenminister Friedrich von Berg übernommen. Der überreichte dem Prinzen im Auftrag seines Großherzogs Nikolaus Friedrich Peter das Übergabeprotokoll und eine Schaufel Heppenser Erde, während die auf der Jade vor der Szenerie ankernden preußischen Dampfavisos NIXE und SALAMANDER Salut schossen.

So verdankt das spätere Wilhelmshaven, am 17. Juni 1869 durch den preußischen König Wilhelm im Zuge der Grundsteinlegung für die Elisabeth-, der späteren Christus- und Garnisonkirche, mit diesem Stadtnamen versehen und zunächst nicht mehr als ein umbauter Kriegshafen samt Werft, zumindest mittelbar seine Gründung auch der Revolution von 1848, vor allem aber Adalberts konzeptioneller Weitsicht, die er aus den ‚Flottenträumen' der Paulskirche und der Technischen Marinekommission der damaligen Provisorischen Centralgewalt in Frankfurt am Main hinüber in eine andere Zeit, die der Preußischen Marine, und damit letztendlich auch in die der späteren Kaiserlichen Marine hinüber gerettet hatte.[20]

Das Besondere an der deutschen Geschichte im Zeitalter der erdumspannenden Seefahrt, der Entdeckungen und Eroberungen, der ‚see-

---

[20] „Mit der Reichsgründung von 1871 entstand aus der Norddeutschen Bundesmarine, die 1867 aus der Königlich-Preußischen Marine hervorgegangen war, die ‚Kriegsmarine des Reiches'. Gemäß Artikel 53 der Reichsverfassung unterstand sie direkt dem Kaiser und ist daher besser als ‚Kaiserliche Marine' bekannt. (Rahn, Einleitung zu Deutsche Marinen, S. 9).

gestützten' Aufteilung des blauen Planeten und der damit einhergehenden Nationbildung ist ja, dass die Deutschen daran nicht teilhatten. Als die ,Neue Welt' entdeckt wurde, war die Hanse schon verblichen und die Deutschen lagen mit ihren Fischerbooten in den Flussmündungen. Und als sich die Nationalstaaten – auch maritim – konstituierten, war man in deutschen Landen in weltpolitisch wie maritim handlungsunfähige und marginale Fürstentümer zersplittert und letztendlich nur mit ,Blut und Eisen' zu einem, dann aber sehr ,verspäteten' Nationalstaat in Gestalt der mindestens ebenso artifiziellen ,Wiederaufrichtung des Reiches' zusammenzuschmieden – an dem allerdings die Aufteilung der Welt schlichtweg vorbeigegangen war. Der später eingeforderte „Platz an der Sonne"[21] für dieses neue Deutsche Reich wird ja gerade aus jenem Dasein im Schatten der Weltgeschichte heraus beschworen und dann mit großer, vor allem auch maritimer, Kraftanstrengung doch noch zu erreichen gesucht.

Ereignisse der Marinegeschichte hatten zudem geradezu traumatisierende Auswirkungen auf die psychische Grundkonstitution der Marineangehörigen, wie vor allem die aus Marinesicht höchst unglückselige Gründung einer ersten deutschen Marine als Geburt der deutschen Revolution von 1848 mit ihrem spezifischen ,Ludergeruch' und der wenig ehrenvollen Versteigerung der Flotte in den Jahren 1852/1853. Angesichts ihrer bisher eher randständigen Rolle unterlag die Marine zudem einem beständigen Legitimationsdruck: „Analog zu den deutschen Vorstellungen von der verspäteten Nation lebte die Marine – das Schicksal ihrer Vorgängerin vor Augen – von Anfang an in dem Bewusstsein, zu spät gekommen zu sein und ihre Existenzberechtigung noch unter Beweis stellen zu müssen. Alfred von Tirpitz gelang es, diese latenten Minderwertigkeitsgefühle mit den Worten ,Weltpoli

---

[21] „Wir wollen niemand in den Schatten stellen, aber wir verlangen auch unseren Platz an der Sonne." (Reichskanzler Bernhard von Bülow am 6. Dezember 1897 im Reichstag; zit. b. Fehrenbach, S. 164, Anm. 48). Neitzel weist darauf hin, dass die Weltreichslehre um die Jahrhundertwende und deren deutsche politische Auslegung, um als Nation nicht unterzugehen nunmehr in den Klub der bisherigen Weltmächte aufgenommen zu werden, „kausal mit dem Gefühl der zu spät gekommen Nation" verbunden war. (Neitzel, S. 397).

tik als Aufgabe, Weltmacht als Ziel, Flotte als Instrument' zu verbinden und auf das gemeinsame Ziel Weltmacht auszurichten."[22]

Das psychische Muster hinter einer derartigen Übersteigerung ist – zumindest was die Psychologie des Kindes betrifft – bekannt: Es wurde vom Wiener Psychiater Alfred Adler in den Zwanzigerjahren des vergangenen Jahrhunderts als Überkompensation eines Minderwertigkeitsgefühls[23] mit dem neurotischen Effekt übersteigerter Macht- und Überlegenheitsphantasien und einer damit einhergehenden sozialen Isolierung beschrieben – ein neurotischer Befund, den der Historiker Gerhard P. Groß mit Blick auf den geplanten letzten Flottenvorstoß der Kaiserlichen Marine in die Themse gegen Ende des Ersten Weltkrieges, eine potentielle 'Todesfahrt' kurz vor dem Waffenstillstand 1918 ohne Kenntnis der Regierung (Admiral Adolf v. Trotha: 'Die Marine hat keinen Waffenstillstand nötig') als „blinden Ressort-Egoismus"[24] beschrieben hat.

Langsam also wird in Preußen eine Marine aufgebaut, argwöhnisch betrachtet und als Luxus verspottet vom preußischen Heer. Der von Groß wie Diercks diagnostizierte Minderwertigkeitskomplex dieser, im Vergleich zu den Marinen anderer großer Staaten in Europa, namentlich auch der sardischen, bei der Prinz Adalbert als 'Badegast' Seemannschaft lernte oder der griechischen, der langjährigen maritimen Heimat Carl Rudolph Brommys, in Anlehnung an Plessners Begrifflichkeit[25] durchaus 'verspäteten Marine', wird aber befeuert nicht

---

[22] Groß (2005), S. 294. S. a. „Als Sinnbild der neuen Reichsgründung lebte sie (die Marine; F.G.) in dem Bewußtsein, die eigene Existenzberechtigung erst unter Beweis stellen zu müssen." (Diercks, S. 242).

[23] S. Adler, S. 9. S. a.: „Ist nun das Minderwertigkeitsgefühl besonders drückend, dann besteht die Gefahr, daß das Kind in seiner Angst, für sein zukünftiges Leben zu kurz zu kommen, sich mit dem bloßen Ausgleich nicht zufrieden gibt und zu weit greift (Überkompensation). Das Streben nach Macht und Überlegenheit wird überspitzt und ins Krankhafte gesteigert." (Ebd., S. 77).

[24] Groß (2014), S. 111.

[25] S. Plessner, Die verspätete Nation, in der der Autor infolge einer „Zeitverschiebung" (S. 13) zwischen Aufklärung und Bildung eines deutschen Nationalstaates („1871 war das Zeitalter der Vernunft bereits vorbei." S. 37) auf deutscher Seite eine rückwärtsgewandte, romantisierende Identifikation mit germanisch-mittelalterlichen Staatsformen diagnostiziert, Folge einer in der Aufklärung, dem von Deutschland versäumten Jahrhundert, unentwickelten republikanischen Staatsidee. Dies aber habe die Voraussetzungen geschaffen für die Entfaltung von Innerlichkeit wie für

nur durch das Trauma von 1848 und den Sachverhalt, dass die ersten beiden Oberkommandierenden dieser jungen, aber späten Teilstreitkraft Heeresgenerale waren[26], sondern vor allem auch dadurch, dass die Marine beim reichsgründenden Krieg von 1870/ 71 nur derart marginal zum Einsatz kommt[27], dass die Marinebürokratie ihren Soldaten die Zeit des ‚glorreichen Sieges' nicht einmal als Kriegsdienstzeit anerkennen mag[28]. All diese Traumata finden sich paradigmatisch kodifiziert in den ‚Erinnerungen' von Tirpitz – just jenes Marineoffiziers, der dann in einem gewaltigen kompensatorischen Kraftakt, mit dem Bau einer großen Schlachtflotte, dieses für die deutsche Marine und das Reich verlorengegangene maritime Terrain zurückzugewinnen trachtet.

Und so kehrt, kaum dass der wenig flottenbegeisterte ‚Lotse' Bismarck vom jungen Kaiser von Bord komplimentiert worden war, das Flottenfieber des Vormärz zurück. Und es ist sicher nicht zufällig, dass der erste Satz der Tirpitzschen ‚Erinnerungen' auf die „deutsche Flottenbegeisterung der 48er Revolution" rekurriert, nicht als traurige Reminiszenz an eine Revolution, sondern an die Idee einer deutschen Marine, jenes ‚Flotten-Traums', den diese trotz allen ‚Ludergeruches', den sie in den Nasen der Monarchen verströmte, gleichwohl weiter

---

den Triumph der Irrationalität. Auf dieser Basis dann wurde die Idee des Reiches (s. S. 40) reaktiviert und dessen Wiederaufrichtung erstrebt, um sie schließlich mit Blut und Eisen auch umzusetzen. Mangels weiterer Staatsidee wird der Begriff des ‚Volkes' übernommen (s. S. 38) und auf der Basis eines Nationalbewusstseins, das sich im Wesentlichen ex negativo, vornehmlich in Abgrenzung zu Frankreich, bildet (s. S. 86), ein künstlicher Nationalstaat geschmiedet – in einem, so Plessner, „kunstvolle(n) Ausgleichsversuch" (S. 85).

[26] „Von 1871 bis 1888 hat die Marine unter Landgenerälen gearbeitet." (Tirpitz, S. 11).

[27] „Der damals noch im Werden begriffenen Marine ist es nicht beschieden gewesen, in der Weise markierend einzugreifen in die Verhältnisse des Krieges durch Aufopfern von Leben und Blut und Material, wie sie es sich hätte wünschen können. Das „hat (...) etwas Bedrückendes gehabt". (Wilhelm II. beim Festmahl zur Taufe des Panzerschiffs KAISER FRIEDRICH III. in Wilhelmshaven, 1. Juli 1896, zit. b. Obst, S. 152).

[28] „Jedenfalls wurde der Marine ihre Untätigkeit verdacht. So bekamen wir nicht einmal Kriegsjahre angerechnet." (Tirpitz, S. 6). S. a. Salewski, der auch darauf verweist, dass „die sparsame preußische Verwaltung sogar den Seekrieg von 1871 nicht als Kriegsdienst anerkennen wollte." (Salewski, S. 158).

transportierte[29]. Doch dieser Traum, setzen wir den oben diagnostizierten Minderwertigkeitskomplex tatsächlich voraus, wird nun, wie dies Alfred Adler für das Gebiet der Kinderpsychologie beschrieben hatte (von dem es hier einmal ganz unzulässigerweise auf das Gebiet der ‚Marinepsychologie' übertragen wird), nicht nur leidend ausgelebt, sondern in großer Manier überkompensiert – vom maritimen Habenichts, mit Alfred Thayer Mahans ‚The Influence of Seapower upon History' als Rezeptbuch im Tornister bzw. Seesack, direkten Weges und gleichsam per Schiff über die See zur Weltmacht. Befördert wird dies durch die Verknüpfung von Reichs-, Kaiser- und Flottengedanke.[30] So verweist der Kaiser dann auch redehalber, segelnd „im Kielwasser der Tirpitzschen Strategie"[31], darauf, „wie mächtig der Wellenschlag des Ozeans an unsere Tore klopft und es (das deutsche Volk, F.G.) zwingt, als ein großes Volk seinen Platz in der Welt zu behaupten, mit einem Wort: zur Weltpolitik"[32]. Und niemand als der ‚Marinekaiser' selbst schickt sich an, diesem, nun auch von den Deutschen entdeckten Ozean gleichsam die (Schleusen-)Tore zu öffnen – um in der Nachfolge seines Großvaters Wilhelm I., dem er als ‚Barbablanca' eine Barbarossa-Nachfahrenschaft attestiert, ebenso wie in der seines den alten Reichs- und Kaisergedanken verbunden gewesenen Vaters

---

[29] „Von der deutschen Flottenbegeisterung der 48er Revolution war in meinen Knabenjahren kaum mehr etwas zu spüren." (Tirpitz, S. 1).

[30] „Die Flottenpropaganda verknüpfte sich von Anfang an eng mit dem Kaiser- und Reichsgedanken." (Fehrenbach, S. 171): „Die Flotte ist das Ergebnis der politischen Entwicklung Deutschlands. Die Gründung des Reiches mußte die Schaffung einer Flotte zur Folge haben." (Wilhelm II. im Reichstag bei der zweiten Lesung des Marineetats 1897, zit. b. Fehrenbach, S. 171).

[31] Herre, S. 207. – Und der Kaiser segelte auch weiter im Kielwasser des ‚Meisters', als es dann konzeptionell direkt gegen das ‚perfide Albion' ging, also mit dem 2. Flottengesetz: „Die häufigen Immediatvorträge und Denkschriften, in denen Tirpitz dem Kaiser seine weitreichenden Ideen darlegte, lassen keinen Raum für Zweifel, daß Wilhelm II. mit den gegen England gerichteten Absichten des ‚Tirpitz-Planes' vertraut war und diese auch vollauf teilte." (Röhl (1993ff.), S. 1144).

[32] Zit. b. Obst, S. 200.

Friedrich III.[33], die alte Stauferherrlichkeit unter dem Hohenzollernwappen zu renovieren[34].

Die ‚Barbablanca'-Mythologie Wilhelms II.[35], die Stilisierung und Heroisierung, ja Vergöttlichung seines Großvaters, ist nicht nur kompensatorische Zufluchtsgeste eines sich selbst ungewissen Nach-Nachfolgers. Sie ist vor allem auch, mit Blick auf seine dynastische Stellung im Gefolge dieses Heroen, der, hätte er im Mittelalter gelebt, so Wilhelm II., gar heiliggesprochen worden wäre[36], Rekurs auf die deutsche Kaisersage und die alten Märchen, die der junge Prinz so liebte, und damit vor allem Selbststilisierung und -erhöhung. Denn über den Namen ‚Barbablanca' wird eine dynastische Tradition gesponnen, die in dieser Form zwischen Staufern und Hohenzollern gar nicht existiert hat. Nun aber wird sie begrifflich hergestellt, eine Dynastie-Fiktion mithin, an deren Ende nunmehr aber Wilhelm II. selbst steht, und keineswegs nur allein auf den Schultern seines ‚verewigten Großvaters'. Der junge Kaiser befindet sich mittels dieser Dynastiekonstruktion vielmehr unversehens auch auf den Schultern all jener Helden-, Sagen- und Supergestalten, die schon im Mittelalter die Reichsidee verkörperten und beförderten. Wilhelms Trick der dynastischen Selbst-Eingliederung in eine deutsche kaiserliche Heroen-Saga und -galerie befördert somit automatisch auch die Legitimierung und Stilisierung der eigenen Person mittels ihres historischen Ortes am aktuellen Ende der Helden-Reihe. Gleichzeitig ist dieser Ort aber auch Verpflichtung, dies ‚gewaltige Erbe' der historisch Vorplatzierten anzunehmen, fortzuführen und, gleichsam am zumindest vorläufigen Gipfel der deutschen Geschichte, jenen „herrlichen Tagen"[37], denen der Kaiser sein Volk entgegenzuführen trachtet, zu Ende zu führen.

---

[33] S. Münkler, S. 61. „Friedrich fühlte sich nicht mehr, wie noch sein Vater, zunächst als preußischer König, der obendrein die deutsche Kaiserkrone trug; er wollte dem Kaisertitel und dem Reichsgedanken ein eigenes Gewicht geben."

[34] „Die Macht des Reiches muß wiedererstehen, und der Glanz der Kaiserkrone muß wieder aufleuchten. Barbarossa muß aus dem Kyffhäuser wieder erlöst werden!" (Wilhelm II. bei der Enthüllung des Kaiser-Friedrich-Denkmals in Aachen, zit. bei Münkler, S. 61).

[35] S. Schulze-Wegener, S. 478-481.

[36] Zit. b. Obst, S. 155.

[37] Wilhelm II., Rede beim Festmahl des Brandenburgischen Provinziallandtags, 24. Februar 1892, zit. b. Obst, S. 88.

Also Vollendung des Werkes eines Heldenkaisers, der den Deutschen mit einer Vielzahl von Denkmälern, allen voran das am Kyffhäuser mit Wilhelm I. zu Pferde und dem am Sockel des 81 Meter hohen Monumentes in Stein gehauenen, erwachenden Friedrich Barbarossa, dergestalt verknüpfend das deutsche Kaiserreich mit dem ‚Heiligen Römischen Reich deutscher Nation', quasi allerorten vor Augen gestellt wird. Tatsächlich sind die Denkmäler für Wilhelm I., zu denen im weiteren Sinne auch zwei Schiffe mit dem Namen KAISER WILHELM DER GROßE gehörten, der Schnelldampfer des Norddeutschen Lloyd sowie das kaisereigene Linienschiff [38], mindestens ebenso Heroisierungen des neuen, jungen Kaisers – nämlich als Nachfolger ‚Wilhelms des Großen', wie der Enkel den Großvater absichtsvoll, aber ohne wirkliche Resonanz im Volke, etikettiert[39], nunmehr eben nicht weniger als ‚Wilhelm der Größte' zu sein[40], Vollender des Reichseinigungswerkes im Weltmaßstab, von Wilhelm dem Heereskaiser zu Wilhelm dem Marinekaiser[41]. Dabei geht es auch nicht nur um eine maritime Variante zu „Preußen-Deutschlands kontinentaler Macht unter Wilhelm I."[42], sondern um Vollendung der deutschen Kaiser- und Heilsgeschichte, um Erfüllung der deutschen Kaiserprophetie, um ein, auch daher die Berufung auf das Gottesgnadentum deutscher Kaiserherrschaft, chiliastisches Programm und dem

---

[38] Im Gegensatz zum Doppelschrauben-Liner, der von 1897 bis 1900 das ‚Blaue Band' für die schnellste Transatlantikpassage trug, wurde das Linienschiff S.M.S. WILHELM DER GROßE „seinem Namen nicht gerecht, musste es doch schon 1915 wegen seines geringen Kampfwertes von der Front abgezogen werden und wurde noch im selben Jahr außer Dienst gestellt." (Schulze-Wegener, S. 481).

[39] Schulze-Wegener spricht von einer „gezwungen erscheinende(n) Beifügung der ‚Große' für Wilhelm I., die keineswegs neu war und allenthalben kursierte. Schon kurz nach seinem Tod hatte die ‚National-Zeitung' den Beinamen eingefordert, um den Reichsgründungskaiser beiden mythischen Hochfiguren des deutschen Mittelalters, Karl und Friedrich ‚Barbarossa', ebenbürtig an die Seite zu stellen." (Ebd., S. 479).

[40] „Es kann kein Zweifel darüber bestehen, dass der Flotten- und Medienkaiser der Siegesallee in einer Denkmalgruppe dereinst als ‚Größter' vorstehen und sich als eigentlicher Vollender der deutschen Geschichte manifestieren würde" (ebd., S. 481) und „den Großvater mit Schlachtkreuzern ein- und überholen zu wollen" (ebd., S. 481) gedenke.

[41] Röhl spricht an einer Stelle davon, dass sich Wilhelm II. vor allem auch „als Marinekaiser verstand." (Röhl (1993ff.), S. 1110).

[42] Schulze-Wegener, S. 481.

legitimatorischen Zurückverfolgen einer langen deutschen Kaiserdynastie bis hin zu den Cäsaren des antiken Römischen Reiches.

Nachdem der letzte Kaiser des Heiligen Römischen Reiches deutscher Nation[43], der Habsburger Franz II., am 6. August 1806 die Kaiserkrone des Reiches niedergelegt hatte[44], um in den napoleonisch-stürmischen Zeiten[45] wenigstens noch die österreichische Kaiserwürde zu behalten[46], war zwar „das letztlich aus antiken Traditionen herrührende Kaisertum (...) erloschen"[47], der Weg zur alten deutschen Kaiserkrone für gleichsam auswärtige Interessenten aber wieder frei. Es waren die Hohenzollern, die diesen Weg schließlich beschritten im Rahmen eines groß angelegten „dynastischen Projektes"[48], der ‚Wiederaufrichtung des Reiches', als deutschem unter preußischer Führung[49] und als ein herrschaftsstabilisierendes Vorhaben[50] in Zeiten keineswegs mehr unbefragter Legitimität monarchischen Regiments: „Mochte die historische Mission der Staufer, dem Reich eine europäische Hegemonialstellung zu sichern, an fürstlichen Partikularinteressen und am päpstlichen Widerstand gescheitert sein – durch die Ho-

---

[43] „‚Römisch' – das stellte dieses Reich in die Tradition des antiken Kaisertums. Als erster mittelalterlicher Herrscher des Westens hatte sich Karl der Große im Jahr 800 vom Papst zum Kaiser krönen lassen und damit seiner fränkischen Königsherrschaft eine universale Qualität und heilsgeschichtliche Würde verliehen. Daran hatte Otto der Große 962 wieder angeknüpft und das ostfränkische Königtum mit der römischen Kaiserwürde verbunden. Seither erwarben fast alle deutschen Könige auch den römischen Kaisertitel." (Stollberg-Rilinger, S. 10).

[44] S. ebd., S. 115.

[45] „Napoleon forderte ultimativ den Rücktritt Franz' II. als Kaiser." (Ebd., S. 115).

[46] S. Heimann, S. 88. – Schon 1804 hatte Franz II., in weiser Voraussicht des absehbaren Endes des alten Kaisertums und nachdem Napoleon selbst den Titel ‚Kaiser der Franzosen' angenommen hatte, ein österreichisches Erbkaisertum proklamiert. „Damit stellte er demonstrativ die dynastisch-habsburgische Identität über die der traditionellen Kaiserwürde." (Stollberg-Rilinger, S. 115).

[47] Heimann, S. 88.

[48] Müller, F. L., S. 192.

[49] „Die Herrscher aus dem Haus Hohenzollern (...) nahmen ältere Traditionen auf. Gezielt instrumentalisierte das Deutsche Reich von 1871 die Geschichte des Heiligen Römischen Reichs für sich. Die Kaiserherrlichkeit der Ottonen, Salier und Staufer wurde zum Unterpfand deutscher Weltgeltung." (Schneidmüller, S. 119).

[50] „Der sozialistische Schriftsteller Max Maurenbrecher, ein Zeitgenosse, verfasste eine zweibändige Studie, um zu zeigen, dass die ‚Hohenzollern-Legende' allein zu dem Zweck erschaffen worden sei, das monarchische System zu erhalten und Wandel zu verhindern." (Müller, F. L., S. 188).

henzollern schien sie nun vollendet."[51] Im Rahmen dieser ‚freundlichen Übernahme' wurde nicht nur der alte Herrschertitel adaptiert. Auch wenn die traditionellen Reichsinsignien wie Krone, Zepter und Reichsapfel[52], Symbole der globusumspannenden Macht und dem Glanze eines ehemaligen Weltreiches[53], in dem ‚die Sonne nicht unterging'[54], trotzig in der Schatzkammer der Wiener Hofburg verblieben, wurden doch die Attribute alter deutscher Kaiserherrschaft wieder für die ‚preußisch-deutsche' Kaiserkrone reklamiert, namentlich das Gottesgnadentum[55] und damit verbunden der heilsgeschichtliche Auftrag, beglaubigt vermittels der Verleihung der Kaiserkrone durch den Papst als Nachfolger des Apostels Petrus[56]. „In der Übertragung des Kaisertums (Translatio imperii) auf die Franken und dann auf die Deutschen entwickelte das Mittelalter dafür ein Verstehensmodell. Es ließ das Römerreich in der biblischen Tradition des Buches Daniel zum letzten der vier irdischen Weltreiche werden. Für den Bestand der Christenheit fiel damit dem römischen Kaisertum als dem Schutzherrn der römischen Kirche heilsgeschichtliche Bedeutung zu. Ausdruck fand dieses Selbstbewusstsein in der Bezeichnung ‚Heiliges Reich' (seit 1157)."[57] So hat dies Bernd Schneidmüller und wie folgt Barbara Stollberg-Rilinger formuliert: „Die Vorstellung von einer translatio Imperii, einer Übertragung der Herrschaft von den Römern auf die Franken bzw. auf die Deutschen war eine Fiktion, die auf dem

---

[51] Görich, S. 13.

[52] „Das Zepter als Zeichen der Machtvollkommenheit, den Reichsapfel als Zeichen der Weltherrschaft, das Schwert als Zeichen der Kriegsgewalt." (Schneidmüller, S. 111).

[53] So „erschien allein das Reich des frühen und hohen Mittelalters als die große ruhmreiche Zeit, in der die deutschen Könige als Kaiser mit imperialem Großmachtanspruch geherrscht hatten." (Stollberg-Rilinger, S. 8).

[54] „Erstmals in der Geschichte herrschte ein Kaiser in einem Reich, in dem die Sonne nicht unterging – Karl V., der erste Weltkaiser." (Heimann, S. 53).

[55] „Karl, erhabener Augustus, von Gott gekrönter großer und friedfertiger Kaiser, Lenker des römischen Reichs", so die Formel in Urkunden der karolingischen Kanzlei aus dem Jahre 801, zit. b. Schneidmüller, S. 25.

[56] S. ebd., S. 11.

[57] Ebd., S. 13. „1157 entstand aus älteren Vorbildern das Wort vom geheiligten Reich (sacrum imperium). (...) Die Heiligung des Reichs erwuchs aus der Regierung über Rom und den Erdkreis." (Ebd., S. 76). – „Seit 1180 machten kaiserliche Notare in Rom dieses Heilige Reich zum Heiligen Römischen Reich (sacrum Romanum imperium)." (Ebd., S. 76).

symbolischen Akt der Krönung durch den Papst als Oberhaupt der römischen Kirche beruhte und auf die die mittelalterlichen deutschen Könige einen Anspruch auf Schirmherrschaft über alle anderen Königreiche gründeten. Damit traten sie zugleich in die heilsgeschichtliche Rolle des römischen Weltreichs ein."[58] Und weiter: „Die Heiligkeit des Reiches im Besonderen zu betonen diente darüber hinaus dazu, seinen Anspruch auf den höchsten Rang unter allen Monarchen der Welt aufrecht zu erhalten."[59] Dieser Anspruch der deutschen Kaiser erwuchs, spätestens mit der „Kaiserkrönung Karls des Großen durch den Papst 800 im römischen Petersdom"[60], aus dem antiken Kaisertum der Römer als „ferne legitimierende Grundlage"[61], denn „von Caesar und Augustus war das Kaisertum einst geschaffen worden"[62] – mit dem Kaiser als Inhaber der militärischen Kommandogewalt und Herrscher im römischen Weltreich.

„Seit der Antike wurde das Kaisertum grundsätzlich als die höchste Herrschaft in der Welt gedacht. Darum gab es eigentlich nur einen Kaiser über den Königen."[63] Vor diesem Hintergrund muss auch der Satz Wilhelms II., es gäbe nur einen einzigen Kaiser in der Welt, und das sei der deutsche,[64] gesehen werden. Die „imperialen Ansprüche auf Vorrang in der Welt"[65] resultieren aus dieser Konstruktion dann mit einigem Automatismus: „Die römische Herrschaft zielte prinzipiell auf die Grenzen der Welt und schuf darin ein Reich ohne Grenzen."[66] Sie „bildete die Grundlage für den Herrschaftsanspruch über die Welt. Er schloss jede Gleichberechtigung anderer Reiche oder Herrscher aus."[67]

---

[58] Stollberg-Rilinger, S. 10f.

[59] Ebd., S. 12.

[60] Schneidmüller, S. 8f.

[61] Ebd., S. 9.

[62] Ebd., S. 9.

[63] Ebd., S. 10.

[64] S. Röhl (2013), S. 40.

[65] Ebd., S. 14.

[66] Schneidmüller, S. 18.

[67] Ebd., S. 22f. Schneidmüller verweist in diesem Zusammenhang auch auf die „hochtrabenden Verse des Archipoeta vom Weltkaisertum Friedrichs I. (‚Herr der Welt', ‚Fürst der Fürsten auf Erden')". (Ebd., S. 78).

Tatsächlich war mit dem mittelalterlichen Kaisergedanken im Gefolge des römischen, den die deutschen Kaiser sich gleichsam vererbt hatten, „derjenige der Weltherrschaft von vornherein unlöslich verknüpft"[68], und zwar durch den Bezug auf das ehemalige römische Imperium und der Reklamation seiner Nachfolge durch die mittelalterlichen deutschen Kaiser. Auf diese Weise wurde die Macht und die globale Überlegenheit des römischen Reiches[69], die „auctoritas imperialis"[70], in die deutsche Kaiseridee inkorporiert: „Für den Deutschen Kaiser (...) war der Byzantiner zwar ‚imperator', aber nicht ‚imperator Romanorum', da dieser Titel nur dem Herrn Roms, als dem Deutschen Kaiser, gebührt."[71]

Allerdings: „Die mittelalterliche Idee vom Kaiserreich mit seiner die Welt umspannenden ‚auctoritas' war ‚in praxi' wirksam bis zum Ausgang der Staufer. Noch unter Kaiser Friedrich II. war sie von handgreiflicher Bedeutung. Es war durchaus im Sinne einer auf ‚auctoritas' gegründeten Führung der Christenheit gemeint, wenn Friedrich II. in einer berühmten Urkunde von 1226 aussprach, Gott habe das Kaiserreich hoch vor den Königen des Erdkreises aufgestellt."[72] „Erst mit dem Sturz der Staufer", so Holtzmann weiter, habe sich dies Bild geändert: „Im späteren Mittelalter, das die Vollendung der Nationalstaaten in Europa brachte, ist die ‚auctoritas' des Kaisers auf schwerste erschüttert, zeitweilig ganz geschwunden; jetzt blieb in der Tat nicht viel mehr als ein auszeichnender Titel mit Ehrenvorrechten, dazu gelegentlich immerhin noch die Sorge für Papsttum und Kirche, wie sie namentlich zur Zeit Siegmunds und der Reformkonzilien von Bedeutung war."[73]

Wilhelm II. aber sah sich, das Namenssignalement ‚Barbablanca' bezeugt dies, ganz in der Tradition der Staufer, als Erbe und Wiedergänger jener universalen Dynastie, deren Reich und Reichsidee es zu

---

[68] Holtzmann, S. 251.

[69] „Wie unter allen Gestirnen die Sonne am Himmel den Prinzipat führt, so ist unter den weltlichen Mächten das römische Imperium allen überlegen (...), die kaiserliche Autorität, die sich auf die Beschützung des ganzen Erdkreises bezieht." (Holtzmann, S. 260).

[70] S. ebd., S. 260.

[71] Ebd., S. 261.

[72] Ebd., S. 263.

[73] Ebd., S. 264.

restituieren, ,wiederaufzurichten' gelte, zumal über allem hohenzollernschen Handeln ja das Gottesgnadentum walte, diese re-novatio mithin auch göttlicher Auftrag sei. Die eigene Dynastie-Geschichte wurde dabei unter Zuhilfenahme einer „immer stärkeren Nationalisierung des Reichs"[74] erheblich ,gestretched'[75], und dergestalt fand man tatsächlich dann auch über die mittelalterlichen Kaiser ,Erbanschluss' an die römischen Cäsaren.[76]

Der Geheime Rat und Geschichtsprofessor Franz Kampers (1868-1929) hatte in seiner Abhandlung ,Die deutsche Kaiseridee in Prophetie und Sage'[77] auf die durchgehende „Idee vom weltbeherrschenden christlichen Kaisertume"[78] verwiesen, auf deren spätere Verwandlung und Transformation in ,Kaisertraum' und ,-sage'[79], die im Vormärz dann die ,Belebung' der Hoffnungen auf die Wiederkehr eines deutschen Kaisers erfährt[80] und schließlich in die Erfüllung dieses Traumes im deutschen Kaiserreich von 1871 mündet: „Ja, der Berg hat sich aufgethan; wiederum leuchtet vom Fels zum Meer das befreite Szepter eines deutschen Kaisers"[81] – so der begeisterte Historiker.

Wilhelm II. hat allerorten von der „Wiederauferstehung des Deutschen Reiches", so auch in seiner Rede zum 25. Jahrestag der Schlacht von Sedan am 2. September 1895 in Berlin, gesprochen[82], eines Rei-

---

[74] Schneidmüller, S. 113. – „In der Konkurrenz mit den anderen europäischen Nationen sicherten sich die Deutschen ihre besondere Geschichte, Germanen und Franken wurden zu Deutschen, die seit unvordenklichen Zeiten immer auf der gleichen Erde leben. Ganz natürlich gehörte ihnen das Kaisertum, von Karl dem Großen dauerhaft für die Deutschen erworben." (Ebd., S. 113).

[75] „Bedenkenlos verlängerte man im 19. Jahrhundert die deutsche Geschichte in germanische Vorzeiten und das deutsche Kaisertum in mittelalterlich-römische Vergangenheiten zurück." (Ebd., S. 119).

[76] Kaiser Maximilian I., der ,letzte Ritter', war dabei mit spektakulären Beispielen ausufernder dynastischer Traditionsbildung vorangegangen: „Er förderte die Erstellung geradezu phantastischer Stammbäume, denen zufolge die Wurzeln der Habsburger über die karolingischen Kaiser zu den römischen Cäsaren und weiter zu den antiken Trojanern, ja bis zum biblischen Stammvater Abraham zurückreichten." (Heimann, S. 48).

[77] Kampers, F., Die deutsche Kaiseridee in Prophetie und Sage. München 1896.

[78] Ebd., S. 38.

[79] S. ebd., S. 95.

[80] S. ebd., S. 168.

[81] Ebd., S. 171.

[82] Zit. b. Obst, S. 138.

ches, dass „so gewaltig, so fest geeint und so maßgebend (…), wie es einst das römische Weltreich war"[83], werden solle. Letzteres formuliert der Kaiser mit Bedacht an historischem Ort, einer archäologischen Baustelle: Er, der sich umstandslos in der Nachfolge der römischen Cäsaren verortete, lässt das Römerkastell am Limes bei Bad Homburg, die Saalburg, ab dem Jahre 1897 auf den antiken Fundamenten wieder aufbauen, nutzt die Burg später auch zum repräsentativen Empfang für Gäste und unterschreibt hier[84] das Zweite Flottengesetz mit seinem qualitativen Sprung, der planerischen Verdopplung der deutschen Flotte, gegen die See- und Weltmacht Nr.1, Großbritannien.

Die Anknüpfung an das alte römische Weltreich ist gerade an diesem historischen Ort mit Händen zu greifen: die Verlängerung der Tradition der römischen Imperatoren über die ‚alten' deutsche Kaiser hin zu den Hohenzollern als Vollender dieses „dynastischen Projektes"[85]. Und nicht ohne Bedacht widmete Wilhelm den Grundstein auch dem Andenken seines Vaters[86], dem ‚99-Tage-Kaiser' Friedrich III., der aus den gleichen dynastie-legitimierenden Gründen „zu diesem Projekt den Anstoß gegeben"[87] hatte.

Die Grundsteinlegung am 11. Oktober 1900 nimmt Wilhelm II. höchst selbst vor und lässt sie vom Intendanten des Königlichen Staatstheaters in Wiesbaden, Georg von Hülsen-Haeseler, in alter Kostümfest-Manier im Rahmen eines barocken Triumphzuges inszenieren: Römische Feldherren und germanische Fürsten begrüßen durch tiefe Verbeugungen das hohe Kaiserpaar, das zur Grundsteinlegung schreitet.[88] „Unzählige Statisten in altrömischer Tracht säum-

---

[83] Wilhelm II., Rede v. 11. Oktober 1900 zur Grundsteinlegung der Saalburg, zit. b. Fehrenbach, S. 159.

[84] „Urkundlich unter Unserer Höchsteigenhändigen Unterschrift und beigedrucktem Kaiserlichen Insiegel. Gegeben Castell Saalburg bei Homburg v. d. Höhe, den 14. Juni 1900." (Faksimile Reichs=Gesetzblatt Nr. 21, Berlin 20. Juni 1900, S. 49, abgedruckt bei Schulze-Wegener (2015), S. 41.

[85] Müller, F. L., S. 192.

[86] S. ebd., S. 364.

[87] Ebd., S. 364.

[88] S. dazu: Grundsteinlegung für den Neuaufbau der Saalburg, 11. Oktober 1900. In: Zeitgeschichte in Hessen.
https://www.lagis-hessen.de/de/subjects/idrec/sn/edb/id/258. - In Stein gemeißelte Weltmachtfantasie. In: Frankfurter Rundschau/FR-Rhein-Main v. 16.10.2022.

ten den Triumphzug des Monarchen. Die Mitglieder des Homburger Turnvereins mimten Römer und Germanen, die sich 1.800 Jahre zuvor am Grenzwall gegenüberstanden. Die Rüstungen der Römer hatte man aus diversen Hoftheatern herbeigeschafft, die Germanen traten im Bärenfell an. Befehle und Huldigungen waren selbstverständlich in lateinischer Sprache abgefasst – die internationale Presse sparte nicht mit Spott."[89] Der Kaiser hält zur Grundsteinlegung, die er mit drei Hammerschlägen ausführt, selbstverständlich eine Rede, in der er sich, umgeben von römischen Feldherrn und germanischen Helden, unmittelbar auf das römische Kaiserreich, dessen Weltmachtrang und Vorbildcharakter für die eigenen herrschaftlichen Anstrengungen und Ambitionen bezieht: „Der erste Gedanke am heutigen Tage schweift zurück in wehmutsvollem Dank an meinen unvergesslichen Vater, den Kaiser Friedrich III.; seiner Tatkraft, seinem schaffensfreudigen Wollen dankt die Saalburg ihr Wiedererstehen, gleichwie im fernen Osten der Monarchie die gewaltige Ritterburg, die einst die deutsche Kultur in den Osten einpflanzte, auf sein Geheiß wieder neu erstand und nunmehr ihrer Vollendung entgegenschreitet, so ist auf den Höhen des ragenden Taunus dem Phönix gleich aus seiner Asche emporgestiegen das alte Römerkastell, ein Zeuge römischer Macht, ein Glied in der gewaltigen ehernen Kette, die Roms Legionen um das gewaltige Reich legten, und die auf das Geheiß des einen römischen Imperators, des Cäsar Augustus, der Welt ihren Willen aufzwangen und die gesamte Welt der römischen Kultur eröffneten, die befruchtend vor allem auf Germanien fiel. So weihe ich diesen Stein mit dem ersten Schlage der Erinnerung an Kaiser Friedrich III., mit dem zweiten Schlage der deutschen Jugend, den heranwachsenden Geschlechtern, die hier in dem neu erstehenden Museum lernen mögen, was ein Weltreich bedeutet, und zum dritten der Zukunft unseres deutschen Vaterlandes, dem es beschieden sein möge, in künftigen Zeiten durch das einheitliche Zusammenwirken von Fürsten und Völkern, ihren

---

- Der Limes, das leise Welterbe. In: www.monumente-online.de/de/ausgaben/2006/6/der-limes-das-leise-welterbe.php. – Schein, X., Zeitreise zu Wilhelms Spielwiese. In: www.fnp.de/lokales/hochtaunus/zeitreise-zu-wilhelms-spielwiese-91801322.html.; Sternburg, J. v., Technik und Triumphzug. In: fr.de/kultur/technik-triumphzug-11531210-html. - Kastell Saalburg. In: de.wikipedia-org/wiki/Kastell_Saalburg.
89 Monumente, Der Limes, S. 1.

Heeren und ihren Bürgern, so gewaltig, so fest geeint und so maßgebend zu werden, wie es einst das römische Weltreich war, damit es auch in Zukunft dereinst heißen möge wie in der alten Zeit: civis Romanus sum, nunmehr: Ich bin ein deutscher Bürger!"[90]

Auf diese Weise war es nun auch möglich, sowohl die Römer in der Saalburg durch Wilhelm II. als deutsche Ahnen zu feiern als auch im Teutoburger Wald deren Widerpart, Hermann, den Cherusker, dessen riesenhaftes Denkmal am 16. August 1875 von Wilhelm I., der auch 10.000 Thaler für dessen Bau als ,Spende' zur Verfügung gestellt hatte, eingeweiht wurde.

Schließlich wurden die Hohenzollern auf der Linie vom römischen Imperium zum ,Heiligen Römischen Reich deutscher Nation' per, zudem recht umwegiger, Dynastiekonstruktion[91] dann auch zu Nachfolgern der Kaiser des ,alten Reiches'[92], namentlich der Staufer, dem vermeintlichen Höhepunkt deutscher mittelalterlicher Kaiserherrschaft[93], und Wilhelm I., erster dieser neuen deutschen Kaiser, wurde

---

[90] Zit. b. Fehrenbach, S. 159. „Zu dem Kostümfest mit Kulissen aus Pappmaché, Holz und Gips, mit zahlreichen Komparsen und Tubenbläsern, merkt der Direktor des Saalburg-Museums, Carsten Amrhein, an: ,Bei dem historisch verbrämten Spektakel scheint sich Wilhelm II. als ein neuer römischer Kaiser, als Erbauer eines zukünftigen deutschen Weltreichs gefühlt zu haben.'" (Lagis, In Stein gemeißelte Weltmachtfantasien, S. 2). – „Schauspielerinnen und Schauspieler in römischer Tracht wurden eigens zu diesem Anlass engagiert, das Ereignis ging durch die Weltpresse. Die nahm es nicht nur positiv auf: Karikaturen, die den Griff des Kaisers nach der Erdkugel zeigten, kritisierten dessen Weltmachtanspruch." (Schein, Zeitreise, S. 1).)

[91] „Während sich aber die Geschichte des Alten Reiches in die österreichische Geschichte relativ gut integrieren ließ – schließlich waren fast alle Kaiser der Neuzeit Habsburger gewesen – war das in Deutschland nicht der Fall: Hier musste eine national-geschichtliche Linie vom mittelalterlichen Kaisertum über den Aufstieg Brandenburg-Preußens zum neuen preußisch-kleindeutschen Kaiserreich Bismarcks konstruiert werden." (Stollberg-Rilinger, S. 9).

[92] Eine ,Geschichts-Beugung', deren Vorläuferversionen schon 1667 der Rechtsgelehrte Samuel Pufendorf in seiner Schrift ,De statu imperii Germanici' (Ueber die Verfassung des deutschen Reiches'/ Übers. 1870) bestritten hatte. Er bezeichnete es vielmehr „kurz und bündig als Unsinn, die gegenwärtige deutsche res publica noch auf irgendeine Weise als mit dem alten römischen Reich identisch zu begreifen." (Ebd., S. 13).

[93] „Drei staufische Kaiser, Friedrich I. Barbarossa, Heinrich VI. und Friedrich II. betonten noch einmal wirkungsvoll den Vorrang des Imperiums in der christlichen Welt. (...) Als Nachfolger der römischen Cäsaren steigerten die staufischen Kaiser

allein schon per Namenssignalement („Barbablanca"[94]) erklärter Nachfolger Friedrichs I. Barbarossa.

Dazu O-Ton Wilhelm II.: „Was ist das alte Deutsche Reich gewesen! (…) Der einzige, dem es gelang, gewissermaßen das Land einmal zusammen zu fassen, das war der Kaiser Friedrich Barbarossa. Ihm dankt das deutsche Volk noch heute dafür. Seit der Zeit verfiel unser Vaterland und es schien, als ob niemals der Mann kommen sollte der imstande wäre dasselbe wieder zusammen zu fügen. Die Vorsehung schuf sich dieses Instrument und suchte sich aus den Herrn, den wir als den ersten großen Kaiser des neuen Deutschen Reiches begrüßen konnten."[95] Dieser neue Barbarossa hatte, so Wilhelm, „die großen Gedanken bereits in seinem Haupte fertig, die es ihm ermöglichen sollten das Reich wieder erstehen zu lassen"[96] – mit seinem Heer, das er „zusammenreiht zu einer kräftigen, waffenglänzenden Schar."[97] Kurzum: „Meine Herren, wenn der hohe Herr im Mittelalter gelebt hätte, er wäre heilig gesprochen worden, und Pilgerzüge aus allen Ländern wären hingezogen, um an seinen Gebeinen Gebete zu verrichten. Gott sei Dank, das ist auch heute noch so! Seines Grabes Tür steht offen, alltäglich wandern die treuen Untertanen dahin und führen ihre Kinder hin, Fremde gehen hin, um sich des Anblickes dieses herrlichen Greises und seiner Standbilder zu erfreuen."[98]

Der Enkel aber, Wilhelm II., der im von ihm am 18. Juni 1896 eingeweihten Kyffhäuserdenkmal beide Heroen im Monumentenkörper bildhauerisch vereinigen ließ, wobei der erwachende Barbarossa sinnigerweise zu Füßen des über ihm reitenden ‚Wilhelm dem Großen'

---

noch einmal ihren Anspruch." (Schneidmüller, S. 73). – „Barbarossa, von den Deutschen später als imperialer Gipfelpunkt imaginiert." (Ebd., S. 75). – „Friedrich I. schrieb als ‚König der Römer und immer Augustus." (Ebd., S. 75).

[94] „Vor der wieder errichteten Pfalz, ausgemalt mit Szenen mittelalterlicher Geschichte, symbolisierten die beiden Reiterstandbilder Kaiser Friedrichs I. und Kaiser Wilhelms I. ‚des Großen' die Einheit der alten und der neuen Zeit. Auf Barbarossa, den Rotbart, folgte Barbablanca, der Weißbart." (Ebd., S. 119).

[95] Wilhelm II., Festmahl des Brandenburgischen Provinziallandtages, 26. Februar 1897, zit. b. Obst, S. 154.

[96] Ebd., S. 155.

[97] Ebd., S. 155.

[98] Ebd., S. 155.

platziert wurde[99], wird nun, in der Nachfolge seines Großvaters gleichsam automatisch zum Vollender des großen Hollerzollern-Projektes der ‚Wiederaufrichtung' des Reiches. Dies Deutsche Reich Wilhelms II., seines Großvaters und Vaters, und darin liegt die Legitimationskraft derartiger Geschichtskonstruktion, ist also nichts Neues, sondern Wiederkehr des Alten: ein „wiedererrichtete(s) Reich"[100], das bei Sedan und im Spiegelsaal von Versailles „wieder auferstand"[101], mit all seiner alten Herrlichkeit, seiner Tradition bis zurück in römische Zeiten und seiner göttlichen Legitimation als vormaligem ‚Heiligen Römischen Reich deutscher Nation', das die Hohenzollern gleichsam aus der Hand der alten Kaiser übernahmen und nun mit ihm, dem Enkel Barbablancas, „herrlichen Tagen"[102] entgegen führen werden. Der auch den Zeitgenossen auffällig gewordene seltsame Anachronismus im Auftreten und Gebahren Wilhelms II., namentlich sein Verweis auf das alte Gottesgnadentum, das ihn umwehe und bestrahle, wird sodann beglaubigt durch Verweis auf jene alte Tradition, die nun von ihm in der Nachfolge ‚Barbablancas' als „Träger der erneuten deutschen Kaiserkrone"[103], fortgeführt werde: „Dem deutschen Volk ist sein Kaiser wieder geworden, den es sich selbst geholt hat. Mit dem Schwert in der Faust auf dem Schlachtfelde ist die Krone erworben, und das Reichspanier flattert wieder hoch in den Lüften. Aus der derselben Begeisterung und Liebe, mit der das deutsche Volk an seiner alten Kaiseridee gehangen hat, ist das neue Kaiserreich ins Leben getreten."[104] „Allein die Aufgaben sind jetzt andere", fügt der Kaiser in Aachen hinzu, der Stadt Karls des Großen, dem „römischen Kaiser" und „germanischem König", dem Hüter des „Welt-Imper-

---

[99] „Dem hoch aufragenden Turm mit einem Reiterdenkmal des Preußen wurde der thronende Staufer vorgelagert" (Görich, S. 14) und dergestalt „der neue Reichsgedanke mit dem staufischen Vorbild verbunden." (Ebd., S. 14).

[100] Wilhelm II., Thronrede zum 25. Jahrestag der Begründung des Deutschen Reichs, 18. Januar 1896, zit. b. Obst, S. 143.

[101] „Von dem großen Tage, da das Deutsche Reich wieder auferstand." (Wilhelm II., Rede zum 25. Jahrestag der Schlacht von Sedan, Berlin, 2. September 1895, zit. b. Obst S. 138).

[102] Wilhelm II., Rede beim Festmahl des Brandenburgischen Provinziallandtags, 24. Februar 1892, zit. b. Obst, S. 88.

[103] Wilhelm II., Rede beim Besuch in Frankfurt am Main, 9. Dezember 1889, zit. b. Obst S. 32.

[104] Wilhelm II., Rede im Rathaus von Aachen, 19. Juni 1902, zit. b. Obst, S. 246f.

iums"[105] – jene Aufgaben nämlich, „die im Mittelalter" durch die alten deutschen Kaiser „nicht erfüllt werden konnten"[106]: „Dem Charakter der Germanen entsprechend, beschränken wir uns nach außen, um nach innen unbeschränkt zu sein; weithin zieht unsere Sprache ihre Kreise auch über die Meere, weithin geht der Fluß unserer Wissenschaft und Forschung. (...) Und dieses ist das Welt-Imperium, das der germanische Geist anstrebt."[107] Ein „Welt-Imperium" wird imaginiert, wenn auch ‚nur' eines „des Geistes", so doch mit einem Anspruch, der aufhorchen ließ. Die Deutschen als ‚Schulmeister der Nationen', letztendlich, wie in den alten Kaiserprophetien, als Hüter der großen Völkerherde.

So waren die alten Weissagungen von der Wiederkehr des deutschen Kaisers, der die alte, gute Ordnung wieder aufrichten werde, dann doch in Erfüllung gegangen, und Professor Kampers hatte dies akademisch bestätigt, euphorisch vom Universitätskatheder verkündet und in seinen Büchern kodifiziert. Mit dem geradezu propagandistischen ‚Barbablanca'-Begriff, der hingegen in der Bevölkerung ebenso wenig wie der gleichermaßen angestrengt-ambitionierte von ‚Wilhelm dem Großen', tiefere Wurzeln schlagen konnte[108], wird, wie dynastiepolitisch beabsichtigt, der Anschluss der Hohenzollern an die Tradition der Stauferkaiser vollzogen, und damit implizit auch schon die Kopplung das in der Stauferherrschaft in doppeltem Wortsinne ‚aufgehobene' römische Imperium und dessen globaler Reichweite hergestellt.

Kein Wunder, dass sich nun der Blick dieses vermeintlichen Riesenkaisers über die Grenzen Deutschlands in die Welt richtet, und

---

[105] S. ebd., S. 246.

[106] Ebd., S. 247.

[107] Ebd., S. 247.

[108] Wilhelm II. neigte zwar zu Übertreibungen, doch hier, mit der Barbablanca-Ideologie, trieb er es dann doch soweit, dass ihm nicht mehr alle folgen wollten und konnten: „Die kolossale Botschaft des in Anlehnung an den Stil von Burgen aus der Stauferzeit errichteten und 1896 eingeweihten Kyffhäuser-Denkmals mit einem kupfernen Wilhelm I. zu Pferde, der mit dem am Sockel soeben erwachenden Friedrich I. die legitime Verzahnung von Kaiserreich und Heiligem Römischen Reich Deutscher Nation verkörpern sollte, blieb weitgehend unerhört. Das historische Herrschergespann ‚Barbarossa' und ‚Barbablanca' (...) konnte sich bei aller Wertschätzung der Gesellschaft für die beiden alten Kaiser nicht etablieren." (Schultze-Wegener, S. 479).

120

Wilhelm lässt auch keine Gelegenheit aus, darauf zu verweisen, dass ‚Sein' Reich ja mittlerweile längst schon ein Weltreich geworden sei - durch die Kolonien und durch seine weltweit agierende Handelsflotte: „Aus dem Deutschen Reiche ist ein Weltreich geworden. Überall in fernen Teilen der Erde wohnen Tausende unserer Landsleute. Deutsche Güter, deutsches Wissen, deutsche Betriebsamkeit gehen über den Ozean."[109]

So geht die Meeresleidenschaft des Kaisers und sein zweifellos ausgeprägtes Bewusstsein von der Bedeutung der See für die Entwicklung der Nationen einher mit seiner Vision der Erneuerung des alten deutschen Kaiserreiches und der damit seit Jahrhunderten verbundenen Sagen und Prophetien, die man bei Hofe zudem sehr gut kannte: Denn als dem kleinen Kronprinzen bewusst wurde, dass er aufgrund der bei der komplikationsreichen Geburt erlittenen Nervenlähmung des linken Armes nicht alles das machen konnte, was Gleichaltrige vermochten, tröstete man ihn mit jener alten Kaiserprophetie, „dass Deutschland unter einem einarmigen Kaiser seine höchste Blütezeit zu gewärtigen habe."[110]

In Ansehung all dessen gelte es also nun umso mehr, zu England, der dominierenden See- und damit Weltmacht, aufzuschließen, und zwar mit dem von Tirpitz formulierten „Anspruch auf eine – freilich nie exakt definierte – ‚gleichberechtigte Stellung in der Welt'"[111]. – „Doch hinter der harmlos scheinenden Formel von der ‚Gleichberechtigung', so Volker Ullrich, verbarg sich der ehrgeizige ‚Wille zur Weltgeltung', das heißt zu einem den beiden anderen führenden Wirtschaftsnationen, Großbritannien und den Vereinigten Staaten, mindestens ebenbürtigen Weltmachtstatus. Dieser Anspruch lief, wie die Dinge lagen, auf eine Neugruppierung der Mächtekonstellation zu Deutschlands Gunsten, ja auf eine Revolutionierung des internationalen Systems hinaus."[112]

---

[109] Wilhelm II., Festansprache zum 25. Jahrestag der Begründung des Deutschen Reichs, 18. Januar 1896, zit. b. Obst, S. 145.
[110] Hartau, S. 15.
[111] Epkenhans, Flottenrüstung, S. 409.
[112] Ullrich, S. 195.

‚Barbablanca‘, der ‚alte Kaiser Wilhelm‘, hatte, mit Bismarcks und Moltkes Handlangerdiensten[113], so der Enkel, die Wiedererrichtung des Reiches – mittels Heereskräften – bereits bewerkstelligt. Das Heer brachte die Nation und mit dieser all deren nach außen drängende Ambitionen. Nun aber sollte die Flotte diese aufwärtsstrebende Nation auch zur Weltmacht werden lassen. Damit aber hatte ‚Barbablancas‘ Enkel sein Thema gefunden, ein ihm, dem „seit seiner Kindheit passionierte(n) Hobbynautiker"[114], auch zutiefst angenehmes und vertrautes und ein im heeresdominierten Preußen bzw. Deutschen Reich noch gänzlich brachliegendes – die Flotte mit ihren ausgreifenden politisch-militärischen Möglichkeiten und nicht zuletzt ihrer Funktion als Vergegenständlichung der alten deutschen Kaiseridee und der Illuminierung des neuen Marinekaisers in glänzend-schimmernder Form und Wehr: Ausdruck imperial-universaler Kaiseridee[115], symbolisches Schwert des Kaisers, Spielfläche seiner „unheilbaren Marineleidenschaft"[116], Legitimierungsinstanz und Imposanzkulisse sowie geliebter Hauptort des ‚persönlichen Regimentes‘[117], denn im Gegensatz zu den Heereskontingenten der Fürsten war dem Kaiser die Marine direkt unterstellt.[118]

---

[113] S. die ‚Handlanger-Rede‘ beim Festmahl des Brandenburgischen Provinziallandtages, 26. Februar 1897, zit. b. Obst, S. 154ff.

[114] Clark (2008), S. 175.

[115] S. den „solchermaßen ins Imperiale übersteigerten Reichsgedanken" und den „Ausbau der Flotte, die in romantischer Verklärung bald zum Sinnbild für die gegenüber den anderen Mächten zu behauptende Machtposition aufstieg." (Beide Zitate Kaul, S. 445).

[116] Hartau, S. 67. S. a.: „Kaiser Wilhelm II. hatte schon als Prinz Schiffstypen skizziert." (Tirpitz, S. 38) – was er auch später, gern auch während Lagevorträgen, fortsetzte. Die von ihm ‚eingereichten‘ Schiffspläne allerdings verschwanden meist umgehend in den Schreibtischen des Reichsmarineamtes.

[117] „Doch in Wahrheit war es mit Sicherheit so, daß Tirpitz selbst die Kontrolle über die wesentlichen Punkte des Flottenprogrammes an sich gerissen und Wilhelm nur dem Schein nach die Kontrolle gelassen hatte." (Clark (2008), S. 187 – und dies im Rahmen der Clarkschen Argumentation vom friedengeneigten Kaiser („dass seine Herrschaft als eine Ära des europäischen Friedens in Erinnerung bleiben möge." (ebd., S. 286)) und dem seinen eigenen, schärferen Kurs steuernden Staatssekretär Tirpitz.

[118] S. ebd., S. 187 u. S. 286 sowie Epkenhans, Clio, S. 365. S. a. Fehrenbach, S. 124, über die hier zu entfaltende „unbeschränkte kaiserliche Kommandogewalt".

Dergestalt erhebt der Kaiser die Marine[119], wie diese ihn damit gleichzeitig selbst erhöht. Somit bedarf es der Aufrüstung der Flotte, um das Ansehen Deutschlands in der Welt zu stärken[120] und über die Gleichung von Reichsgewalt und Seegewalt[121] die „großen, überseeischen Aufgaben"[122] in der Nachfolge der Hanse[123] anzunehmen und auf diesem maritimen Wege zum „Welt-Imperium, das der germanische Geist anstrebt"[124] und das die „Vorsehung"[125] den Deutschen zugewiesen habe, voranzuschreiten.

So hatte sich alsbald nach seiner Thronbesteigung Wilhelm II. auch daran begeben, in Nachahmung der Heeresreform seines Großvaters dessen eigentliches, heeresgeborenes Werk der Wiederaufrichtung des ‚Reiches' nunmehr über dessen Grenzen hinaus, mit maritimen Mitteln, im Weltmaßstab, eben „das Weltreich, das Ich Mir erträumt habe"[126], zu vollenden. Dazu aber bedurfte es, es war bei den Engländern zu besichtigen oder wahlweise auch im Flottengedicht Herweghs, einer Marine - einer großen und mächtigen zumal. Genau das Richtige für den selbsternannten „passionierten Seemann"[127] auf dem Kaiserthron.

Denn der Kaiser war schon in seiner frühesten Jugend von einer heftigen Marinepassion ergriffen worden.[128] Wilhelm selbst mutmaßte, er sei geradezu infiziert worden durch das ‚Seeblut' seiner englischen Mutter, der Tochter Queen Victorias, das nun auch in seinen Adern floss. Mit Bruder Heinrich segelt er schon in Kindertagen auf der Havel, in einem Boot, bestückt mit einer kleinen Salutkanone. Als Kaiser dann lässt er auch seiner technisch-künstlerischen Neigung gleichsam maritimen Lauf, Schiffsbilder und kleine gezeichnete ‚Seestücke' zieren zuweilen die Akten. Seine Beiträge zur Rüstungspla-

---

[119] Vgl. Obst, S. 152, 195 und 264.

[120] Ebd., S. 164.

[121] Ebd., S. 168.

[122] Ebd., S. 205.

[123] Ebd., S. 233.

[124] Ebd., S. 287; s. hier auch die Adaption der Geibelschen Formulierung vom deutschen Wesen, an dem die Welt genesen solle (ebd., S. 187).

[125] S. ebd., S. 259.

[126] Ebd., S. 264.

[127] Ebd., S. 42.

[128] S. dazu ausführlich Röhl (1993ff.), S. 127-190.

nung für das Reichsmarineamt wandern, wie auch die für Albert Ballin, den Generaldirektor der größten Reederei der Welt, der Hapag, dort umgehend in die Schublade. Er bestimmte auch die Grundzüge der Inneneinrichtung ‚Seiner' neuen Kriegsschiffe, die Stoffe der Möbel, die Auswahl des Tischporzellans, Beschaffenheit und Gestaltung der Wände, die optische Anmutung der Schiffe, Stellung der Schornsteine, Form des Bugs oder die Bug- und Heckverzierungen.

Sein maritimes Interesse erstreckte sich dabei auch auf die Passagierschifffahrt, zumal hier für Hapag und Norddeutschen Lloyd die größten Schiffe der Welt gebaut wurden, und zwar, wie die IMPERATOR-Klasse, in ähnlichem Überbietungsdrang, wie es die Marine im Kriegsschiffbau zu exerzieren suchte. Und im Glanze jener mächtigen Schiffskörper konnte sich der Kaiser prächtig sonnen, bei der Besichtigung von Werften, vor allem aber der Teilnahme an Stapelläufen und der Einweihung von Hafenanlagen. Schiffe werden nach Hohenzollern, Amtsvorgängern (WILHELM DER GROßE) oder Familienmitgliedern getauft (AUGUSTA (später AUGUSTE) VICTORIA). Das zunächst größte Schiff aber wurde nach ihm selbst benannt, oder besser nach dem Beinamen, den er sich selbst zugelegt hatte: IMPERATOR. Möglicherweise geschah dies auf eigenen Wunsch oder es war eine auf Albert Ballin zurückgehende Schmeichelei an den I. R. (= ‚Imperator Rex', die Sigle, mit der Wilhelm seine Briefe zu unterschreiben pflegte). Getauft wird das monumentale Schiff durch den Kaiser höchst selbst am 23. Mai 1912 in Admiralsuniform, seinem ‚Lieblingsornat' unter all den vielen Uniformen, in denen er auftrat.

„Über das ‚Ewige-in-Position-stehen' Seiner Majestät mokiert sich die Hofdame Baronin Spitzemberg, und Fürst Eulenburg, ein Intimus des Kaisers, spöttelt: „'Alle Tage ist Maskenball.' Gemeint ist die kindliche Freude Wilhelms II. an Uniformen, die er bis zu sechsmal täglich wechselt."[129] Dabei rochierte er auch zwischen realen und historischen Uniformen, letztere gern bei Kostümfesten im Berliner Schloss, bei denen er dann als der Große Kurfürst oder auch als Friedrich der Große auftrat[130] – sozusagen auf der Ebene, auf der er sich in seiner „grandiose(n) Geltungssucht"[131] selbst wunschhaft lokalisierte. Admi-

---

[129] Haffner (1979), S. 469.
[130] S. Röhl (1993ff.), S. 958.
[131] Ebd., S. 1030.

ral war er allerdings tatsächlich geworden, und zwar bereits 1889, ein britischer ,Admiral of the Fleet', mittels Ernennung durch seine Großmutter Queen Victoria vor dem ersten Besuch ihres Enkels in England.

Die Flottenvermehrung, die Wilhelm II., 1888 auf den Hohenzollernthron gelangt, wünschte, zielte auf die Schaffung einer ,schimmernden Wehr' mit einer weltweiten Präsenz imponierender Kriegsschiffe, schlanker Kreuzer, gleichsam ins Gigantische gebauter Rennyachten, von denen er allein fünf besaß und damit regelmäßig an Regatten teilnahm. Diese Marinepassion konnte Wilhelm als Kaiser und „passionierter Seemann"[132] nun auch gleichsam im Amte ausleben.[133] Und so erlebt er im Frühjahr 1891 im Kieler Schloss anlässlich der Überlegungen für die Weiterentwicklung der Marine zwar wenig einfallsreiche Admirale, stattdessen aber, unvermittelt zur Stellungnahme aufgefordert, einen Kapitän zur See mit imposantem Gabelbart, Alfred Tirpitz. Und der trägt nun, auf der Grundlage seiner zuvor in der Torpedowaffe entwickelten Konzeption, die er, wie er später behauptet, ganz unabhängig vom US-amerikanischen Seekriegshistoriker Alfred Thayer Mahan und dessen Theorie über den Zusammenhang von Welt- und Seemacht und der dabei zentralen Rolle von Schlachtflotten erarbeitet habe, die Vision vor, dass „das Schicksal unserer Flotte und unserer Seegeltung durch eine Schlacht in den europäischen Gewässern entschieden" werde.[134] Und auf diese Schlacht, und nur auf diese, müsse die gesamte Entwicklung der Flotte, die „ihre höchste Kriegsleistung zwischen Helgoland und der Themse zu entfalten"[135] habe, ausgerichtet werden.

---

[132] „Ich als passionierter Seemann" (Wilhelm II. beim Festmahl des Norddeutschen Lloyd, Bremen, 21. April 1890, zit. b. Obst, S. 42).

[133] Schon 1888, unmittelbar nach seiner Inthronisierung, erklärte der neue Kaiser: „Die Marine weiß, daß es Mich nicht nur mit großer Freude erfüllt hat, ihr durch ein äußeres Band anzugehören, sondern daß Mich seit frühester Jugend in voller Übereinstimmung mit meinem lieben Bruder, dem Prinzen Heinrich von Preußen, ein lebhaftes und warmes Interesse mit ihr verbindet." (König, S. 19).

[134] Diese und alle weiteren kursorisch eingefügten Ausführungen zu Tirpitz und den Flottengesetzen basieren auf den Arbeiten von Berghahn (Tirpitz-Biographisches: S. 57-88, Flottengesetze: S. 89-381, Flotten-,Race': S. 425-595) sowie auf denen von Kaulisch (Tirpitz-Biographisches: S. 20-77, Flottengesetze: S. 78-145).

[135] Tirpitz, Emser Memorandum, Anfang Juli 1897 (s. Berghahn. S. 109, Anm. 7).

Der Kaiser ist begeistert von derartigem Schwung, obgleich er lieber in Kreuzer, die auf allen Weltmeeren schneidig unterwegs sein würden, investieren möchte als in klobige Schlachtschiffe vor der eigenen Haustür. Gleichwohl holt er den energischen Mann, als systematischer, zielstrebiger Kopf („Ziel erkannt – Kraft gespannt", so sein Wahlspruch) das genaue Gegenbild seiner selbst, dem sprunghaften, hyperaktiv-konzentrationsschwachen Kaiser, schließlich von weither zurück: aus China, wo Tirpitz seit 1895 als Chef der Ostasiatischen Kreuzerdivision wesentlich am Zustandekommen des ‚Pachtvertrages' für die deutsche Marineansiedlung Tsingtau in der Bucht von Kiautschou beteiligt war. Am 15. Juni 1897 wird Tirpitz Staatssekretär des Reichsmarineamtes – zuständig für Verwaltung, Ausbildung und Schiffbau, de facto ein Marineminister – und Nachfolger des glücklosen Konteradmirals Friedrich Hollmann, dem es trotz mehrfacher Anläufe zuvor nicht gelungen war, die Flottenpläne des marineenthusiastischen Kaisers durch den Reichstag zu bringen.

Und nun ging der ‚Meister', wie ihn seine Gefolgsleute, die ‚Torpedobande', die er aus seiner vormaligen Stellung mit ins Reichsmarineamt gebracht hatte, ehrfurchtsvoll nannten, ans Werk: Auf Basis einer seit seiner ‚Denkschrift IX' von 1894 nicht mehr veränderten Sichtweise von der alleinigen Bedeutung großer Schlachtflotten im Kampf um den „Platz an der Sonne" entwirft er eine Flotte, die zunächst, und zur allgemeinen Überraschung, deutlich kleiner ausfällt als erwartet, vor allem auch kleiner als vom Kaiser gewünscht. Anders als sein Vorgänger Hollmann aber gießt Tirpitz seine Überlegungen in eine systematische Form: Gliederung der Schlachtflotte in zwei Geschwader à 8 Linienschiffe (= der alte Begriff aus der Segelschiffzeit) sowie einem Flottenflaggschiff als operativem Kern des gesamten Flottenensembles mit festgelegter Zahl und - dies der eigentliche ‚Clou' des Gesetzes, „der springende Punkt der Vorlage" (Admiral Scheer) – mit fixen Ersatzfristen: 25 Jahre für die Linienschiffe, 20 Jahre für die vorgesehenen 12 Großen und 30 Kleinen Kreuzer – eine gleichsam im Bestand ‚eiserne', sich selbst regenerierende Flotte, gegossen in Gesetzesform und damit auch von wechselnden Parlamentsmehrheiten in Zukunft unabhängig, parlamentarisch gleichsam unantastbar.

Als eine seiner ersten Amtshandlungen verfügt Tirpitz die Einrichtung eines ‚Nachrichtenbureaus' im Reichsmarineamt, einer Flottenpropagandazentrale. Und flankierend zum parlamentarischen Befas-

126

sungsgang entfaltet er eine Kampagne, wie sie Deutschland noch nicht erlebt hatte. Allenthalben in deutschen Landen wird man wieder, wie schon 1847 von Heinrich Heine in der Vorrede zu ‚Atta Troll‘ diagnostiziert, zu ‚begeisterten Matrosen‘, die ‚Flottenprofessoren‘ stehen dabei am Universitätskatheder mit flammenden Vorlesungen zu deutscher Seemacht in Vergangenheit und Zukunft an vorderster Front und die Kinder im Kieler Knabenanzug sowieso. „Die Verbreitung des Matrosenanzugs als Kinder- und zunächst besonders als Knabenkleidungsstück beginnt ab Mitte des 19. Jahrhunderts in England, und erreicht ab den 1870er Jahren auch Deutschland, wobei für die Popularisierung Wilhelm II. und populäre Fotografien seiner Familie, worauf auch seine Söhne in Matrosenanzügen zu sehen waren, eine wichtige Rolle gespielt haben. (…) Der ‚Echte Kieler Matrosenanzug‘ avancierte in den Folgejahren zur ‚Standeskleidung der Kinder des gehobenen Bürgertums‘ und zur ‚Wertmarke bürgerlichen Nationalstolzes‘“[136] – und dies „in etwa zeitgleich also mit der beginnenden Flottenpropaganda und der Flottenbegeisterung.“[137] Der Kieler Knabenanzug „wurde zur ‚Kinderkleidung schlechthin‘ und markierte später eher den Status der Kindheit als eine konkrete nationale Gesinnung.“[138] Derart war also die Marine, fast unmerklich und geradezu unerkennbar ins deutsche Modearsenal übergegangen, zu fraglosem nationalem Kulturgut geworden: „Es wimmelte nun überall von Matrosen. Diese Normalisierung der Matrosenfigur für die Alltagswahrnehmung leistete rückwirkend auch der Flottenidee Vorschub.“[139] Es war, wie dies Heimerdinger formuliert hat, der „Umschlag einer Idee ins Stoffliche.“[140]

Derweil passiert am 10. April 1898 das Tirpitzsche Flottengesetz problemlos den Reichstag.

Heinrich Walle hat in seinem Beitrag ‚Alfred von Tirpitz, „ein frühes Kind des 20. Jahrhunderts und ‚Fortschrittsoptimist‘“ in einer medien- und kunstpolitischen Analyse gezeigt, wie die Begleitmusik zu diesem bahnbrechenden rüstungspolitischen Sprung durch Tirpitz

---

[136] Heimerdinger, S. 170.
[137] Ebd., S. 170.
[138] Ebd., S. 171.
[139] Ebd., S. 172 f.
[140] Ebd., S. 169.

orchestriert wurde. Wie der ‚Meister‘, der diese Bezeichnung durch seine Mitarbeiter im Übrigen sehr gern hörte,[141] nunmehr eine hoch innovative Öffentlichkeitsarbeit gleichsam ‚neuen Typs‘ kreierte, die er virtuos und kraftvoll, namentlich auch durch Nutzung aller verfügbaren Medien, bediente – auch, wir werden dies in diesem Buche noch sehen, mit den Mitteln der Architektur: marinepolitische Botschaften gleichsam in Stein gehauen.[142]

So führt der Weg der Kaiserlichen Marine, wie sie von Tirpitz nun neu aufgestellt wird, zwar in die Irre, aber dies mit Volldampf. Getragen von einem Feuerwerk an Public Relations, dirigiert von einem modernen ‚Medien-Fex‘, einem fast avantgardistischen Stilisten und Kunst-Anwender, der sich gar vom Impressionisten Lovis Corinth, einem Klassiker der Moderne, wie dies Walle kundig formuliert, porträtieren lässt. In summa ein brillanter PR-Agent seiner selbst und Seiner Majestät Marine – und das zunächst mit durchschlagendem Erfolg: Denn als die Engländer um die Jahreswende 1899/ 1900 zwei deutsche Postdampfer mit vermeintlicher Konterbande für die Buren im Süden Afrikas aufbringen, sieht Tirpitz die Gelegenheit, eine weitere Stufe seines Rüstungsprogrammes, des ‚Tirpitz-Planes‘, so Volker R. Berghahn[143], zu zünden – das Zweite Flottengesetz: „Jetzt haben wir den Wind, den wir brauchen, um unser Schiff in den Hafen zu bringen; das Flottengesetz geht durch.“[144] So ruft er aus, und so kam es auch:

---

[141] S. Berghahn, S. 76.

[142] Heinrich Walle hat die Stein gewordene kaiserliche Marinepolitik in diesem Buch anhand der Marinebauten in der Kieler Wik und der architektonischen Gestaltung und Jugendstil-Emblematik der Marineschule Mürwik ausführlich dargeboten. Und dass dabei die Friedensbotschaft im Bleiglasfenster mit dem Wappen des Deutschen Reiches über dem Eingangsportal der Marineschule („Den Frieden zu wahren, gerüstet zum Streit, mit flatternden Fahnen im eisernen Kleid, so tragt, deutsche Schiffe, von Meere zu Meer, die Botschaft von Deutschland, den Frieden, umher!“) geradewegs mit der kaiserlichen Vorstellung, ein Welt- und Friedenskaiser zu sein, harmoniert, ja sogar mit einem etwaigen lautlosen ‚Verdrängen‘ der britischen Flotte vom Platz an der Tabellenspitze der Welt-Marineliga vereinbar wäre, das versteht sich angesichts der von Walle aus den Steinen herausgearbeiteten kaiserlich-tirpitzschen Marinekonzeption fast schon von selbst.

[143] Berghahn, V. R., Der Tirpitz-Plan. Düsseldorf 1971.

[144] Zit. ebd., S. 241.

Am 14. Juni 1890, just am Tag des damaligen Beschlusses der Natio-nalversammlung zur ‚Kiellegung' einer ersten deutschen Marine in der Frankfurter Paulskirche im Jahre 1848, unterschreibt der Kaiser das novellierte, nun zweite ‚Gesetz, betreffend die deutsche Flotte', das das erste nicht nur ersetzt, sondern mit der Vermehrung der bisheri-gen zwei Geschwader auf nunmehr deren „vier zu je 8 Linienschif-fen", 2 Flottenflaggschiffen, dazu 8 Großen und 21 Kleinen Kreuzern neben weiteren 13 Kreuzern für die ‚Auslandsflotte' und 4 Linien-schiffen mit 7 Kreuzern als ‚Materialreserve' nicht weniger als die Verdopplung der deutschen Hochseeflotte vorsieht. Ein Pauken-schlag von Rüstungsplanung, systematisch und voluminös. Dies wird England, in den Worten von Tirpitz „den für Deutschland zu Zeit gefährlichsten Gegner zur See"[145], ebenso auf den Plan rufen wie die heimische Sozialdemokratie. Das weiß der ‚Meister', der am Tag der Verabschiedung des Zweiten Flottengesetzes in den preußischen Erbadel erhoben, 1903 zum Admiral und 1911 zum Großadmiral befördert wird, und dem gilt es vorzubauen.

Dies geschieht mit dem in den Begleit- und Begründungsdokumenten des Zweiten Flottengesetzes eingeführten ‚Risikogedanken', nämlich der Bekundung, trotz ihrer Quantität nur eine Flotte zu planen, die zwar zur Offensive fähig sei, hingegen lediglich Angriffe auf Deutsch-land verhindern solle. Eine Flotte, die allein durch ihre mächtige Prä-senz ein allzu hohes Risiko für einen etwaig angriffslustigen Gegner (gemeint ist England) berge. Eine pure Abschreckungsflotte mithin - gleichwohl, so Tirpitz, „haben wir zweifellos gute Chance" gegen England.[146] Denn dort, so berät Tirpitz seinen Kaiser, werde man angesichts des neuen Potentials der deutschen Flotte „von rein nüch-ternem Standpunkt des Geschäftsmannes aus jede Neigung, uns an-zugreifen, verloren haben und infolgedessen Euer Majestät ein sol-ches Maß an Seegeltung zugestehen und Euer Majestät ermöglichen, eine große überseeische Politik zu führen."[147] Also freie Hand für den

---

[145] Zit. ebd., S. 188.
[146] Zit. b. Röhl (1993ff.), S. 1146. Tirpitz „plante eine Flotte, die auch gegen Eng-land eine aussichtsreiche Entscheidungsschlacht würde kämpfen können." (Berg-hahn, S. 185).
[147] Zit. ebd., S. 200.

Kaiser und damit de facto Englands Abdankung als allein führende Welt- und Seemacht.

Endlich tut sich mit dem ‚Tirpitz-Plan' ein Feld auf, auf dem die historisch so gebeutelte Marine reüssieren und ihren Minderwertigkeitskomplex kompensieren kann, kommt sie doch nun im wahrsten Sinne des Wortes aus dem Schatten unmittelbar an jenen erstrebten „Platz an der Sonne", den wiederum nur sie allein dem Deutschen Reich und seinem Kaiser verschaffen kann.

Und so wird die Marine unversehens und unter den Händen von Tirpitz zu einem heilsgeschichtlichen Instrument. Denn die ‚Risikoflotte' des Zweiten Flottengesetzes kann auch anders gedeutet werden als nur eine Abschreckungsflotte, nämlich als ‚Verdrängungsflotte'[148] - eine imposante und furchteinflößende ‚fleet in being', nur durch ihr bloßes, schimmernd-gewaltiges Dasein die Engländer gleichsam vom Ozean vertreibend, mehr oder weniger leise zur Seite schiebend, verdrängend, ersetzend und ablösend[149]. Ein derartiger, lautloser Wechsel an der Tabellenspitze der Ersten Flottenliga würde dann auch die merkwürdige konzeptionelle Leere in der deutschen Seestrategie, was denn nach einer erfolgreichen Endschlacht bei Helgoland[150] weiter geschehe, zumindest insoweit erklärbar machen, als angesichts einer ‚Verdrängungsflotte' eine derartige Endschlacht gar nicht mehr erforderlich ist und daher auch inklusive ihrer Folgen nicht geplant werden muss. Und im Übrigen enttarnt auch die kaiserliche Formel „Der Dreizack gehört in unsere Faust"[151] angesichts des Sachverhaltes, dass

---

[148] S. zu dieser Verdrängung Großbritanniens aus seiner hegemonialen Vormachtstellung Fischer, S. 31 unter Verweis auf Ausführungen des Reichskanzlers v. Bethmann Hollweg über das Brechen von Englands Weltstellung zugunsten Deutschlands (s. Fischer, S. 32); s. dazu auch ausführlicher Appendix A. dieses Kapitels zu Ludwig Dehio, Deutschland und die Weltpolitik im 20. Jahrhundert (1955). Frankfurt/ M. Hamburg 1961.

[149] S. dazu auch Berghahn, S. 197ff., der Dehios Sicht der Dinge vor den Hintergrund des Kalten Krieges stellt: „Es ist ziemlich deutlich, daß Dehio seine Anregungen und Begriffskategorien stark aus dem kalten Krieg zwischen den USA und der Sowjetunion nach dem Zweiten Weltkrieg bezogen hat." (Ebd., S. 199).

[150] S. Rahn (1999), S. 60, „daß unklar blieb, was eigentlich mit der Schlacht erreicht werden sollte."

[151] „Wiederum hat eine preußische Stadt dem großen Kaiser ein Denkmal gesetzt. (...) An dem Postament des Denkmals sah Ich die beiden Figuren: Köln mit dem Ölzweige in der Hand, das Bild des Friedens in dem der Gewerbefleiß des Bürgers

130

es eben nur einen Dreizack gibt, der dem Gott der Meere entwunden oder von ihm gar übergeben wird, den ‚Griff nach der Weltmacht' als Aufstieg zur Weltmacht Nr. 1, und dabei nicht in trautem Einvernehmen mit einem maritim und weltpolitisch „ebenbürtigem"[152] England und dessen, so Michael Epkenhans, „freilich nie exakt definierter, gleichberechtigter Stellung in der Welt"[153]. Vielmehr, so Epkenhans weiter, versuchte man „einen „grandiosen Rollentausch"[154], nämlich „der Welt statt der ‚Pax Britannica' eine ‚Pax Germanica' zu diktieren"[155].

So gelte es, England „schließlich zu beerben"[156], denn „against this background it is difficult to regard the risk theory only as a defensive determent concept."[157] Dies konnte aber weder gegenüber England offenbart werden, noch gegenüber dem Reichstag, der dieses Ansinnen, das Zweite Flottengesetz, ja erst noch zu billigen hatte. Da wollte man dann schon vorsichtig vorgehen und erfand in den Begleitdoku-

---

unter dem Schutze des Monarchen sich entwickelt. Auf der anderen Seite: der Meergott mit dem Dreizack in der Hand ein Zeichen dafür, daß seitdem unser großer Kaiser unser Reich von neuem zusammengeschmiedet, wir auch andere Aufgaben auf der Welt haben: Deutsche aller Orten, für die wir zu sorgen, deutsche Ehre, die wir auch im Auslande aufrecht zu erhalten haben. Der Dreizack gehört in unsere Faust, und ich denke, die Kölner Bürgerschaft ist eine von denen, die dies am besten verstehen." (Wilhelm II., Besuch in Köln, 18. Juni 1897. Zit. b. Obst, S. 160). Allerdings hatte der Kaiser den am Fuße des Denkmals auf der Kölner Hohenzollernbrücke eingemeißelten Vater Rhein mit dem Meergott Neptun verwechselt.

[152] Salewski, S. 56.

[153] Epkenhans (1991), S. 409.

[154] Ebd., S. 16; s. a.: „In truth, he, Bülow, and the Kaiser, however, wanted to revolutionize the international system by replacing the ‚Pax Britannica' with a ‚Pax Germanica'." (Epkenhans (2008), S. 34).

[155] Epkenhans (1991), S. 16.

[156] „Ohne akut bedroht zu sein, forderte das Deutsche Reich zielstrebig und keineswegs aus ‚Unerfahrenheit' und entschuldbarer ‚Ignoranz' (Epkenhans verweist hier auf entsprechende Formulierungen in Tirpitz' Denkschrift ‚Allgemeine Gesichtspunkte bei der Feststellung unserer Flotte nach Schiffsklassen und Schiffstypen' von 1897; F.G.) England heraus, um es – so sehr man dies auch zu verschleiern versuchte – schließlich zu beerben." (Ebd., S. 410).

[157] Epkenhans (2008), S. 34; s. a. Schreiber: „daß die deutsche Marinepolitik sich seit dem Beginn des Großflottenbaus unter Kaiser Wilhelm II. durchgehend an der Zielsetzung orientierte, das ‚Reich' von der Großmacht zur kontinentalen Hegemonialmacht und schließlich zur dominanten Weltmacht zu erheben." (S. 427).

menten zum Zweiten Flottengesetz eben jenen ‚Risikogedanken': „Gegenüber Reichstag und Öffentlichkeit wurde die offensive Zielsetzung der Schlachtflotte nicht preisgegeben. Stattdessen wurde die sogenannte Risikotheorie lanciert. Sie begründete die Notwendigkeit der Flottenrüstung mit dem klassischen Abschreckungsargument: Die deutsche Seemacht müsse so stark sein, daß es Großbritannien nicht wagen könne, in einem Kontinentalkrieg Partei für Deutschlands Gegner zu ergreifen. Doch letztlich ging es um mehr als Abschreckung, nämlich darum, auf maritimem Gebiet mit England gleichzuziehen, um ihm seine weltpolitische Vorherrschaft streitig zu machen und ihm im Ernstfall auch militärisch gewachsen zu sein. ‚Wie der Hohenzollern-Aar den zweiköpfigen österreichischen aus dem Felde geschlagen und dem gallischen Hahn die Flügel gestutzt hatte', umwarb Bülow im April 1900 den Monarchen, ‚so soll er mit Gottes Hilfe und Eurer Majestät Kraft und Weisheit auch noch mit dem englischen Leoparden fertig werden. Seine Fittiche wachsen.'"[158]. Und just in diesem Jahr ging dann auch das Zweite Flottengesetz, der Plan zur Verdopplung der deutschen Schlachtflotte mitsamt ihrem ‚Risikogedanken', durchs Parlament. „So stieß die wilhelminische ‚Weltpolitik' mit dem Bau der Schlachtflotte direkt in das Herz des britischen Weltreichs."[159]

Vor dem Hintergrund der von Wilhelm II. breit rezipierten deutschen Kaiserprophetie und -sage, die er schließlich noch im Exil in ein eigenes kaiserhistorisches und der Hohenzollerndynastie legitimatorisch antike Wurzeln zuschreibendes Büchlein gießen lässt[160], lohnt es, noch einmal genauer in diese prophetische Gedankenwelt zu gehen:

Die deutsche Kaiserprophetie und -sage ist geradezu paradigmatisch kodifiziert in Franz Kampers damaligem Standardwerk ‚Die deutsche Kaiseridee in Prophetie und Sage'[161]. Kampers' Werk aber diente Wilhelm II. als Vorbereitungslektüre seines ‚friedlichen Kreuzzuges' nach Jerusalem 1898 und seines dortigen Einzuges am 29. Oktober zur Einweihung der Erlöserkirche[162], der in Kampers Buch zudem gera-

---

158 Ullrich, S. 198.

159 Ebd., S. 198.

160 Wilhelm II., Das Königtum im alten Mesopotamien. Berlin 1938.

161 Kampers, F., Die deutsche Kaiseridee in Prophetie und Sage. München 1896.

162 S. Röhl (2013), S. 55.

132

dezu vorgezeichnet scheint, nämlich als Weissagung von „der Befreiung des heiligen Grabes durch einen Herrscher Europas."[163]. Wilhelm II. hat Kampers kaiserprophetische Geschichte ebenso nachweislich rezipiert [164] wie „die Sage von der Völkerschlacht der Zukunft am Birkenbaum"[165]. Namentlich bei Kampers wird die Geschichte der Deutschen und ihres ‚Reiches' als Fortführung der alten, weltreichgestützten römischen Kaiseridee geschrieben: die deutsche Kaiserlegitimation als „im römischen universalen Imperium"[166] gegründete, als „renovatio imperii"[167] und damit als Fortführung des römischen Weltreiches[168] und mit ihr der „Idee vom weltbeherrschenden christlichen Kaisertume"[169]. Diese Idee aber, so zeigt es Kampers in seiner Kaiser-Eschatologie auf dem Wege des deutschen Kaiserreiches zur Vollendung aller Geschichte, wird in der langen, finsteren und kaiserlosen Zeit der Deutschen zu deren ‚Kaisertraum'[170], harrend dessen Verwirklichung in einem wiedererstandenen, „wiederaufgerichteten Reich"[171]. Der schlafende Kaiser im Kyffhäuser ist das einprägliche Bild dieser gleichermaßen versunkenen, dennoch im Berge eingeschlossenen Hoffnungen, die ihrer Erweckung entgegensehen. Mit Aufrichtung des deutschen Kaiserreiches im Spiegelsaal von Versailles ist es dann soweit, und Kampers kann am Ende seiner Schrift freudig „dem wiedererwachten Herrscher"[172] huldigen, dem Erscheinen des in Prophetie und deren späterer Transformation in die Kaisersage[173] „verheißene(n) Imperator(s)"[174] und der Realisierung des mit diesem

---

[163] Kampers (1896), S. 75.

[164] S. Kaul, S. 607.

[165] Ebd., S. 607.

[166] Kampers (1896), S. 11.

[167] S. ebd., S. 37.

[168] S. ebd., S. 11.

[169] Ebd., S. 38. Franz Kampers (1868-1929), dessen Buch über die Kaiserprophetie 1896 erscheint, ist zur Zeit der Jerusalem-Reise des Kaisers 1898 Bibliothekar an der Hof- und Staatsbibliothek in München; 1902 wird er, der seine Dissertation über ‚Die Tiburtinische Sibylle des Mittelalters' (1894) geschrieben hatte, Historikprofessor an der Universität Breslau.

[170] Ebd., S. 95.

[171] Ebd. S. 171.

[172] Ebd., S. 171.

[173] S. ebd., S. 143 u. 147.

[174] Ebd., S. 40.

verbundenen und in ihm verkörperten „Ideal der Weltmonarchie"[175]. „Bald", so endet Kampers seine Schrift, „wird das Kyffhäuser-Standbild des ersten deutschen Kaisers nach der Wiederaufrichtung des Reiches stolz in die Lüfte ragen. Der Kaiser ist erstanden, aber die Sage ist damit nicht verschollen; lächelnd beut sie das sorgsam gehütete Szepter dem wiedererwachten Herrscher und setzt ihm den Kranz einer geheiligten Tradition aufs Haupt"[176] (s. dazu auch Appendix D. zu diesem Kapitel).

So wandelte Wilhelm II. mitsamt dem Kampers-Buch bei seiner Expedition nach Jerusalem auch ausdrücklich und bewusst auf den Pfaden seines Vaters Friedrich III., der schon 1869 die Region als Vertreter seines Vaters Wilhelm anlässlich der Eröffnung des Suezkanales bereist hatte und, wie später auch sein Sohn, in Jerusalem Einzug gehalten hatte, „durch das Damaskustor, wo während des ersten Kreuzzuges, wie er in seinem Tagebuch festhielt, ‚Gottfried von Bouillon den siegreichen Sturm (auf die Stadt) unternahm, und durch welches bisher kein christlicher Fürst einziehen durfte.'"[177]. Vor allem aber folgte Wilhelm II. auch dem vormaligen und selbsternannten ‚König von Jerusalem'[178], dem Staufer Friedrich II., der mit großem Heer und vielköpfiger Pilgerschar 1229 in Jerusalem eingezogen war und sich mit Krone und in königlichen Gewändern in die Grabeskirche begeben hatte.[179]

Kaum irgendwo zeigt sich der Rekurs auf die Tradition der deutschen Welt- und Friedenskaisermythologie so deutlich wie bei des Kaisers Orientreise, der ‚Kaiserfahrt durch's heilige Land', wie der Pfarrer Ludwig Schneller vom Syrischen Waisenhaus in Jerusalem seinen Bericht darüber betitelt hat[180] – ein Werk, das den folgenden Ausführungen auch zugrunde liegt: Zentraler Teil dieser angesichts vieler in-

---

[175] Ebd., S. 48.

[176] Ebd., S. 171.

[177] Müller, S. 152.

[178] S. Görich, S. 97.

[179] S. ebd., S. 99. – „Kampflos zog Friedrich II. 1229 als einziger abendländischer Kaiser des Mittelalters in Jerusalem ein und trat im herrschaftlichen Ornat als König von Jerusalem in der Grabeskirche auf. (...) Manche sahen schon die alten Prophezeiungen erfüllt, nach denen der christliche Endkaiser nach Jerusalem ziehen und das ewige Reich des Friedens errichten würde." (Schneidmüller, S. 85).

[180] Schneller, L., Die Kaiserfahrt durch's heilige Land. Leipzig 1899.

und ausländischer Auftritte des ‚Reisekaisers'[181] vor allem herrschaftslegitimatorisch herausragenden Reise ist der Einzug des Kaisers in
Jerusalem und in die Erlöserkirche – mit deutlich herausgestellten
Analogien zum Einzug Davids in Jerusalem. Gleichsam eine dynastische Vollendung, ließ doch Wilhelms Großvater, ‚Barbablanca', schon
Gelder zum Bau einer Kirche für die deutsche protestantische Gemeinde in Jerusalem sammeln und Wilhelms II. Vater, Friedrich III.,
nahm am 7. November 1869 just jenes Grundstück formal in Besitz,
auf dem die Erlöserkirche, die Wilhelm II. nunmehr einweihte, erbaut
worden war.[182] Die Reise, die durchaus auch von wirtschaftspoliti-
schen Ambitionen getragen war[183], wird organisiert vom Reisebüro
Thomas Cook und der Kaiser kommt mit seinem Geschwader auf
seiner Yacht S.M.Y. HOHENZOLLERN am 25. Oktober 1898 in
Haifa an und geht an einer eigens dafür angelegten Mole an Land. Ein
Tross von mehr als 90 Personen in insgesamt 80 Kutschen bildet eine
drei Kilometer lange Karawane, die nunmehr durch das Heilige Land
zieht, eskortiert von „reitenden Beduinen mit langen Lanzen"[184], begleitet von türkischer Militärmusik und Kanonendonner von der Zi-
tadelle. Am 29. Oktober reitet das Kaiserpaar auf Schimmeln, dabei
der Kaiser in gelber Tropenuniform mit Burnus und die Kaiserin in
‚weißer Toilette', durch einen zerlegbaren und kurzerhand aufgebauten sarazenischen Triumphbogen in Jerusalem ein. Nach Berlin zurückgekehrt, hält er dort, am Ende seiner kaiserlichen Wallfahrt, dem
‚friedlichen Kreuzzug', wiederum triumphalen Einzug. Wilhelms II.
Auftritt in Jerusalem enthält letztlich alle Ingredienzien der vollendeten Kaisersage und -prophetie: das Erscheinen eines Friedenskaisers,
der die Welt einigt und ihr als gottgesandter Volkskaiser den Frieden
bringt – nicht mehr mit dem Schwert der alten Kreuzfahrer, sondern
mit dem Ölzweig. Eine „weltgeschichtliche Stunde, auf die in diesem

---

[181] Haffner (1979), S. 63; s. a. Heimerdinger, S. 133. Dieser Reiseeifer war es schließlich auch, der Wilhelm I. R. (Imperator Rex) im ‚Volksmund' sowohl zu ‚Wilhelm
Immer Reisefertig' als auch zum ‚Reisekaiser' werden ließ.
[182] S. Müller, S. 363.
[183] „Hinter der mit viel Pomp inszenierten Orient-Reise Wilhelms II. im Spätherbst
1898 verbargen sich handfeste Interessen. Wilhelminische Politiker, Industrielle und
Bankiers entdeckten im Osmanischen Reich einen vielversprechenden Markt, den
es mit den Mitteln der ‚pénétration pacifique' zu erobern galt." (Ullrich, S. 201).
[184] Ebd., S. 84.

Augenblicke die Augen der ganzen Welt gerichtet waren"[185], so Pfarrer Ludwig Schneller in seinem Reisebericht von jener „Kaiserfahrt, die man", so Schneller, „manchmal einen Kreuzzug genannt"[186] habe und zitiert schließlich einen vom deutschen Kaiser faszinierten „osmanischen Hauptmann" mit den Worten: „Ich meine, ich hätte den Propheten gesehen."[187].

Die Übernahme der alten deutschen Kaiseridee durch Wilhelm II. folgte hingegen auch einer durchaus aktuellen Vorlage, denn der Kaiser hatte die Idee des hollenzollernschen Weltkaisertums keineswegs nur aus Kampers Standardwerk gewonnen, sondern bereits zuvor in wesentlichen Teilen von seinem Vater, Friedrich III., adaptiert[188] und für seine Zwecke zurechtgeschnitten:

Friedrich III. hatte schon als Kronprinz Friedrich Wilhelm, Frank Lorenz Müller blättert dies in seiner Biografie des ‚Zwischenkaisers‘ ertragreich auf[189], in striktem Gegensatz zu seinem Vater, Wilhelm I., das deutsche Kaisertum, an dessen Zustandekommen 1871 in Versailles er, Friedrich Wilhelm, nicht unmaßgeblich beteiligt war[190], als althergebrachtes und nun in neuem Glanz, und zwar durch ihn, wiederaufzurichtendes betrachtet und daraus, wie Müller formuliert, ein re-

---

[185] Ebd., S. 90.

[186] Ebd., S. 255.

[187] Ebd., S. 210.

[188] „Die Vorbildfunktion, die Kaiser Friedrich für seinen ältesten Sohn hatte" (Müller, F. L., S. 362) galt auch und vor allem für die Jerusalem-Reise: „Die pompöse und breit publik gemachte Fahrt Wilhelms II. ins Heilige Land spiegelte in vielerlei Hinsichten die Reise seines Vaters im Jahr 1869 wider", während der er die protestantische Erlöserkirche einweihte, „die auf genau jenem Grundstück erbaut worden war, das Kronprinz Friedrich Wilhelm am 7. November 1869 formal in Besitz genommen hatte." (Ebd., S. 363).

[189] S. ebd., S. 121-143 u. S. 192-203.

[190] Müller berichtet zudem davon, dass der Schriftsteller Gustav Freytag einst mitteilte, dass Friedrich Wilhelm während des Feldzugs gegen Frankreich im August 1870 „von der Idee besessen war, ‚daß der König von Preußen als Kaiser von Deutschland Erbe der alten tausendjährigen Würden und Ehren sein werde.‘ Im September besuchte der Kronprinz den Spiegelsaal im Schloss von Versailles und hoffte von da an, ‚daß gerade hier die Wiederherstellung von Kaiser und Reich gefeiert werden möchte.‘" (Zit. ebd., S. 125). Dazu erarbeitete er gar eine, später auf Einspruch Bismarcks nicht verwendete ‚Proklamation‘, in der sich König Wilhelm „zum ‚Nachfolger der erlauchten Kaiser‘ erklärt, ‚welche Karls des Großen Krone einst getragen.‘" (Zit. ebd., S. 126).

gelrechtes „dynastisches Projekt"[191] geformt. Namentlich vergegenständlichte sich dieses Projekt im 1877 eingeweihten ‚Hohenzollernmuseum', sodann im Umbau der Wittenberger Schlosskirche und schließlich einem, allerdings bloße Idee bleibenden, Bauprojekt einer ‚Gruftkirche'. „Die Gruftkirche wurde nie gebaut, aber wieder einmal realisierte sein Sohn, was sein Vater geplant hatte. Im Dezember 1901 wurde das künstlerische Lieblingsprojekt Kaiser Wilhelms II. fertiggestellt: Eine dynastische Galerie von zweiunddreißig Statuen der brandenburgisch-preußischen Herrscher, gehauen aus feinstem Carrara-Marmor, wurde in halbrunden Buchten entlang einer Durchgangsstraße im Berliner Tiergarten aufgestellt."[192] – „Im Zusammenhang mit der dynastischen Gruftkirche fasste Friedrich Wilhelm auch einen völligen Neubau des Berliner Doms ins Auge"[193], in seinen ausladenden Relationen gleichsam ein protestantisches Gegenstück zum Petersdom.[194] „Wieder einmal griff Kaiser Wilhelm II. die Fäden nach dem Tod seines Vaters auf"[195], und der neugestaltete Dom konnte im Jahre 1905 eingeweiht werden.[196] Insgesamt also, so resümiert Müller, ein „beachtlicher Erfolg seines dynastischen Projektes, dessen Hauptbestandteile allesamt vollendet wurden und zur Festigung der ‚Hohenzollernlegende' beitrugen, die darauf zielte, das monarchische System im Reich zu konsolidieren."[197]

In verklärter Sicht auf die alten Kaiser des ‚Heiligen Reiches' formte Wilhelm, und dies, wie gesehen, durchaus in professoralem Kielwasser, vor allem aber auch dem seines Vaters Friedrich III., die Idee der Wiedergeburt dieses Kaisertums weiter aus, in Verlängerung der alten dynastischen Tradition der Karolinger, Ottonen und Staufer hin zu den Hohenzollern als legitimen Erben und Vollendern des Reiches. Dies hatte bereits sein Vater so gesehen, und hatte sich dabei auch in übersteigert-skurrile Aktionen verstiegen wie die der – erfolglosen - Erkundigung in Wien, „ob eine Rückgabe der kaiserlichen Insignien

---

[191] Ebd., S. 192.
[192] Ebd., S. 199.
[193] Ebd., S. 200.
[194] S. ebd., S. 201.
[195] Ebd., S. 201.
[196] S. ebd., S. 202.
[197] Ebd., S. 202.

und Kronjuwelen möglich wäre."[198] Oder, als dieses Vorhaben am deutlichen Nein der Habsburger schmählich scheitert[199], ersatzweise ein Griff in die Requisitenkammer der deutschen Kaisergeschichte und -sage, die Kaiserpfalz in Goslar. Das Bauwerk aus dem 11. Jahrhundert war ab 1868 restauriert und im Verlaufe der Arbeiten auf das neue deutsche Kaiserreich hin ‚ausgerichtet' worden, unter anderem mittels Reiterstandbildern von Kaiser Barbarossa und ‚Wilhelm dem Großen' sowie vor allem auch den monumentalen Wandgemälden von Hermann Wislicenus, dessen Bilder aus der deutschen Geschichte und Kaisersage die Hohenzollern in die Tradition der römischen wie der mittelalterlichen deutschen Kaiser ‚einarbeiten' sollten. Aus dieser Kaiserpfalz wurde nun auf Friedrich Wilhelms, des Kronprinzen, Initiative ein vermeintlicher Thron Kaiser Heinrichs III. als Kaiseraccessoire für seinen Vater Wilhelm I. „herangeschleppt", der darüber „leicht amüsiert" gewesen sein soll.[200] Dieser nur vermeintlich naiv-romantischen Kaiser-Schwärmerei lag hingegen durchaus ein politischer Zweck zugrunde, wie Müller konstatiert, der nämlich der Idee staatlicher deutscher Einheit[201], einer damit konzentrierten Machtfülle und -ausübung im festen Rahmen eines auferstandenen Reiches[202] sowie im Innern die Rückkehr zu einer alles andere als konstitutionellen Monarchie. Vielmehr ging es um die weitgehende Ausschaltung parlamentarischer Mitbestimmung, vor allem aber um die der durch den ‚Eisernen Kanzler' ausgeübten, zugunsten der Etablie-

---

[198] Ebd., S. 126.

[199] Müller verweist darauf, dass „der deutsche Botschafter aus der österreichischen Hauptstadt berichtete, die Habsburger würden lieber wieder ins Feld ziehen als die Kronjuwelen auszuhändigen." (Ebd., S. 126).

[200] Beide Zitate s. ebd., S. 126. „Friedrich Wilhelm war es später peinlich, als er erfuhr, dass der Stuhl definitiv nicht der Thron des Kaisers aus dem elften Jahrhundert war." (Ebd., S. 126).

[201] Es war, so Müller, „der dringende Wunsch des Thronfolgers, ein vereintes Deutsches Reich zu schaffen, auszubauen und zu führen." (Ebd., S. 143).

[202] Für Friedrich Wilhelm hatte die Wiedergewinnung der Kaiserkrone entscheidende Folgen für Verfassung und Politik. Die Bedeutung, die er der Würde und dem Titel des deutschen Kaisers beimaß, machte ihn zum glühenden Verfechter einer Machterweiterung des Reiches auf Kosten seiner föderalen Mitglieder." (Ebd., S. 131): „Der Kronprinz war stets der Meinung, er habe allein zu kommandieren, und die Fürsten hätten zu parieren'", so Friedrich Wilhelm in Briefen an Queen Victoria und Bismarck (zit. ebd., S. 137). – „Wo ein Kaiser sei, dürften keine Könige regieren." (Gustav Freytag, Erinnerungen, zit. ebd., S. 138).

rung eines die Geschicke des Reiches nach innen wie nach außen höchst selbst und ausschließlich bestimmenden Monarchen[203], eben jenes alten Kaisers im nunmehr neuen Gewand eines modernen monarchischen Souveräns, als der sich Friedrich Wilhelm in der Zukunft selbst sah. Derart lag also bereits hier die durchaus elaborierte Konzeption einer Kaiseridee[204] alten Zuschnitts vor, die Wilhelm II., genannt seien hier die Stichworte „Einer nur ist Herr im Reiche, und der bin ich!"[205] oder ‚Persönliches Regiment'[206], nur noch übernehmen und inhaltlich wie vor allem auch dekorativ ausgestalten musste. So bezog sich Wilhelm II. in seiner Rede zur Einweihung einer Reiterstatue seines Vaters in Aachen, der „alten Kaiserstadt Karls des Großen"[207], auch ausführlich auf dessen ‚Kaiseridee', die er sich selbst zu eigen mache, und legte dar, „mit welchem Interesse Er sich dem Studium der deutschen Kaiser und ihrer Traditionen hingab, und wie er von der Macht ihrer Stellung und von dem Glanze der alten deutschen Kaiserkrone erfüllt war. (…) Stets schloss er damit: ‚Das alles

---

[203] „Also Reichstag nicht mit Majoritäten entscheidend, wie seine jetzigen Auswüchse sind. Herrschergewalt, aber kein allmächtiges Kanzlertum, wie es sich jetzt herausgebildet hat; aus ersterer muß sich jede Kraft herleiten und von ihr abhängig bleiben. Reich ist zu konsolidieren; persönliche Erledigung der Regierungsgeschäfte durch mich." (Zit. ebd., S. 141 aus Vorsatzblättern des privaten Tagebuchs Friedrich Wilhelms).

[204] „Der kleine Wilhelm und sein Vater hatten, wie der Kaiser 1911 in seiner Rede in Aachen erzählte, außerdem oft zusammengesessen und bunte Bilder von der mittelalterlichen Pracht des Deutschen Reiches bewundert. Die romantische Vorliebe für das Mittelalter, die der junge Prinz bei diesen Gelegenheiten aufgesogen hatte, beeinflusste fortan seine Vorstellung vom Reich und dessen künstlerischem, kulturellem und politischen Ausdruck." (Ebd., S. 364).

[205] Zit. ebd., S. 365. Bei Wilhelm II. wird dies, der ‚Dreizack in die Faust-Gedanke' ist dabei nicht unerheblich, zudem aufgeweitet zu einem ‚Welt-Kaisertum', der globalen Singularität und Universalität des ‚alten' deutschen Kaisertums: „Für immer und ewig gibt es nur einen wirklichen Kaiser in der Welt, und das ist der Deutsche Kaiser (…) einzig durch das Recht einer tausendjährigen Tradition."(Zit. ebd., S. 365).

[206] Müller verweist hierzu auf „auffällige Parallelen zwischen dem Konzept des ‚persönlichen Regiments', das landläufig mit der Herrschaft Wilhelms II. assoziiert wird, und den Plänen, die der Kronprinz 1885 für seine eigene Regierung entworfen hatte." (Ebd., S. 364f.).

[207] Ebd., S. 121.

muß wiederkommen, die Macht des Reiches muß wieder erstehen und der Glanz der Kaiserkrone muß wieder aufleuchten!"'[208]

Vor diesem Hintergrund und angesichts dieser Geschichtskonstruktion, der nämlich an Allerhöchster Stelle gehegten Vorstellung vom Deutschen Reich als ‚renovatio‘ des römischen Weltreiches, ist das vermeintlich Unzeitgemäße des von Wilhelm II. für sich in Anspruch genommenen Gottesgnadentums geradezu unerlässliches Konstitutivum seiner Weltreich- und Weltmachtbegründung - und nicht zuletzt auch seines, vermittels des Professors Böhl aus Leiden[209], ghostwritergestützten Büchleins über ‚Das Königtum in Mesopotamien‘[210] und den dort, in der orientalischen Antike, gegründeten und bis zum heutigen Tage im deutschen Kaisertum aufbewahrten Gedanken der „Universalität"[211] dieses Kaisertums – eines Prinzips, das, so Wilhelms/ Böhls Schrift, bis in die Epoche des „Römischen Kaiserreich(s) Deutscher Nation"[212] hinein Gültigkeit besaß. ‚Renovatio‘, Wiederaufrichtung dieses alten Reiches, aber bedeutete dann auch ‚Renovatio‘ der Universalität, der ‚Weltstellung‘ des deutschen Kaisers, der ja, so Wilhelm II. in den gedanklichen Bahnen seines Vaters Friedrich III., eigentlich der einzige Kaiser in der Welt sei; und dies von einer solch kaiser- und königsverdrängenden Qualität mithin, dass vor dem Hintergrund eines derartigen deutschen Kaiserbildes, gleichsam einer deutschen Kaiserideologie, im Hinblick auf Wilhelms und seines Großadmirals Flottenpolitik eine bloße ‚Risikotheorie‘, also eine potentielle Gleichrangigkeit des deutschen Kaisers mit seinen Kaiser- und Königs-’Kollegen‘ unterstellend und derart unkritisch aufsetzend auf der Terminologie Tirpitz‘ zur parlamentarischen Begründung des Zweiten Flottengesetzes, nicht ausreichend erklärungsstark bleibt, da sie diesen historisch herbeizitierten Alleinvertretungsanspruch des deutschen Kaisers in der Welt ignoriert.

Vielmehr führt gerade Tirpitz‘ Treitschke-Rezeption („Der herrliche Mann, bei dem ich von 1876 ab an der Universität gehört"[213]), na-

---

[208] Zit. ebd., S. 121.
[209] S. Wilhelm II., S. 5.
[210] Wilhelm II., Das Königtum im alten Mesopotamien. Berlin 1938.
[211] Ebd., S. 4.
[212] Ebd., S. 41.
[213] Tirpitz, S. 96.

mentlich des Berliner Geschichtsprofessors Vorstellung der Ablösung britischer durch deutsche Seemacht[214] in mehr oder weniger unmittelbarer Zukunft, zu einer dezidiert eschatologischen Geschichtskonstruktion[215]. „Das deutsche Reich hat die großen Überlieferungen des alten heiligen Reiches, soweit sie noch zu leben vermochten, in einer verwandelten Zeit von neuem wachgerufen"[216], ruft Heinrich von Treitschke seinem Auditorium zu, wie auch sein Urteil, dass „das Kaisertum der Hohenzollern das älteste und vornehmste der Welt sei."[217] Dass er dabei auch das Gottesgnadentum dieser Herrschaft voraussetzt, liegt dabei angesichts dieses weltältesten Kaisertums in der Natur der Sache: „Der Kaiser ist Monarch von Gottes Gnaden (!), kraft eigenen Rechtes, nicht ein Delegierter des Bundesrats, nicht ein verantwortlicher Beamter. Er befehligt das beste Heer der Welt. (…) Der Kaiser vertritt das Reich nach außen. Er heißt in der Amtssprache Empereur d'Allemagne."[218] Dass mit einem derart ,renovierten' Kaiserbild, der „imperiale(n) Übersteigerung kaiserlicher Machtstellung nach außen und de(m) daraus gewonnene(n) politischen Führungsanspruch des Herrschers"[219] auch alte und neue imperiale Blütenträume, zumal bei Historikern, hervorkeimten, ist auch bei Treitschke, und

---

[214] S. Bußmann, S. 261. „Ja, es wurde geradezu eine fixe Idee von Treitschke, daß das deutsche Reich das altgewordene England in der Beherrschung der See ablösen werde. Schon Ende 1875 (also etwa zu der Zeit, als Tirpitz Treitschkes Vorlesungen besuchte, F.G.) gab er der Hoffnung Ausdruck, den Zusammenbruch der englischen Seeherrschaft noch zu erleben." (Ebd., S. 262; s. a. Bußmann zur Wiederkehr „maritimer Größe" in der Nachfolge der „seegewaltigen Hanse" (Treitschke zit. b. Bußmann S. 262f. sowie S. 299).

[215] „Jener politischen Verbindung, die unsere Stämme seit unvordenklicher Zeit umschlang." (Treitschke, zit. b. Bußmann, S. 287).

[216] Ebd., S. 294.

[217] Ebd., S. 296. Fehrenbach verweist hier auch auf Treitschkes Aufsatz von 1886, ,Unser Reich', der vollends das Kaisertum in eine unwirkliche Romantik übersteigerte. In Versailles, so hieß es nun, habe König Wilhelm die Krone Karls des Großen wieder angenommen, und sein Kaisertum sei mithin ,das älteste und vornehmste der Welt.' Die Absicht, die habsburgischen Kaiser zu übertrumpfen, wird hier ganz deutlich." (Fehrenbach, S. 40). Und schon Leopold von Ranke hatte 1872 das im Jahr zuvor mit der Reichsgründung ins Leben gerufene neue Kaisertum als Wiederkehr des alten gesehen: „Es ging ein Gefühl durch die Nation, daß das deutsche Reich und Kaisertum wieder hergestellt werden müsse." (Zit. ebd., S. 50).

[218] Zit. aus Treitschkes Aufsatz ,Unser Reich' b. Fehrenbach, S. 88.

[219] Ebd., S. 88.

nicht nur zwischen den Zeilen, nachzulesen: „Kaum ist Deutschland wieder eingetreten in die Reihe der großen Mächte, so müssen wir schon mit einer nahen großen Zukunft rechnen. (…) So drängen sich in ewiger Erneuerung die Ansprüche eines reichen Jahrhunderts an den deutschen Staat heran, und alle Fäden dieser Großmachtpolitik laufen zusammen in der Hand des Kaisers."[220]

Und Tirpitz, der gelehrige Treitschke-Verehrer, wird in den Vorlesungen des ‚herrlichen Mannes' just jene Geschichtstheorie von den Deutschen an der Spitze der Welt(-geschichte) aufgesogen haben, die er dann später seinen Flottenplanungen, die Flotte als Vehikel zur Weltmacht, zugrunde legte – hingegen dann aber logischerweise nicht als ‚Abschreckungsflotte', sondern als weltmachtbahnende Offensivflotte, so wie sie seit den Tagen der ‚Denkschrift IX' sein strategisches Kalkül durchzog und wie dies der begeisterte Tirpitzianer und spätere Vizeadmiral Albert Hopman im Januar 1901 aus dem fernen China an seine Frau schrieb, dass nämlich das Deutsche Reich hinfort „das erste Wort in der Welt" zu reden[221] habe. Dies „ideelle Weltreich" der „Hohenzollernweltherrschaft"[222], das sich der Kaiser imaginiert und das er, mit den Deutschen bereits auf der ganzen Welt angesiedelt, Handel treibend und Absatz- wie Rohstoffgebiete requirierend, vor sich sieht[223], diese Weltreich-Idee wird vom findigen Großadmiral Tirpitz dann auch behänd für seine Flottenpläne und die entsprechenden Vorlagen an seinen Kaiser instrumentalisiert[224], zumal man sich, so der Kaiser redehalber und keineswegs verklausuliert, auf dem Wege eines aufsteigenden Weltreiches sah.[225] Ein Weltreich, das, so der Kaiser am 11. Oktober 1911 bei der Grundsteinlegung der Saal-

---

[220] Zit. ebd., S. 88.

[221] Zit. b. Epkenhans (1999), S. 124.

[222] Beide Zitate Obst, S. 265.

[223] S. ebd., S. 160.

[224] Auch Tirpitz berief sich, als er dem Kaiser 1898 seine Vorschläge unterbreitete, auf die Reichsgründungsfeier und Wilhelms II. Festrede dazu: „Eure Majestät haben bei der Erinnerungsfeier der Neubegründung des deutschen Reiches am 18. Januar 1896 das deutsche Volk darauf hingewiesen, daß aus dem deutschen Reich ein Weltreich geworden ist." (Tirpitz an den Kaiser v. 24. April 1898, zit. b. Fehrenbach S. 171).

[225] „Blicken wir um uns her! Wie hat seit einigen Jahren die Welt ihr Antlitz verändert! Alte Weltreiche vergehen und neue sind im Entstehen begriffen." (Wilhelm II. in Hamburg, zit. b. Berghahn, S. 181).

burg, des wiederaufgebauten Römerkastells am Limes nahe Bad Homburg, „so gewaltig, so fest geeint und so maßgebend werden (möge), wie es einst das römische Weltreich war"[226]. Und auch wenn dies Reich dabei ein friedliches und friedvolles sein solle[227], so wird hier doch eine Ambition formuliert, die nicht unbedingt dazu angetan war, allenthalben zur Beruhigung außenpolitischer Beziehungen beizutragen.

Der Hamburger Historiker Fritz Fischer hatte in seinem 1961 erschienenen Buch ‚Griff nach der Weltmacht' entgegen der lange Zeit gängigen und einer Formulierung des britischen Premierministers David Lloyd George folgenden Vorstellung vom ‚Hineinschlittern' der europäischen Staaten in den Krieg[228], so wie sie Christopher Clark unter dem Begriff des ‚Schlafwandelns' unlängst revitalisiert hat[229], vielmehr, und mit erheblicher Resonanz und Kontroverse, die These von der Alleinschuld des Deutschen Reiches am Ausbruch des Ersten Weltkrieges vertreten: „Da Deutschland den österreichisch-serbischen Krieg gewollt und gedeckt hat und, im Vertrauen auf die deutsche militärische Überlegenheit, es im Juli 1914 bewußt auf einen Konflikt mit Rußland und Frankreich ankommen ließ, trägt die deutsche Reichsführung den entscheidenden Teil der historischen Verantwortung für den Ausbruch des allgemeinen Krieges."[230] Dies hatte Fischer u. a. mit Aktenzeugnissen, z. B. von Reichskanzler Theodor von Bethmann Hollweg im Februar 1918 („Ja, Gott, in gewissem Sinne war es ein Präventivkrieg"[231]), Admiral Georg Alexander v. Müller („unsere Regie des Kriegsausbruches"[232]) oder Hapag-Generaldirektor Albert Ballin („die Inscenierung dieses Krieges"[233]) unterstrichen und einen Zusammenhang hergestellt zwischen Kriegsausbruch und den Zielen der ‚Weltpolitik' des Deutschen Reiches, namentlich der

---

226 Zit. ebd., S. 159.
227 „Im Weltreichsgedanken des Kaisers verbanden sich die imperialen Ziele der Epoche auf eigenartige Weise mit einem pazifistischen Fortschrittsglauben." (Ebd., S. 228).
228 S. Fischer (1967), S. 83.
229 Clark, C., Die Schlafwandler. München 2013.
230 Fischer (1967), S. 82.
231 Zit. ebd., S. 85.
232 Zit. ebd., S. 84.
233 Zit. ebd., S. 85.

„Gründung eines mitteleuropäischen Staatenbundes unter Deutschlands Führung"[234] und eines „geschlossenen zentralafrikanischen deutschen Kolonialbesitzes"[235]. Und dies, so Fischer, als erhofftes Ergebnis einer Neujustierung der Kräfteverhältnisse nach dem vom Deutschen Reich dazu, zumal (noch) in Zeiten einer vermeintlichen militärischen Schwäche Russlands[236], gewünschten Krieg. Dieser entzündete sich dann, so liest es Fischer aus den Akten, mittels deutscher Einflussnahme auf Österreich-Ungarn nach dem Mord am k. u. k. Thronfolger Erzherzog Franz Ferdinand am 28. Juni 1914 in Sarajevo und dem deutschen Drängen auf ein in der Folge möglichst unannehmbar gestaltetes Ultimatum Österreich-Ungarns an die serbische Regierung[237]. Dies aber führte, so Fischer weiter, schließlich über die Kriegserklärung Österreich-Ungarns an Serbien am 28. Juli zur Gesamtmobilmachung Russlands zwei Tage darauf, während das Deutsche Reich, das am 1. August Russland den Krieg erklärt, in diesem Szenario vermeintlich „unschuldig in den Krieg gebracht"[238] werde. So wirke das Attentat von Sarajevo und die per ‚Blancovollmacht'[239] zugesicherte „volle Unterstützung Deutschlands" (Wilhelm II.[240]) bei einem Feldzug der Habsburg-Monarchie gegen das national aufbegehrende Serbien – gleichsam ein apokalyptischer End- und Existenzkampf, „den die Germanen in Europa (Österreich, Deutschland) gegen die von Romanen (Gallier) unterstützten Slaven (Rußland) zu fechten haben werden" (Wilhelm II.)[241] – als Hebel einer neuen, kriegsgeborenen Weltordnung[242] mit Deutschland an der Spitze – dem ‚Griff nach der Weltmacht'. Und dieser ‚Griff' kam nicht von ungefähr:

---

[234] Ebd., S. 35.
[235] Ebd., S. 27.
[236] S. ebd., S. 55.
[237] S. ebd., S. 60.
[238] Ebd., S. 79.
[239] S. ebd., S. 50.
[240] Zit. ebd., S. 50.
[241] Zit. ebd., S. 33f.
[242] S. ebd., S. 85.

In der Tradition der deutschen Kaiseridee und -sage wird der Welt- und Endkaiser[243] am Ende der Zeiten ein weltumspannendes Friedensreich[244] schaffen, er wird ein friedensstiftender „Weltkaiser", ein „Retter Europas", ja ein „Arbiter mundi"[245], sein, ein Weltschiedsrichter, so wie es der deutsche Kaiser, worauf Elisabeth Fehrenbach verweist, in der „Bremer Rede Wilhelms II. von 1905 über die friedliche Hohenzollernweltherrschaft" auch erklärt hatte.[246] „Das freilich", so fährt Fehrenbach fort, musste „im Ausland als Herausforderung verstanden werden (...). Der Glaube an die deutsche Sendung – ‚Wir sind das Salz der Erde' – erneuerte die Friedenskaiserideologie des 19. Jahrhunderts, die das Amt des Wächters über Völkerrecht und Weltordnung betont hatte."[247]

Das war ein umfassender, ein universaler, und daher für andere Staaten auch durchaus irritierender Anspruch und Zugriff: „Der Geltungsanspruch des ‚Arbiter mundi' stützt sich auf die Gewißheit, daß der deutsche Kaiser durch geschichtlichen Auftrag dazu berufen sei,

---

[243] Sogar der dem Friedensreich des Endkaisers vorausgehende und in der kaiserprophetischen Literatur vorhergesagte apokalyptische Kampf gegen den ‚Antichrist' ist in Wilhelms II. Gedankenwelt erkennbar: „Den kommenden Krieg betrachtete der Kaiser als den ‚Endkampf der Slaven und Germanen', der ‚die Angelsachsen auf Seiten der Slaven und Gallier' finden werde." (Ebd., S. 33).

[244] S. die Wertung Battafaranos zu Petersens erster Analyse der deutschen Kaisersagen als „Traum von zukünftiger deutscher Weltherrschaft" (Battafarano., S. 214, Anm. 63; s. a. ebd., S. 312: „ein großes Friedensreich unter der Vorherrschaft Deutschlands in Europa.").

[245] Alle Zitate bei Fehrenbach, S. 162.

[246] Ebd., S. 163. „Wilhelm II. selbst hatte das Stichwort vom ‚Arbiter mundi' geliefert, das freilich im Ausland als Herausforderung verstanden werden musste." (Ebd., S. 162; Fehrenbach verweist dort in Anm. 34 auf die Rede des Kaisers vom 22. März 1905 in Bremen anlässlich der Enthüllung eines Denkmals für seinen Vater, Kaiser Friedrich III.). Er machte sich den ‚Arbiter mundi'-Begriff aber bereits bei den deutsch-englischen Konsultationen 1901 in London zu eigen (s. Fehrenbach, S. 167) und erklärte dort: „Jetzt bin ich der Arbiter mundi!" – oder: „Die balance of power in Europa sei der deutsche Kaiser." (Fehrenbach, S. 167, unter Bezugnahme auf Eyk, E., Das persönliche Regiment Wilhelms II., S. 285f.). Schon im Jahr zuvor, am 4. Juli 1900 beim Stapellauf von S.M.S. WITTELSBACH, hatte Wilhelm II., gleichsam schon in der Rolle des ‚Arbiter mundi', erklärt: „Ohne das deutsche Reich und ohne den deutschen Kaiser darf keine große Entscheidung mehr fallen." (Zit. b. Fehrenbach, S. 177).

[247] Ebd., S. 162.

den Frieden zu sichern."[248] Das war aber nicht mehr nur ein Platz an der Sonne, das war der Platz an der Sonne[249] – und der Weg dahin, so Tirpitz, führte über den Flottenbau.[250]

Dies weckt nicht nur Assoziationen an Georg Herweghs Kaiser am Steuer des Flaggschiffs der deutschen Flotte, Schiff und Weltgeschicke lenkend. Es reflektiert vor allem auch Wilhelms II. Überzeugung, es könne nur einen Kaiser auf der Welt geben, und das sei der deutsche – jene Kaiseridee, die aus der Position des Kaisers im ‚Heiligen Römischen Reich deutscher Nation' abgeleitet war, einem Weltreich, dem der Kaiser vorstand, es repräsentierte und qua persona integrierte und zusammenhielt: „Wenn die Zeitgenossen selbst das Reich auf den Begriff bringen wollten, sprachen sie zumeist metaphorisch von einem Körper aus Haupt und Gliedern. Der Kaiser war das Oberhaupt, das den Körper überhaupt erst zu einem Ganzen machte. (…) Der Kaiser war also weniger Herrscher als vielmehr die Spitze der Hierarchie, von der aus sich die ganze Ordnung legitimierte und der für den Bestand dieser Ordnung verantwortlich war."[251]

Herrschaft in jenem ‚Heiligen Römischen Reich deutscher Nation', ein Begriff, der nie amtsoffiziell war und erst im 16. Jahrhundert entstand[252], „wurde aber vor allem von einzelnen Reichsfürsten als Landesherren in ihren Ländern ausgebildet und nicht vom Reich in seiner Gesamtheit. Das Reich war bis zu seinem Ende kein Territorialstaat, sondern ein Personenverband, ein komplexes hierarchisches System von Personen und Korporationen, an deren Spitze der Kaiser stand

---

[248] Ebd., S. 165. „Schon Anfang der neunziger Jahre hatte der Kaiser verkündet, das Deutsche Volk stehe, wie einst jener alte Götterheld Heimdall, wachend über dem Frieden der Erde, am Tor des Tempels des Friedens nicht nur Europas, sondern der ganzen Welt. Es konnte nicht ausbleiben, daß die verschwommene Weltreichsutopie Wilhelms II. auf viele Mißverständnisse stieß und bald als unerträgliche Herausforderung, bald als pazifistische Schwäche empfunden wurde." (Ebd., S. 165f.).
[249] „Er erfüllte ein Begehren der Zeit, als er es unternahm, dem Kaisertum in seiner Person eine glanz- und eindrucksvolle Repräsentation und den vollen symbolischen Wert, d. h. die ausschlaggebende Stellung im Reich und in der Welt zu schaffen." (Fehrenbach, S. 226).
[250] „Es gab keinen anderen Weg zur Weltmacht als über den Flottenbau." (Tirpitz, S. 199).
[251] Stollberg-Rilinger, S. 14.
[252] S. ebd., S. 10.

und dem Ganzen symbolische Einheit und Legitimität verlieh."[253] Dies entspricht im Kern der ,Arbiter mundi-Idee' Wilhelms II. So wie dieser Welt-Schiedsrichter verfügte dessen Blaupause, der Kaiser des ,Heiligen Römischen Reiches deutscher Nation', „nur über eine autoritative Macht, d. h. er war die legitimationsspendende Spitze des Ganzen, besaß aber keine wirksame Erzwingungsgewalt"[254] – gab es doch im alten Reich auch „keine Exekutivorgane, die von den Reichsständen unabhängig gewesen wären."[255] Und daher kann die Friedenskaiser-Vorstellung Wilhelms II. tatsächlich dann auch ihren Ursprung u. a. in der Organisation jenes ,Heiligen Römischen Reiches deutscher Nation' gefunden haben: „Das Reich war ein Friedens- und Rechtswahrungsverband und von seiner Struktur her defensiv."[256]

So wird der Weltkaiser auch wieder, und dies geradezu naturwüchsig, ein deutscher Kaiser sein und Wilhelm II. konnte angesichts dessen auch ohne Umschweife behaupten, dass er, in der Nachfolge der Cäsaren wie der Staufer, zudem auf dem Boden einer akademisch legitimierten, festgefügten Kaiserideologie von Geschichte, Sage und Prophetie, der einzig wirkliche Kaiser in der Welt sei: eine deutsche Eschatologie. In einem Brief an seine Mutter schreibt Wilhelm: „Und ich habe es erkannt, in einem ist Papas Anschauung von der Fortsetzung des alten Reiches durch das neue richtig; das hat er immer gesagt und dasselbe tue ich! Für immer und ewig gibt es nur einen wirklichen Kaiser in der Welt und das ist der deutsche, ohne Ansehen seiner Person und seiner Eigenschaften, einzig durch das Recht einer tausendjährigen Tradition, und sein Kanzler hat zu gehorchen"[257] – und dies als Voraussetzung der „Weltstellung"[258], des Kaisers wie seines Reiches, und mit dem Dreizack in der Faust. „So bemerkte die Kaiserin Friedrich, es sei ,Wilhelms einziger Wunsch (...), eine Flotte zu haben, die größer und stärker als die britische ist', ein Urteil, das von Friedrich von Holstein bestätigt wird."[259] „Zutiefst erschrocken war die Mutter des Kaisers, die im Oktober 1896 nach einem Besuch Wil-

---

[253] Ebd., S. 16f.
[254] Ebd., S. 118.
[255] Ebd., S. 119.
[256] Ebd., S. 117.
[257] Zit. b. Fehrenbach, S. 90.
[258] Wilhelm II., Thronrede im Reichstag, Berlin, 25. Januar 1890, zit. b. Obst, S. 33.
[259] Herwig, S. 27; s. a. Herre, S. 184.

helms der Queen Victoria die alarmierende Nachricht übermittelte, dieser habe die Absicht, durch den Bau einer ‚Kriegsflotte, welche die Engländer besiegen wird‘, die bisherige Hegemonialstellung des Inselreiches an sich zu reißen. ‚William bewundert England sehr und mag Dich sehr gern‘, schrieb sie, ‚aber er ist nicht beständig & besonnen und weitsichtig genug zu sehen, daß es einfach unsinnig ist, jeden Nerv Deutschlands anzuspannen, um England zu übertreffen & ihm seine Vorherrschaft in der Welt zu entringen.‘‘[260]

Der Anwendungstechniker dieser Heilslehre aber ist der bei Treitschke geschulte Tirpitz. Und er ist dies nicht nur in seiner praktischen Tätigkeit im Reichsmarineamt, also der seiner ‚gerollten‘, fein geschliffenen Parlamentsvorlagen, die dann zu Flottengesetzen gerinnen, sondern mindestens ebenso in der modernen multimedialen Entfaltung von Öffentlichkeitsarbeit, einer flächendeckenden Flottenpropaganda. Und nicht zuletzt diktiert und dekretiert der ‚Meister‘, ideologiekonstitutiv für seine Nachfolger, die Lehre von der geschichtsmächtigen Funktion einer Schlachtflotte vermittels der dogmatischen Kraft seiner ‚Erinnerungen‘[261].

Der Weg zum Weltreich also führt, wie in den Flottengedichten des Vormärz, über die See, zumal die alten Kaiserprophetien und -sagen, denen der Kaiser so zugetan war, vom Erscheinen nicht nur eines letzten Weltkaisers vor dem Anbrechen des Jüngsten Gerichtes kündeten, sondern darüber hinaus auch von einem gleichsam seegestützten Kaiser – und dies bereits in den Sibyllenbüchern des Mittelalters, dass nämlich „ein kunic kumt in daz riche (...) daz von gote sin gewalt sal uber alle riche reichen“[262], der „gewinnet daz helge grap über mere.“[263]: Seefahrt als Heilsfahrt und Reise zur ‚Gewinnung der Welt‘, wie es schon im Gedicht ‚Die deutsche Flotte‘ 1841 bei Georg Herwegh hieß.

---

[260] Zit. b. Röhl (1993ff.), S. 1134.
[261] Tirpitz, A., Erinnerungen. Leipzig 1919.
[262] Heinrich Henseler, ca. 1300, zit. bei Kampers (1896), S. 102.
[263] Sibyllenbuch, ca. 1300, zit. ebd., S. 105.

Und so wird auch, bereits im Vormärz, für die auf der See „zu spät gekommenen Deutschen"[264] die Flotte, auch weil sie sie nicht haben, zu jenem wundersamen Schlüssel zur Welt, zu „Nationalsymbol"[265], Instrument wie Insignium weltausgreifender Macht und Zuständigkeit auf dem, nun auch von den Deutschen überall mit ihrer ‚schimmernder Wehr' zu befahrenden, blauen Planeten. Und der Platz des neuen Deutschen Reiches dabei? Mindestens im Mittelpunkt eines geeinten Europas[266], doch eher noch, wie das ‚Hamburger Fremdenblatt' im Mai 1914 anlässlich der Jungfernfahrt des Ballinschen Atlantikliners VATERLAND schrieb: „Führer wollen wir sein! Deutschland in der Welt voran."[267] – mit dem noch gewaltigeren Schwesterschiff des IMPERATOR als nunmehr größtem Passagierschiff der Welt eine überwältigende, sinnenraubende, im Schiffsnamen eingeschriebene und in Schiffbaustahl verkörperte Vergegenständlichung deutscher Nation und deren Ambitionen in der Welt.

So hatten es auch schon die alten deutschen Kaiser- und Reichsreformschriften sowie deren Kurzformen, die als Flugschriften verbreiteten ‚Praktiken' des frühen 16. Jahrhunderts[268] prophezeit: jenen Kaiser der letzten Zeiten, der „vbers Meer ziehen das gelobte Landt erobern, vnnd da den Christlichen Glauben verkündigen lassen (wird). (…) Denn soll fortan die gantze Welt durch preiß, fride vnd freud sein, ohn allerley vneinigkeit vnd zwitracht"[269]. So verkündete es auch die Schrift des anonymen, sogenannten ‚Oberrheinischen Revolutionärs' (s. ausführlich dazu Appendix C. zu diesem Kapitel), die zwischen 1498 und 1510 am Oberrhein entstand, und die mit der Prophetie eines kommenden und gottgesandten Kaisers Friederich aufwartete, einem „Universalmonarch, der die Kirche reformieren, die sozialen Mißstände beseitigen und ein goldenes Zeitalter heraufführen

---

[264] Tirpitz, S. 62; s. a.: „Er (Stosch; F.G.) sah die Blüte des jungen Reiches für rasch vergänglich an, wenn wir nicht die entscheidende Ungunst unserer Lage und Geschichte in letzter Sekunde über See ausgleichen." (Tirpitz, S. 121).

[265] Fehrenbach, S. 171.

[266] Wilhelm II. an Eulenburg, s. Röhl (2013), S. 54.

[267] Zit. b. Wiborg (2023), S. 113.

[268] „'Eyn auszug etlicher Practica und Prophezeyn' stellt eine schreckliche Zeit des Jammers in Aussicht, verkündet jedoch den Deutschen, trotz anfänglicher Niederlage durch die Franzosen, die Weltherrschaft." (Kampers (1898), S. 143).

[269] Fries, S. Bv.

soll.“[270] Professor Kampers referiert dies mit Genugtuung: „Die Schrift steht durchaus auf nationalem Boden; keinen Augenblick wird der Verfasser durch die Kassandrarufe von Unglückspropheten in dem Gedanken irre gemacht, daß die deutsche Nation zur Weltherrschaft berufen und die Aufrichtung des deutschen Weltkaisertumes in naher Aussicht stehe.“[271] – denn immerhin, und dies die durchaus originelle Geschichtskonstruktion des ‚Oberrheinischen Revolutionärs‘, sei der erste Mensch, Adam, ja Deutscher gewesen[272]. Noahs Sohn Japhet wiederum wird in dieser Reichsrefomschrift flugs zum ersten König der Deutschen, der auf der Grundlage einer vorbildlichen Verfassung das Reich von Trier, der alten Römerstadt Augusta Treverorum, aus gelenkt habe. Trier, die älteste Stadt Deutschlands und vor mehr als 2000 Jahren als römische Gründung, später auch Residenz römischer Kaiser, entstanden, spielt aufgrund dieses ihres Ursprunges und dem Geschichtsfaden, der sich behänd zwischen dem römischen und dem deutschen Reich spinnen lässt, daher auch eine nicht unbedeutende Rolle in einem weiteren, deutlich früheren Dokument zur vermeintlichen Geschichte der Deutschen und der damit hervorgehobenen besonderen Rolle dieses Volkes in der Welt, dem mittelalterlichen Versepos ‚Annolied‘. Dies wartet mit einer ähnlichen Geschichtsbeugung auf wie der ‚Oberrheinische Revolutionär‘ einige Jahrhunderte später: Seien es doch die Deutschen gewesen, die Cäsar zur Macht in Rom und schließlich über die Welt verholfen hätten und daher mindestens als Mitbegründer des römischen Weltreiches betrachtet und gefeiert werden müssten.[273]

Wie anders also hätte die Geschichte weiter fortschreiten können als in Form einer Welt- und Heilsgeschichte der Deutschen. Eine derart selbstbewusste Inanspruchnahme der Vergangenheit wird von Heinrich August Winkler daher auch als kompensatorisch-nationalistischer Auserwähltheitsmythos[274] gedeutet: „Schon das Heilige Römische Reich Deutscher Nation hat sich als übernationales Gebilde empfunden und leitete daraus einen Vorrang vor anderen Mächten ab.“[275]

---

[270] Kampers (1896), S. 142; s. ausführlich in diesem Kapitel, Appendix D.

[271] S. Kampers (1896), S. 141.

[272] S. Ganseuer (1984), S. 299. S. ausführlich in diesem Kapitel, Appendix D.

[273] S. Nellmann, S. 25-39 und einen Auszug daraus in diesem Kapitel, Appendix C.

[274] „Die Idee einer deutschen Sendung“ (Winkler, S. 49).

[275] Ebd., S. 48.

Grundlage dessen sei, so Winkler, eine „Form des kompensatorischen Nationalismus, die große Auswirkungen im 19. und 20. Jahrhundert hatte. Es geht um den Ausgleich von Ohnmachtsgefühlen.'[276]

Getoppt werden konnte ein solch selbstgewisses Geschichtsbild dann auch nur noch mit der Vereinigung der deutschen Nationalgeschichte mit der ebenso universalen Geschichte der christlichen Kirche – und dies nicht nur in der Re-Aktivierung des Gottesgnadentums des deutschen Kaisers, sondern auch in einer dezidiert nationalen Verortung des obersten Weltenherrschers, dem ‚deutschen Gott.'[277]

Herweghs ‚Purpur des Meeres', den sich der Kaiser umhängen werde, nimmt bei Wilhelm II., dem selbsternannten ‚Imperator Rex', und auch in ihrer dekorativen Funktion, die Form einer mächtigen Meeresarmada, ‚Seiner' Flotte, an, einer prächtigen und ebenso wie der Herweghsche Purpur ‚schimmernden Wehr' – als einem imposanten Herrschaftsinsignium und kraftvollem Herrschaftsinstrument. Und so wie die Flotte einst ihrerseits die Nationalversammlung, das erste deutsche Parlament in der Frankfurter Paulskirche, das in seinem ersten Beschluss am 14. Juni 1848 eine „deutsche Marine" auf Kiel gelegt hatte[278], illuminierte, bestrahlt sie nun den ‚herrlichen jungen Kaiser' – ganz wie sich dies auch dessen ‚romantischer' Vorgänger Friedrich Wilhelm IV. mit seinen zaghaften Flottengründungsplänen erträumt hatte und wie dies in Herweghs Flottengedicht und dem energisch das maritime Steuerrad der Weltgeschichte ergreifenden deutschen Kaiser lyrisch vorgetragen worden war.[279]

Die Marine aber war nun, mit ihrer durch Mahan dekretierten geschichtsbildenden Kraft, unter der Federführung des ‚Meisters' Tirpitz nicht weniger als zum Antriebsriemen in einem heilsgeschichtli-

---

[276] Ebd., S. 49. „Die Idee einer deutschen Sendung findet sich schon bei den Gründervätern des deutschen Nationalismus. ‚Turnvater' Friedrich Ludwig Jahn, Sohn eines ev. Pfarrers, gedachte 1810 in seinem Manifest ‚Deutsches Volkstum' den Deutschen eine Rolle als ‚Weltbeglücker' und ‚Heiland' der Erde zu." (Ebd., S. 49).

[277] S. Fischer (1967), S. 188.

[278] S. Ganseuer, F./ Walle, H., Die Parlamentsmarine. Berlin 2023.

[279] Wie bereits im Prolog ausgeführt, empfahl die ‚Neue Vossische Zeitung' in Berlin 1899, ein Jahr nach dem Erlass des ersten Flottengesetzes, am Grabe des Dichters Georg Herwegh einen Kranz niederzulegen mit der Schleifeninschrift „Dem prophetischen Dichter der Deutschen Flotte. Das Kaiserlich Deutsche Marineamt." (Zit. b. Wilderotter, S. 71).

chen Prozess geworden[280] – als chiliastische Vollendung der langen Geschichte der deutschen Kaiser und der Kulmination in seiner, des Marinekaisers, Regentschaft. Denn das Reich wird in den Worten Wilhelms II. nicht mehr bloß national durch die Heereskräfte eines Moltke konstituiert, sondern nunmehr, wenn auch ‚verspätet‘[281], durch die Flotte recht eigentlich erst zum ‚global player‘ auf einem meeresblauen Planeten – kurzum die „deutsche Variante der Mahanschen These"[282], vom Kaiser selbst wie folgt formuliert: „Reichsgewalt bedeutet Seegewalt, und Seegewalt und Reichsgewalt bedingen sich gegenseitig, so daß die eine ohne die andere nicht bestehen kann."[283] Reichskanzler Bernhard von Bülow seinerseits bringt, gleichsam ‚back to the roots‘ und zurückblickend auf das ‚Flottenfieber‘ von Vormärz und Revolution, den Zusammenhang von Kaiser-, Reichs und Flottengedanken[284] sowie die Feier der Flotte als „Nationalsymbol"[285] so auf den Begriff: „Als 1840 das Lied vom freien deutschen Rhein ertönte, trat der Vorkämpfer für deutsche Seemacht, Friedrich List, in die publizistischen Schranken. 1848 flammte der Einheits- und Flottengedanke gleichzeitig auf. (…) Im Jahre 1867 wurden gleichzeitig der Norddeutsche Reichstag und die norddeutsche Marine geboren, die sich vier Jahre später in den Deutschen Reichstag und die deutsche Flotte verwandelten. Sie sehen also, daß im Grunde der Reichstag und die Flotte Geschwister sind."[286] Und so rückte, bei derlei ma-

---

[280] Vgl. a. Epkenhans (1999), S. 92: „Nicht die Armee, allein die Marine konnte unter den Bedingungen der Zeit diesen Traum vom ‚Weltreich‘ erfüllen."

[281] „Die Flotte, verbunden mit der wirtschaftlichen Macht, sollte die Grundlage dafür bieten, daß die deutsche Nation den Status quo der kolonialen Welt revidieren könnte, weil sie bei der Verteilung der Welt zu spät gekommen und nach eigener Meinung nur unzureichend bedacht worden sei." (Fischer (1967), S. 14f.).

[282] Fehrenbach, S. 172.

[283] Zit. ebd., S. 172.

[284] „Die Flottenpropaganda verknüpfte sich von Anfang an eng mit dem Kaiser- und Reichsgedanken." (Fehrenbach, S. 171).

[285] Fehrenbach, S. 171.

[286] Reichskanzler Bernhard von Bülow, Rede bei der Taufe des Schnelldampfers DEUTSCHLAND am 10.1.1900. Zit. b. Fehrenbach, S. 171.

ritimer Eschatologie[287], die Flotte in Verbindung mit dem Kaisergedanken „trotz ihrer Modernität in eine romantische Beleuchtung."[288]
Nun lässt sich der kaiserlich-tirpitzsche Flottenbau durchaus als der
einer „Risikoflotte"[289] deuten, wie sie der ‚Meister', Tirpitz, dem
Reichstag gegenüber deklariert hatte – nämlich als Abschreckungsinstrument gegen militärisch-maritime Maßnahmen der ersten Welt-
Seemacht England, als Defensiv-Konzept mithin. In Koordination
mit seiner Hauptargumentationslinie zu den wesentlichen Staats-
Katalysatoren der Julikrise 1914 (Serbien, Russland, Frankreich) und
der damit eingeleiteten Revision einer monokausalen Kriegsschuldfrage, wie sie sowohl der Versailler Vertrag wie auch die Forschungen
Fritz Fischers und seiner Schule in den sechziger Jahren unter dem
Titel ‚Griff nach der Weltmacht' zu Ungunsten des Deutschen Reiches beantwortet hatten[290], finden sich in Christopher Clarks ‚Die
Schlafwandler' hinsichtlich der deutschen Ambitionen zur See und
der Marinerüstung im Vorfeld des Ersten Weltkrieges eher bedro-
hungsrelativierende Ausführungen: „Das neue Flottenprogramm war
weder ein empörender noch ein ungerechtfertigter Schritt. Die Deutschen hatten allen Grund zu der Annahme, dass man sie nicht ernst
nehmen würde, wenn sie sich nicht eine starke Seestreitkraft ver-
schafften. Immerhin schlugen die Briten in der Korrespondenz mit
den Deutschen gewohnheitsmäßig einen recht herrischen Ton an."[291]
Der Begriff des ‚Risikogedankens' fällt in Clarks diesbezüglichen Ausführungen ebenso wenig wie der Verweis auf die Verdopplung des
deutschen Flottenbestandes mit dem Zweiten Flottengesetz. Vielmehr
ist lediglich von einem „neuen Flottengesetz"[292] die Rede, ein Termi-

---

[287] S. zur „nationalen Heilsgeschichte" der Deutschen, dem „Werkzeug Gottes" und
des „geborenen Führers der Nationen" Fischer (1967), S. 192.

[288] Fehrenbach, S. 171.

[289] Tirpitz, S. 155.

[290] S. zu den Quellen und Anregern Fischers ausführlicher Appendix A. zu diesem
Kapitel.

[291] Clark (2013), S. 204. „Selbstverständlich besteht kein Zweifel an der antiengli-
schen Orientierung der neuen Waffe (…). Aber das war keineswegs überraschend:
Rüstungsprogramme orientieren sich für gewöhnlich am stärksten potenziellen
Gegner." (Ebd., S. 204f.).

[292] Ebd., S. 203.

nus, der ebenso vage bleibt wie der Begriff der „Weltpolitik"[293] oder der allenthalben verwendeten Begriffe ‚Weltstellung' und ‚Weltmacht', letzterer vor allem im Zuge der Erwähnung Alfred Thayer Mahans, der in ‚The Influence of Seapower upon History' von 1890 einen ‚Kampf um die Weltmacht' (also den Platz 1 in der Weltrangliste; F.G.) vorausgesagt habe.[294] „Der deutsche Schiffbau sollte das Projekt unterstützen, das man um 1900 gemeinhin als ‚Weltpolitik' bezeichnete. Darunter verstand man eine Außenpolitik mit dem Ziel, den Einfluss Deutschlands als Weltmacht (hier von Clark verwendet als eine von mehreren Weltmächten; F.G.) auszudehnen und so zu den anderen großen Akteuren auf der Weltbühne aufzuschließen"[295] und sich den „Respekt der anderen Großmächte"[296] zu verschaffen. Wie unklar und diffus selbst den Zeitgenossen der Begriff der ‚Weltpolitik'[297] gewesen ist, wird dabei anhand eines Zitates von General Alfred Graf von Waldersee, Chef des Großen Generalstabes, aus dem Jahre 1900 („Wir sollen Weltpolitik treiben. Wenn ich nur wüsste, was das sein soll."[298]) demonstriert. So lege schließlich die Tatsache, so wiederum Clark, dass „Weltpolitik nie eine feste oder konkrete Bedeutung"[299] gehabt habe, „die Vermutung nahe, dass es kaum mehr als die alte Politik der ‚freien Hand' mit einer größeren Flotte und einer bedrohlicheren Stimmungsmache war."[300] Seinem Satz „Letztlich sollte das Deutsche Reich in die Lage versetzt werden, die britische Flotte als ebenbürtiger Gegner herauszufordern"[301] geht er dabei allerdings

---

[293] „‚Weltpolitik' – so erschien es einer vor Vitalität überschäumenden jungen Generation – war die logische Konsequenz der Reichsgründung, bezeichnete eigentlich erst deren Vollendung." (Ullrich, S. 195).

[294] S. Clark (2013), S. 202.

[295] Ebd., S. 206.

[296] Ebd., S. 207.

[297] S. a. ebd., S. 207: „Weltpolitik bedeutete das Trachten nach einer Ausweitung der ausländischen Märkte (zu einer Zeit sinkender Exportquoten)."

[298] Zit. ebd., S. 207.

[299] Zit. ebd., S. 207.

[300] Ebd., S. 207. Reichskanzler Bernhard von Bülow beschreibt seinen Begriff von Weltpolitik im Reichstag so: „daß Deutschland durch die Entwicklung der Verhältnisse große und immer größer werdende überseeische Interessen erworben hat und daß es unsere Pflicht ist, diese Interessen zu schützen." (Zit. b. Fehrenbach, S. 164, Anm. 49).

[301] Clark (2013), S. 203.

nicht weiter nach. Denn, so der australische und in Cambridge lehrende Historiker: „Britische Politiker beschäftigten sich längst nicht so intensiv mit dem deutschen Flottenprogramm und waren nicht so alarmiert, wie häufig angenommen wird."[302]

Spätestens aber die aktenbasierten Forschungen von Matthew S. Seligmann, Frank Nägler und Michael Epkenhans zum ‚Naval Race to the Abyss'[303] haben das objektive Bedrohungspotential der deutschen Flottenrüstung in der Wahrnehmung der britischen Seite („Recognising the German Challenge: The Royal Navy 1998-1904"[304]) ebenso gezeigt wie die dadurch hervorgerufenen britischen Rüstungsreaktionen („Meeting the German Challenge: The Royal Navy 1905-1907"[305]), kulminierend im sogenannten ‚Dreadnought-Sprung'. Vielmehr war es, so legen die Quellenfunde von Seligmann/ Nägler/ Epkenhans zumindest nahe, aus Sicht der Engländer durchaus nicht so, dass „die Deutschen das Wettrüsten zur See von vornherein verloren hatten", wie Clark mitteilt[306]. Vielmehr war es erst der Bau der ‚Dreadnought-Klasse', die durch ihren qualitativen Rüstungs-Sprung mit einem Mal alle vorherigen Linienschiffe veralten und in der Folge die deutsche Flottenrüstung im Rennen mit den Engländern aussichtslos ins Hintertreffen geraten ließ. Clark zitiert dazu den First Sealord, Admiral John Fisher aus dessen Schreiben von 1907 an König Edward VII.: „England hat sieben Dreadnoughts und drei Schlachtkreuzer, während Deutschland noch nicht einmal eines angefangen hat!"[307] Clark, dem man nicht vorwerfen kann, die Forschungen von Seligmann/ Nägler/ Epkenhans nicht berücksichtigt zu haben, erschienen diese doch im Jahre 2015 erst nach der englischen Erstausgabe der ‚Schlafwandler' 2012, verweist die Bedrohungsperzeption seitens der Briten allerdings in den Bereich der „älteren Anschauung"[308], nämlich der, „dass die von Deutschland ausgehende Gefahr das britische Denken beherrscht und verändert habe" – eine

---

[302] Ebd., S. 205.
[303] Seligmann, M. S./ Nägler, F./ Epkenhans, M., The Naval Route to the Abyss. Farnham 2015.
[304] S. ebd., S. VII.
[305] S. ebd., S. VII.
[306] Ebd., S. 206.
[307] Zit. b. Clark (2013), S. 206.
[308] S. ebd., S. 756.

Position, die nunmehr in einer „Umbruchphase" durch neuere, „revisionistische Studien", so Clark weiter, „in Frage gestellt" worden sei.[309]

Es ist allerdings, die Reaktion der Briten hat dies gezeigt, alles andere als ausgeschlossen, dass sich hinter dem Begriff der ‚Risikoflotte', und durch diesen, wie es Berghahn genannt hat[310], „verschleiert", noch ein weiteres Konzept, vielleicht auch nur eine Option verbarg, die deutlich offensiver gegen die erste Seemacht angelegt war und die, so hat sie es selbst zumindest und recht schnell verstanden, als maritime Attacke auf ihren Suprematie-Status zielte, und zwar auch ohne Schlachtentscheidung, vielmehr durch ein kontinuierliches, laut- und schlachtenlärmloses Verdrängen der englischen Flotte von Platz 1 – eine deutsche ‚Verdrängungsflotte' mithin, Hebel nicht nur hin zu einem Platz, sondern zum ersten „Platz an der Sonne". Dies alles aber eher unmerklich und schleichend, kontinuierlich und mit System und Ausdauer: „Mundhalten und Schiffebauen"[311], so die Devise, die der Flottenbaumeister ausgegeben hatte – stille Weiterarbeit an einem Plan, dem von Berghahn sogenannten ‚Tirpitz-Plan', ohne dabei dessen möglichen Endzweck zu entschleiern, wobei es vor allem, selbst für die Nachwelt, darauf ankommen musste, und auch darin war Tirpitz ausgewiesener ‚Meister', die Akten ‚rein' zu halten. Eine England-Verdrängungsflotte erscheint an keiner Stelle der überkommenen Dokumente, lediglich verstreute Hinweise sind in ihrer Gesamtheit Indizien, dass auch eine derartige Kalkulation nicht nur in Rechnung gestellt werden kann, sondern dass sie, in einem relativ geschlossenen konzeptionellem System eines ‚Weges zur Weltmacht', über eine nicht ohne Weiteres von der Hand zu weisende Plausibilität verfügt: Minderwertigkeitskomplex, England-Phobie, die Wiederkehr des alten deutschen, weltumspannenden Kaisertraums, der erstmalig wieder mit der Revolution von 1848 größere Artikulation erfährt, in maritime Phantasien gegossen wird und der schließlich in der kaiserlichen Flottenrüstung ein monumentales ‚Revival' erfährt.

Der Kaiser, mithin der, der Deutschland zu seinem nationalen Endstadium, dem wiederauferstandenen ‚Reich', führt, wird, so kündeten

---

[309] Beide Zitate ebd., S. 756, Anm. 85.
[310] S. Berghahn, S. 315, Anm, 31. sowie S. 324 u. 381.
[311] Zit. ebd., S. 226, Anm. 99.

es ja schon die alten Kaiserprophetien, ein Friedenskaiser sein, ‚Arbiter mundi‘, Völkerversöhner und guter Weltherrscher. Christopher Clark zeichnet mit guten Gründen und Hinweisen durchweg das Bild Wilhelms II. als eines friedensgeneigten, keineswegs kriegslüsternen oder kriegstreibenden Kaisers und zitiert dazu den russischen Generalmajor Ilja Leonidowitsch Tatischtschew: „Ich glaube allgemein jedoch, dass die Friedensliebe Seiner Majestät unerschütterlich ist. Aber in seinem Gefolge wird sie womöglich schwächer“[312] – wie nach dem Erhalt der serbischen Antwort auf das österreichische Ultimatum in der Julikrise 1914: „Wilhelm wies Jagow (den deutschen Staatsekretär des Auswärtigen Amtes; F.G.) an, den Österreichern mitzuteilen, dass nach seiner Einschätzung ‚ein Kriegsgrund nicht mehr vorhanden sei‘ und dass Wilhelm persönlich bereit sei, ‚den Frieden in Österreich zu vermitteln.‘“[313] – und dies trotz aller kaiserlicher verbaler Eskapaden an anderer Stelle und von Seiten des Generalstabs schnell als Hasenfüßigkeit des Kaisers identifiziert: „Wilhelm spuckte große Töne, solange die Gefahr weit weg war, hielt aber den Mund, als er eine reale Kriegsgefahr näher rücken sah.“[314] – aus Sicht der deutschen militärischen Führung ein im Zweifelsfall und trotz aller anderslautender Bekenntnisse („Noch am 6. Juli hatte der Kaiser dem Industriellen Gustav Krupp bei einer Begegnung in Kiel versichert: ‚Diesmal falle ich nicht um.‘“[315]) immer wieder in Richtung Frieden ‚umfallender‘, oder wie Moltke formulierte, „abschnappender“[316] Allerhöchster Kriegsherr, und zwar zur wachsenden Verzweiflung der Generalität: „Die Diskussion (um den kaiserlichen Befehl, nach dem Empfang eines vermeintlichen Neutralitätsangebotes Englands, den bereits angelaufenen „Vormarsch nach Westen zu inhibieren“[317]; F.G.) erreichte einen toten Punkt. Moltke wäre beinahe hysterisch geworden. In einer Aussprache unter vier Augen vertraute der Generalstabschef, den Tränen nahe, Kriegsminister Falkenhayn an, ‚völlig

---

[312] Zit. b. Clark (2013), S. 470.
[313] Ebd., S. 667.
[314] Luigi Albertini, zit. ebd., S. 667 f.
[315] Ebd., S. 667.
[316] S. Fischer (1967), S. 44.
[317] Wilhelm II., zit. ebd., S. 84.

gebrochen zu sein, weil diese Entscheidung des Kaisers ihm zeige, dass dieser immer noch auf Frieden hofft'."[318]

Die Flotte des ‚Friedenskaisers' war in seiner Sicht der Dinge durchaus auch eine mächtige Friedensflotte, gleichsam amtsoffiziell erklärtermaßen eine ‚Risiko'-, also ‚nur' eine Abschreckungs-, eine Defensivflotte. Gleichwohl war ihr doch ein Potential inhärent, das die Briten beunruhigen konnte – das Vermögen nämlich, vermittels ihres steten Wachstums als ‚fleet in being' gegen England zu wirken und den See- und Weltbeherrscher, den „Leoparden"[319], zunehmend so weit an den Rand der Ozeane zu drücken, dass auch für Deutschland auf diesen hinreichend Platz für die ungehinderte Entfaltung deutscher ‚Weltpolitik' geschaffen sei. Die Suprematie des ‚Britannia rule the waves' wäre damit allerdings, und dies der Kern der Bedrohung Englands, dahin. Mindestens zwei große Weltmächte würden sich auf den Weltmeeren tummeln, und letztendlich werde eine weichen müssen, denn Britannia duldet, wie Wilhelm II. erklärte, keinen Nebenbuhler, und sei er noch so friedfertig: „Ehe einer von uns beiden nicht allein oben ist, gibt es keinen Frieden in der Welt! ‚Condominium' gestattet Großbritannien nicht; also muß es hinausgeschmissen werden".[320]

Tatsächlich aber, und trotz aller kaiserlichen Vollmundigkeit, bleiben die Triebfedern der Tirpitzschen Flottenrüstung verborgen. Die Akten schweigen geradezu beredt, „Mundhalten und Schiffebauen" eben. So bleiben die Dokumente des Reichsmarineamtes ‚sauber', denen der ‚Meister' nur in einem vielleicht unbedachten Augenblick das Ziel einer „Verschiebung der realen Machtfaktoren"[321] anvertraut, ihm dies aber noch zu früh und zu heikel sei, sodass dem Kaiserreich „der Weg über eine (…) bloße Verteidigungsflotte nicht erspart blei-

---

[318] Clark (2013), S. 678f.
[319] Gegen den ‚Leoparden', England, hatte schon Georg Herwegh 1841 seine ‚deutsche Flotte' mit ihrem weltgewinnenden Kaiser ausgerichtet: „Bleib nicht der Sklave jenes Leoparden/ Und seiner schnöden Gier!" (Herwegh (1909), S. 110.
[320] Wilhelm II., zit. b. Röhl (2013), S. 125.
[321] Tirpitz, Denkschrift an Reichskanzler v. Bülow v. 8. November 1905. Zit. bei Röhl (1993ff.), S. 529. „In einem Begleitschreiben räumte Tirpitz ein, daß sich in der Denkschrift Gedanken befänden, die man wohl denken kann bzw. muss, die aber eigentlich nicht niedergeschrieben werden dürfen." (Ebd., S. 530).

ben werde"[322], um die „Gefahrenzone"[323], in die man mit dem, tatsächlich ‚riskanten', Zweiten Flottengesetz zweifellos hineinlaufe, möglichst geräuschlos, aber bei fortgesetzter Flottenrüstung, zu durchfahren. Schließlich werde man, so ist in der ‚Nachweisung 1' zum Zweiten Flottengesetz prophezeit, im Jahre 1920 den Bestand der englischen Flotte tonnagemäßig fast erreicht haben, der Rest werde durch Ausbildung kompensiert[324], bis es schließlich zu einem „Uebergewicht" komme, dem „Endziel".[325]

Vor allem auf deutscher Seite offenbaren die Akten, wie sie von Seligmann/ Nägler/ Epkenhans präsentiert werden, auch das frappierend mathematische wie dogmatische Kalkül der Tirpitzschen Rüstungspolitik mit der Annahme vom gleichermaßen berechen- wie damit auch steuerbaren Geschichtsprozess inklusive ausgearbeiteter Tabellenkalkulationen von Flottenstärken und -parametern: mithin der Lenkung von Flotte und Geschichte, wie dies Tirpitz selbst an einer Stelle formuliert, „in eine systematische Bahn"[326]. Dieses eschatologische Konzept auf dem Weg zu Weltmacht und „Platz an der Sonne", das die deutsche Flottenkonzeption trägt[327], wird in der Edition von Seligmann/ Nägler/ Epkenhans durch die Kraft der vorgeführten Quellen in erheblicher Prägnanz transparent. Wobei, und dies konzedieren die Herausgeber durchaus, der Schleier über dem „Endziel"[328] des ‚Tirpitz-Planes', da dies auch der Wortlaut der Quellen nicht freigibt, kaum zu lüften sei.

Es scheint, als ginge dies nur über Indizien, bei denen vor allem auch wieder der Kaiser ins Spiel kommt: War er es doch, der mit seinem dynastischen Selbstverständnis als ‚Imperator Rex', als Weltkaiser am

---

322 Ebd., S. 529; s. a. Seligmann/ Nägler/ Epkenhans, Dokumentenanhang II, S. 26.
323 S. Berghahn, S. 195.
324 S. Seligmann/ Nägler/ Epkenhans, Dokumentenanhang I, S. 110.
325 Ebd., Dokumentenanhang II, S. 121.
326 S. Berghahn, S. 112.
327 „Weltmacht oder Untergang – das wurde zum tödlichen Handlungszwang, unter den sich die wilhelminische Politik selbst stellte. ‚Auch hier heißt es ganz oder gar nicht', notierte Korvettenkapitän Alexander von Müller, der spätere Chef des kaiserlichen Marinekabinetts, im Jahre 1896. ‚Mit der ganzen Kraft der Nation einsetzen, rücksichtslos, auch den großen Krieg nicht scheuend, oder aber Beschränkung auf die Kontinentalmacht.' Ein ‚Mittelding' – so Müller – bedeute nur ‚eine Vergeudung von personellen und materiellen Mitteln.'" (Ullrich, S. 199).
328 Ebd., S. 121; s. a. Berghahn, S. 511.

Ende der Zeiten, wie er dies bei Kampers studiert hatte, eine nicht unmaßgebliche Leitlinie für die Flottenrüstung vorgab: den ‚Griff nach dem Dreizack‘, der nichts anderes war, so hatte er es ja bei Mahan gelernt, als der Griff nach der Weltmacht. War doch dieser Dreizack, das mythische Insignium des Meeresgottes und seiner unteilbaren Macht über die Ozeane, eben nur einmal verfügbar in der Welt. Und er war in Englands Hand. „Ehe einer von uns beiden nicht allein oben ist, gibt es keinen Frieden in der Welt!"[329], so Wilhelm II. – wenn überhaupt, dann war dies der verschwiegene Plan hinter dem Flottenbau.

Auch vor diesem Hintergrund wäre der ‚Risikogedanke‘ daher erneut, wie schon bei Berghahn, der in seinem ‚Tirpitz-Plan‘ diesen ja belegkräftig als Verschleierungstaktik[330] gedeutet hatte, auf seine uneingeschränkte Plausibilität zu befragen. Zumal dieser Gedanke, gleichsam verordnete Interpretationsanweisung zum Zweiten Flottengesetz, auch durch zeitgenössische Stellungnahmen selbst desavouiert wurde, zudem von durchaus hoher Stelle:

Denn an der politischen Spitze des Reiches war man über die Ambitionen des Kaisers und die damit verbundenen Flottenplanungen durchaus entschiedener Ansicht, wie es eine Äußerung des Reichskanzlers Theodor von Bethmann Hollweg signalisiert, die die Baronin Spitzemberg in ihrem Tagebuch mit Datum vom 14. März 1903 protokolliert hat: „Seine (des Kaisers; F.G.) erste und Grundidee ist, Englands Weltstellung zugunsten von Deutschland zu brechen; dazu bedarf es einer Flotte, um diese zu haben, vielen Geldes."[331] Und Admiral William Michaelis, im Weltkrieg Chef des Stabes der Hochseeflotte und Direktor im Reichsmarineamt, mithin jemand, der es wissen musste, erklärte: „Militärisch ernst genommen hat den Risikogedanken meines Wissens keine maßgebliche Stelle."[332]

---

[329] Wilhelm II., zit. b. Röhl (2013), S. 125.
[330] S. Berghahn, S. 220, 315, 594.
[331] Zit. b. Fischer (1967), S. 99.
[332] Michaelis, S. 407. Epkenhans verweist in diesem Zusammenhang auf Berghahns Enttarnung des Risikogedankens als „geschickte Verschleierung der offensiven, die Revolutionierung des europäischen Staatensystems intendierenden außenpolitischen Ziele der Flotten- und Weltpolitik." (Epkenhans (1991), S. 5).

Die Engländer schon gar nicht. Hier erkennt man vielmehr sogleich das Potential dieser aufwachsenden deutschen Flotte und antwortet, ab 1904 unter dem First Sealord Admiral John Fisher, mit der ‚Triple Entente‘, dem Bündnis von England, Frankreich und Russland. Und auf dem Feld der Marinerüstung wartet der ‚Leopard‘ mit einer technischen Innovation, ja einer Revolution im Kriegsschiffbau auf, die letztendlich alle Tirpitzschen Zahlengerüste zu Fall bringt: Im Februar 1906 läuft in England mit der DREADNOUGHT eine Kriegsschiff klasse ‚neuen Typs‘ vom Stapel, die des ‚all-big-gun-one-caliber-battleships‘ mit zehn 30,5 cm-Rohren, die alle zuvor gebauten Linienschiffe nahezu wertlos und ersatzbedürftig werden lässt: „Linienschiffe unter 18 000 t gehörten hinfort zum alten Eisen.“[333]

Mit der NASSAU-Klasse stellte daher, nolens volens, auch Tirpitz die ersten deutschen ‚Dreadnoughts‘ in Dienst, allerdings nicht ohne erhebliche finanzielle Anstrengungen und zunehmende Zweifel, namentlich auch beim Reichskanzler von Bülow, ob dieses Wettrüsten deutscherseits finanziell denn auch durchgehalten werden könne und ob es nicht eher die Engländer in den Krieg treiben als den Frieden sichern helfen würde. Auf englischer Seite sah man dies ähnlich. Am 8. Februar 1912 trifft der englische Kriegsminister Lord Richard Burdon Haldane in Berlin ein, um dort mit der deutschen politischen und militärischen Führung über eine einvernehmliche Begrenzung der immer weiter ausufernden Flottenrüstung zu verhandeln. Eine letzte, und verpasste[334] Chance. Denn die deutsche Seite, namentlich Tirpitz, „der von dem Besuch völlig überrascht worden war“[335], und der von ihm ‚geimpfte‘ Kaiser, zeigte sich hinsichtlich der geplanten weiteren deutschen Flottenvergrößerung unnachgiebig. Zudem stellte Reichskanzler v. Bethmann Hollweg Maximalforderungen wie die Zusicherung der britischen Neutralität bei einem deutschen Krieg gegen Frankreich[336], so dass Haldane schließlich nichts anderes übrig blieb,

---

[333] Berghahn, S. 477.

[334] S. Epkenhans (2012), S. 9.

[335] Ebd., S. 9.

[336] „Nur wenn England zusicherte, im Falle eines Kontinentalkrieges neutral zu bleiben, glaubte er (Bethmann Hollweg; F.G.), den Verzicht auf ein Verstärken der Flotte durchsetzen zu können.“ (Ebd., S. 9).

als unverrichteter Dinge wieder abzureisen.[337] Und der Kaiser notierte „nach dem Abbruch der Verhandlungen am Rande eines Berichts des Botschafters in London: ‚Dem Deutschen Volk habe ich sein Anrecht auf die Seegeltung und sein Selbstbestimmungsrecht in Rüstungsange-legenheiten gerettet.'"[338]

Die Flottengesetze, mit denen der Dreizack in die deutsche Faust gebracht werden sollte, führten schließlich nicht nur des Kaisers Flotte „mit Volldampf voraus"[339] auf den zweiten Platz der Weltflottenliga, sondern auch in eine tiefe Gegnerschaft zu England und den Reichshaushalt in eine arge Krise, ohne dass dabei der Vorsprung der englischen Flottenrüstung eingeholt oder gar eine – wie der Weltkrieg dann erwies – taugliche Seekriegsstrategie zum Einsatz der mächtigen Hochseeflotte entwickelt werden konnte.

Nach dem Ende des Weltkrieges, in welchem die Flotte, die vor Schil-lig-Reede bis auf die Ausnahme eines eher zufälligen Treffens am Skagerrak vergeblich auf das Erscheinen der britischen ‚Grand Fleet' zur Endschlacht bei Helgoland gewartet hatte, versinkt des Kaisers ‚schimmernde Wehr' zur See, die bis zum Schluss auf Allerhöchste Ordre, vor allem auch ob ihres national- und kaisersymbolischen Wertes, geschont werden musste und nachdem auf ihren Schiffen auch noch per Meuterei die Novemberrevolution ihren Ausgang nahm, von eigener Hand in der Bucht von Scapa Flow – ein Ende der Kaiserlichen Marine, so Tirpitz, „schrecklicher als jener Verkauf der alten deutschen Flotte durch Hannibal Fischer."[340]

Eine große Marine ist, wir sahen es in den Flottengedichten des Vor-märz wie in den parlamentarischen Beratungen der Nationalversamm-lung in der Paulskirche, im 19. und 20. Jahrhundert gleichermaßen militärische Voraussetzung für ein Weltmacht-Werden wie ihr sinnfäl-liger symbolischer Ausdruck, Instrument wie Insignium von Welt-macht – denn unser Planet, so lehrt es der Globus, ist blau. Der

---

[337] „Warum scheiterte die Haldane-Mission? Es lag nicht einfach an der deutschen Unnachgiebigkeit beim Umfang und Tempo des Flottenbaus (…). Der eigentliche Knackpunkt war vielmehr das Beharren Berlins auf einer konkreten Gegenleistung, nämlich der Zusage einer britischen Neutralität im Fall eines Krieges zwischen Deutschland und einer anderen Kontinentalmacht." (Clark (2013), S. 414).
[338] Epkenhans (2012), S. 9.
[339] Wilhelm II., Telegramm nach Bismarcks Entlassung, zit. b. Hartau, S. 52.
[340] Tirpitz, S. 387f.

„teutsche Held" in der Jupiter-Episode von Grimmelshausens ‚Abenteurlichem Simplicissimus Teutsch', einer Ironisierung der mittelalterlichen Kaiserprophetien, eint am Ende der Zeiten die Deutschen und wird, zumindest in seinen Phantastereien, ein weltweites Friedensreich errichten – ein Held, der fast die gleichen Züge trägt wie der mit seiner Flotte weltausgreifende und -gewinnende Kaiser, den Georg Herwegh 1841, die Kaisersagen und -prophetien der Deutschen aufgreifend, in maritim-lyrische Form gegossen hatte.

„Ich will einen Teutschen Helden erwecken", verspricht jener Jupiter in Grimmelshausens monumentalem Barockroman[341], und prophezeit, dass er diesem kraft seiner göttlichen Natur, gleichsam per Gottesgnadentum, die „Beherrschung über die gantze Welt"[342] verleihen werde – so wie sich dies in den ‚Praktiken', den volkstümlichen Prophezeiungen vom Ende der Welt und dem Anbruch eines weltweiten Friedensreiches, herbeigeführt und gelenkt von einem ‚Endkaiser', namentlich zu Beginn des 16. Jahrhunderts in der deutschen Flugschriftenliteratur vorgebildet fand – so bei Wilhelm Fries (es „soll erstehen ein Keiser, dessen gewalt soll sich strecken vber die ganze welt"[343]) oder bei Johann Lichtenberger, in dessen Traktaten dieser Kaiser „wird vberall regieren (...) vom auffgang bis zum niddergang"[344]. Und dieser ‚teutsche Held' ähnelt nicht nur dem in Weissagungen und Gedichten erfundenen, sondern auch jenem realen ‚herrlichen jungen Kaiser', der 1888 auf den Thron des Deutschen Reiches gelangt und dort entlang der alten Kaisersagen, die er schon als Kind verschlungen hatte, seine Marinepassion, jene ‚unheilbare Krankheit', die das deutsche Heer so fürchtete, auslebt und mithilfe seines Großadmirals Alfred v. Tirpitz zur Jagd auf den Dreizack bläst, der in die deutsche Faust gehöre.

Dem Friedenskaisertum der alten Kaiserprophetien entspricht dabei die merkwürdige Funktion der kaiserlichen Flotte als ‚schimmernde Wehr', als ‚fleet in being', die nur durch ihr bloßes, imposantes und furchteinflößendes (‚Risikoflotte') Dasein das Deutsche Reich zur Teilhabe an Weltmacht, wenn nicht gar, es wurden dazu hier einige

---

341 Grimmelshausen, S. 210.
342 Ebd., S. 213.
343 S. Fries, B v.
344 S. Lichtenberger, Fiij r; s. a. Ganseuer (1988), S. 150ff.

Hinweise gesammelt, zur seebeherrschenden Weltmacht Nr. 1 führen soll, gleichsam in Form einer mehr oder weniger ‚freundlichen Übernahme' mit den ‚schimmernden', lautlos wirkenden Mitteln der Marine.

Und so erhebt sich in den „herrlichen Tagen" Wilhelms II. erneut ein deutscher Flottentraum, der viel von den ausufernden Flottenplänen der ‚Tendenzdichter' des Vormärz übernommen hatte: die nationale Idee, die der staatlichen Macht und Einheit und die eines Erbkaisers an der Spitze – und idealerweise, so hat dies Wilhelm II. gleichsam ‚weiterentwickelt', einer Weltmacht mit dem Dreizack in der Faust.

Und Wilhelmshaven wurde schließlich zum Hauptort der Realisierung dieses Traumes. Nicht ohne Grund hat Wilhelm II. ‚Seinen' Kriegshafen dort an die vierzigmal besucht. Heute ist die Stadt, nach wechselvoller Geschichte, die sie im Verlaufe zweier Weltkriege jeweils an den Rand ihrer Existenz brachte und die ihrem ‚Erfinder', dem Prinzen Adalbert, ein in Bronze gegossenes Ebenbild in der nach ihm benannten Straße in der Nähe der heutigen Marineoffiziersmesse verehrt hat, größter deutscher Marinestützpunkt, ja größter Standort der Bundeswehr überhaupt, und nach wie vor die ‚Heimat der Dickschiffe' der Flotte, der Fregatten und Versorgungsschiffe, die als ‚Arbeitspferde' der Marine mit ihren Besatzungen einen Großteil der maritimen Einsätze der Bundeswehr tragen.

So ist, und da hatte Heinrich Heine in seinem Gedicht ‚Unsere Marine' ganz Recht, der Traum von einer großen, weltbeherrschenden deutschen Flotte – zum Glück – tatsächlich ausgeträumt[345], wie auch

---

[345] In seinem 1845 erschienenen Gedicht ‚Unsere Marine' ironisiert Heinrich Heine die Flottenparade Ferdinand Freiligraths aus dessen Gedicht ‚Flotten-Träume', indem er dessen Schiffsnamen deutscher Nationalhelden (u. a. Luther, Goethe, Schiller) durch die der von ihm sogenannten ‚Tendenzpoeten' Prutz, Schwab, Freiligrath selbst und Fallersleben ersetzt („Und auf dem Fallersleben,/ Dem alten Schiffprügel, hat mancher sich/ Gemüthlich übergeben." (Heine (1983), S. 184). Gleich zu Anfang von Heines ‚Nautischem Gedicht', so der Untertitel von ‚Unsere Marine', finden sich dann auch Andockstellen zu den Flottengedichten von Ferdinand Freiligrath und Georg Herwegh: „Wir träumten von einer Flotte jüngst." (Heine (1983), S. 183) zu Freiligraths ‚Flotten-Träumen' (s. Freiligrath (1909), S. 76) sowie „Und segelten schon vergnüglich,/ Hinaus aufs balkenlose Meer." (Heine (1983), S. 183) zu Herweghs ‚Schrankenlosem' des ‚heil'gen Meeres' (s. Herwegh (1909), S. 109). Heines Gedicht, das vermeintlich so hoffnungsvoll flotteneuphorisch anhebt („Und segelten schon vergnüglich/ Hinaus aufs balkenlose Meer,/ Der

der Kaiser oder ein Flaggschiff namens BARBAROSSA die Zeiten nicht überdauert haben. Wilhelmshaven hingegen hat trotz alledem überlebt. Und mit der Stadt und weiteren Stützpunkten in Kiel, Eckernförde und Warnemünde auch eine Deutsche Marine, integriert in das Seebündnis der NATO – eine Teilstreitkraft, die in Erinnerung an jene Sitzung der Nationalversammlung in der Frankfurter Paulskirche vom 14. Juni 1848, als dort eine „deutsche Marine" unter den Farben Schwarz-Rot-Gold aus der Taufe gehoben wurde[346], stets an diesem Tag das Gründungsdatum einer ersten parlamentarisch konstituierten deutschen Marine, ihren Geburtstag, begeht[347].

4.1. Appendix A.: Kampf um die Suprematie – Die Sicht eines Zeitzeugen: Ludwig Dehio

Fritz Fischers Sicht der Dinge fußt wesentlich auf den vorhergehenden Studien und Veröffentlichungen des Marburger Geschichtsprofessors und Direktors des dortigen Staatsarchivs, Ludwig Dehio. Der hatte als Herausgeber der ‚Historischen Zeitschrift' ab ihrem Neubeginn 1946 seine Kerngedanken zu den hegemonialen Bestrebungen des wilhelminischen Reiches als wesentliche Ursache des ‚Ausbruchs' des Ersten Weltkriegs mit dem Vortrag ‚Deutschland und die Epoche der Weltkriege' auf dem Historikertag 1951 publik gemacht. Hiermit sowie mit seinen späteren Veröffentlichungen hatte er nachhaltig die Überlegungen Fritz Fischers zum ‚Griff nach der Weltmacht' durch das Deutsche Reich, so der Titel von dessen wirk- und kontroversenmächtigen Buches von 1961, inspiriert und vorbereitet, namentlich mit seinen Schriften ‚Gleichgewicht oder Harmonie' (1948) und vor allem ‚Deutschland und die Weltpolitik im 20. Jahrhundert' (1955).

Deutlicher als später Fischer sieht Dehio, während des Ersten Weltkriegs Offizier an der Westfront und dort schwer verwundet, in Deutschlands Kampf um die Suprematie aber vor allem auch die maritime Komponente in dem vom Deutschen Reich vor allem gegen-

---

Wind war ganz vorzüglich." (Heine (1983), S. 183) führt doch am Ende in tiefe, ironisch eingefärbte Resignation: „Wir träumten so schön, wir hatten fast/ Schon eine Seeschlacht gewonnen-/ Doch als die Morgensonne kam,/ Ist Traum und Flotte zerronnen." (Heine (1983), S. 184).

[346] S. ausführlich Ganseuer/ Walle, Die Parlamentsmarine. Berlin 2023.

[347] S. Duppler, S. 9.

über England aufgebauten Drohpotenzial – eine Offensive, die nur fadenscheinig und verschleiernd als ‚Risikogedanke‘, mithin als bloß defensives Abschreckungsmittel, deklariert werde, und dies namentlich gegenüber dem Reichstag und der Öffentlichkeit, mit erhofft dämpfender Fernwirkung aber auch in England: „Verfügt sie (die jüngere, aufstrebende Macht; F.G.) aber dabei über solch elementare Riesenkräfte anschwellender Zivilisation wie das wilhelminische Reich (im Unterschiede zu den künstlichen Anstrengungen des alten Preußens), dann muss sie wohl unvermeidlich dem Mißtrauen der Nachbarn, die ihm keine ähnliche Vitalität entgegenzustellen haben, geradezu als der Störenfried erscheinen – vollends, wenn sie sich wie Deutschland auf ein neues Wirkungsfeld hinausbegibt, den Ozean, auf dem ihr keine ältere Erfahrung mäßigend zur Seite steht und auf dem sie den gesamten Status quo des Staatengefüges in Mitleidenschaft zieht. Es scheint daher durchaus unfruchtbar, das Gesamtphänomen der singulären Dynamik Deutschlands bei der Erörterung der Kriegsursachen an die Seite zu schieben und sich mit dem verwaschenen Urteil zu begnügen, so oder so hätten die Mächte alle zur Katastrophe beigetragen. (…) Diese singuläre Dynamik steht machtvoll drängend hinter der ‚friedlichen‘ Politik Deutschlands; genauer hinter ihrem Kernstück, dem Flottenbau.‟[348]

Diese Herausforderung zur See bezeichnet Dehio als ‚kalten Krieg‘, ein „elastischer Mittelbegriff‟, „der zwischen den Polen des Krieges oder des Friedens oszilliert‟[349], wobei Dehio auf eine ähnliche Begrifflichkeit bei Hans Delbrück („trockener Krieg‟[350]) verweist und auch Wilhelm Widenmanns Erinnerungen ‚Marineattaché in London 1907-12‘, in denen der Terminus „latenter Krieg‟ verwendet wird, anführt.[351]

„Was ist es mit einem solchen trockenen oder kalten Kriege? Wer ihn führt, wünscht optimal seine Ziele im Frieden zu erreichen. Aber – diese Ziele sind nicht defensiver Art, sondern offensiver! Ihre Erreichung soll den Gegner aus seiner bisherigen Position verdrängen, aus seinem Range, und also bewirken, was sonst nur ein Waffengang

---

[348] Dehio, S. 66.
[349] Ebd., S. 66.
[350] Ebd., S. 67.
[351] Ebd., S. 67, Anm. 1.

166

vermag. Auch werden allerdings Waffen eingesetzt. Denn um abschreckend und bedrohend die gewünschte Entwicklung zu forcieren, wird die eigene Waffenrüstung vorangetrieben – immer jedoch in der Hoffnung, man werde von ihr keinen Gebrauch zu machen haben. Soll sie doch das Kriegsrisiko des Gegners derartig überhöhen, daß er nicht wage, aus solchem ihm aufgezwungenen kalten Kriege in den heißen auszubrechen und erschöpft seine Position friedlich preisgebe. Aber ist solch Preisgabe mit Sicherheit vorauszuberechnen? Doch niemals! Und so muß denn eine friedliche Offensive der gemeinten Art auch ein eigenes Kriegsrisiko in Kauf nehmen, nur daß sie den Entschluß zum Losschlagen der anderen Seite nach Bedarf zuschieben mag. Auf diese Weise können für den unerwünschten Fall echten Krieges die Rollen des Angreifers und Verteidigers geradezu vertauscht erscheinen.‹"[352]

Das ist Fritz Fischer maritim, ‚Griff nach der Weltmacht' über die See, mit der Flottenrüstung und deren, zumindest beabsichtigter, Verdrängungskraft als eigentlichem Stachel im Fleisch nicht nur der Engländer, sondern des gesamten europäischen Mächteensembles – mittels der Enttarnung der Risikotheorie als deklarierter Kriegsverhinderungsstrategie bei gleichzeitiger Verdrängung des Gegners aus seiner bisherigen Position. Also ein offensives Konzept mit defensiven Mitteln, das man, vergleichsweise zum ‚Kalten Krieg' nach dem Zweiten Weltkrieg, auch mit dem Wort vom ‚Totrüsten' auf einen zugegebenermaßen unappetitlichen, gleichwohl aber treffenden Begriff bringen kann. Der defensive Anschein des Konzeptes, seine Janusköpfigkeit, wird dabei durch den Terminus ‚Risikoflotte' gewahrt. Genau deshalb hat den Begriff in deutschen Marinekreisen auch niemand ernst genommen[353]. Er erlaubte allerdings dem Kaiser, sich weiterhin als Friedenskaiser und ‚Arbiter mundi' zu stilisieren.

In Wahrheit aber, so Dehio, stehe hinter all diesem ein Fernziel: „Und da springt dann in die Augen, daß der Flottenbau trotz der bekannten defensiven Argumente im Vordergrunde – und welche Rüstung verwertet dergleichen nicht? – von vornherein einem großen offensiven Fernziel zustreben soll. Er soll seine Erreichung tunlichst im Frieden decken, aber auch auf die Gefahr des Krieges. Worin besteht dieses

---

[352] Ebd., S. 67.
[353] S. Michaelis, S. 407.

Fernziel: (...) in einer neuen Funktion der deutschen Macht dank der Flotte, in ihrer prestigemächtigen wie tatsächlichen Gleichberechtigung neben anderen Weltmächten im kommenden Weltsystem, das heißt aber anders gewendet, in der Verdrängung Englands aus seiner Suprematie, die der Bildung eines wirklich freien Weltsystems im Wege steht. Die territorialen Gewinne werden sich dann schon von selbst einstellen, ‚die großen Griffe in die Weltgeschichte' (Friedr. Naumann). (...) Es kam für uns also nicht darauf an, durch die Seerüstung zu verteidigen, was wir besaßen, sondern mit ihrer Hilfe friedlich zu erringen, was wir besitzen wollten: Weltmacht."[354]

Suprematie (und deren Erlangung per Flottenverdrängung) ist ein Kardinalwort in der Argumentation Dehios, und das nicht von ungefähr; Wilhelm II. hat es selbst zur Beschreibung seines weltpolitischen Zieles verwandt: „Die britische Suprematie zur See ‚geht in die Binsen!' rief er aus"[355] – und zwar als Reichskanzler v. Bethmann Hollweg im Reichstag am 9. Dezember 1913 „eine Grundsatzrede über die Außenpolitik hielt, in der er die ‚in so erfreulicher Weise fortschreitende Besserung unseres Verhältnisses zu England' und die allmähliche Wiederannäherung der beiden stammverwandten Völker begrüßte."[356]. Britische Zeitungen kommentierten daraufhin, „daß eine derartige Annäherung undenkbar sei, solange England sich durch den deutschen Flottenbau in seiner Vorherrschaft zur See bedroht fühlte."[357] Dem hielt der Kaiser entgegen: „Freundschaft auf Bedingung, daß einer eo ipso den Andren stets als den Stärkeren anerkennt, ist Blödsinn; das ist einfach Protectorat! Und schließt eine Capitulation Deutschlands zur See, die ich nun und nimmer unterschreiben werde (ein)[358]. Dann muß es eben ohne dem gehen."[359]

Dergestalt sieht Ludwig Dehio die Flottenpolitik, und da versichert er sich bei vielen Gelehrten der Zeit (Delbrück, Meinecke, Hintze, Naumann), als Hebel zur Verdrängung Englands von jener Suprematie und der Errichtung eines neuen Weltstaatensystems mit Deutsch-

---

[354] Dehio, S. 68f.
[355] Röhl (1993ff.), S. 1051.
[356] Ebd., S. 1051.
[357] Ebd., S. 1051.
[358] ‚ein' ergänzt durch F.G.
[359] Zit. ebd., S. 1051.

land und dessen weltpolitischer ‚Sendung‘ an der Spitze. „Wir Deutsche suchten in echt preußischer Methode, das heißt mit Hilfe systematischer Rüstung, diesmal zur See, aus der europäischen Enge hinaus in das erhoffte Weltgleichgewichtssystem einzudringen, so wie einst Preußen eingedrungen war in das europäische Gleichgewichtssystem. Es war das aber nicht möglich, ohne dies europäische System gleichsam auf sein Altenteil zu verweisen. Es war auch nicht möglich, ohne zugleich England auf sein Altenteil zu verweisen: ohne es zurückzudrängen – in Europa aus seiner Stellung als Bürge des bisherigen Gleichgewichtes, in der Welt aus seiner Stellung als Inhaber der Seehegemonie.“[360]

Dehios analytische Leitbegriffe, die er in seinem Aufsatz ‚Deutschland und die Epoche der Weltkriege‘[361] vorstellt, sind (See)-Hegemonie, Hegemonialmacht, Hegemonialkrieg[362]: „Das Kernstück sämtlicher Kämpfe um die europäische Hegemonie (nur um diese handelt es sich) erblicken wir in den Konflikten, in die die jeweils stärkste Macht auf dem alten Kontinent (nicht in seinen östlichen Außenbereichen) mit der Seemacht gerät“[363]. Während „in der preußisch-deutschen Geschichte vor dem Flottenbau“[364] davon keinesweg die Rede sein könne, habe sich nun, „durch den Expansionsdrang des verjüngten Deutschlands“[365], eine grundsätzlich andere Situation ergeben: „Es war, als ob die Kulissen der kontinentalen Bedrängnis beiseitegeschoben zum ersten Male der verspäteten Nation den Blick in die Weite der Welt freigäben.“[366]

Auch dazu versichert sich Dehio bei den Autoritäten der damaligen Debatte, Historikern, Politikern, ‚Flottenprofessoren‘: Zuvörderst bei Max Lenz, den er mit dessen einprägsamem Begriff vom „englischen Erbfolgekrieg“[367] aus dessen Buch ‚Die großen Mächte‘, erschienen

---

[360] Dehio, S. 12.
[361] In: ebd., S. 9ff. („Der nachfolgende Aufsatz gibt in etwas erweiterter Fassung einen Vortrag wieder, der auf der 21. Versammlung deutscher Historiker (September 1951) gehalten wurde.“ (Ebd., S. 9, Anm. 1)).
[362] S. ebd., S. 10f.
[363] Ebd., S. 11.
[364] Ebd., S. 11.
[365] Ebd., S. 12.
[366] Ebd., S. 36.
[367] Zit. ebd., S. 41.

im Jahre 1900, ins Felde führt. Max Lenz, so Dehio, „wirkte stark als akademischer Lehrer. Sein Freund und Altersgenosse Hans Delbrück, einflußreicher Lehrer auch er an der Berliner Universität, verbreitete zugleich, nach Treitschke Redakteur der ‚Preußischen Jahrbücher‘, verwandte Gedankengänge in dem größeren Kreise der Gebildeten."[368] Dazu führt Dehio im Wesentlichen die Ablösung der „Überordnung Englands (…) durch ein Gleichgewicht konkurrierender Seemächte"[369] an sowie die Rolle des wilhelminischen Flottenbaus – versprach dieser doch „dabei mitzuwirken, die englische Seehegemonie durch ein Weltstaatensystem zu verdrängen."[370]

Eine derartige klaglose Eingliederung in ein übergeordnetes System erscheint allerdings nur dann plausibel, wenn man außer Acht lässt, dass sich Deutschland unter seinem neuen Kaiser mindestens als primus inter pares in diesem System der Weltstaaten empfand, und der Kaiser selbst ausdrücklich als ‚Arbiter mundi‘, als Weltschiedsrichter, also als eigentlicher ‚Chef im Ring‘ – eine Selbstwahrnehmung, die auch angesichts des Bildes, das sich Wilhelm II. von sich selbst als Kaiser zurechtgelegt hatte, kaum verwunderlich ist; es ist vielmehr im Hinblick auf das von ihm beschworene Gottesgnadentum seiner Herrschaft nicht weniger als logisch, ja natur- und geschichtsnotwendig – und die weltgeschichtliche ‚Sendung‘ des Kaisers wie seines Volkes ist dies gleichermaßen. Der Geschichtswissenschaft aber, so Dehio weiter, fiel nun „die wichtige Aufgabe zu, die erhoffte Zukunft organisch herauswachsen zu lassen aus der Vergangenheit. Das gelang auf einfachste Weise den primitiven Erben Treitschkeschen Temperamentes, den Alldeutschen zumal. Für ihre selbstherrliche Leidenschaft überragte die Geschichte des eigenen Volkes alles übrige Geschehen an Bedeutung dermaßen, daß unsere jüngste glorreich emporweisende Entwicklungslinie ihnen wie selbstverständlich die Aussicht auf entsprechende Weiterführung in der Weltpolitik verbürgte."[371] Und dies alles gepaart, dabei notwendigerweise mit dem Gottesgnadentum unlösbar verbunden, mit der ‚Sendung‘, der Mission

---

[368] Ebd., S. 39.
[369] Ebd., S. 40.
[370] Ebd., S. 40.
[371] Ebd., S. 36.

der Deutschen in der Welt, einem gleichsam auserwählten, in der Welt beispielgebenden und dergestalt zur Führung berufenen Volk.

Dehio zitiert dazu Hans Delbrück im Februarheft der ‚Preußischen Jahrbücher‘ von 1899 mit dem Satz, „die Verbreitung des Deutschtums liege nicht allein im Interesse des deutschen Volkes, sondern der ganzen Menschheit."[372] Das sah auch der Kaiser so: „Aus dem Deutschen Reiche ist ein Weltreich geworden. Überall in fernen Teilen der Erde wohnen Tausende unserer Landsleute. Deutsche Güter, deutsches Wissen, deutsche Betriebsamkeit gehen über den Ozean. Nach Tausenden von Millionen beziffern sich die Werte, die Deutschland auf der See fahren hat. An sie, meine Herren, tritt die ernste Pflicht heran, Mir zu helfen, dieses größere Deutsche Reich auch fest an unser heimisches zu gliedern."[373] – ein weltweites Reich der deutschen Sprache, der Kultur und des Handels, beschützt durch des Kaisers Marine und in dem, die alten deutschen Kaiser lassen grüßen, die Sonne nicht unterging[374]. „Weithin zieht unsere Sprache ihre Kreise auch über die Meere, weithin geht der Fluß unserer Wissenschaft und Forschung. (…) Und dieses ist das Welt-Imperium, das der germanische Geist anstrebt."[375] Naheliegende politische Ambitionen, die mit einem derartigen „Welt-Imperium" einhergehen, werden in einer seltenen Geste diplomatischer Zurückhaltung bestritten: „Ich habe mir gelobt, auf Grund Meiner Erfahrungen aus der Geschichte, niemals nach einer öden Weltherrschaft zu streben. Denn was ist aus den großen sogenannten Weltreichen geworden? Alexander der Große, Napoleon der Erste, alle die großen Kriegshelden, im Blute haben sie geschwommen und unterjochte Völker zurückgelassen, die beim ersten Augenblick wieder aufgestanden sind und die Reiche zum Zerfall gebracht haben. Das Weltreich, das Ich Mir geträumt habe, soll darin bestehen, daß vor allem das neuerschaffene Deutsche Reich von allen Seiten das absoluteste Vertrauen als eines ruhigen, ehrlichen friedli-

---

[372] Ebd., S. 76, Anm. 2.

[373] Wilhelm II., Festansprache zum 25. Jahrestag der Begründung des Deutschen Reichs, 18. Januar 1896, zit. b. Obst, S. 145.

[374] S. a. die kuriose, gleichwohl bezeichnende imperiale Geste in der mehrere Zeitzonen anzeigenden ‚Reichs-Colonial-Uhr‘, die im Deutschen Marinemuseum in Wilhelmshaven aufbewahrt wird - verkündet diese doch stolz auf ihrem Zifferblatt: „Kein Sonnenuntergang in unserem Reich."

[375] Wilhelm II., Rede im Rathaus von Aachen, 19. Juni 1902, zit. b. Obst, S. 247.

chen Nachbarn genießen soll, und daß, wenn man dereinst vielleicht von einem deutschen Weltreich oder einer Hohenzollernweltherrschaft in der Geschichte reden sollte, sie nicht auf Eroberungen begründet sein soll durch das Schwert, sondern durch gegenseitiges Vertrauen der nach gleichen Zielen strebenden Nationen."[376]

Wie das gemeint war, erklärte der Kaiser dann ein halbes Jahr später: „Wenn so das deutsche Volk in sich gefestet und Gott vertrauend in die Welt hinaustritt, dann wird es auch befähigt sein die großen Kulturaufgaben zu lösen, die ihm die Vorsehung in der Welt bestimmt hat, nach innen geschlossen, nach außen entschlossen."[377] – „Dann wird unser deutsches Volk der Granitblock sein, auf dem unser Herrgott seine Kulturwerke an der Welt aufbauen und vollenden kann. Dann wird auch das Dichterwort sich erfüllen das da sagt: „An deutschem Wesen wird einmal noch die Welt genesen."[378] So war man also auch lyricherseits ganz auf Linie mit dem Allerhöchsten Ideengeber, dem Welt- und Friedenskaiser. Auf den meisten deutschen Universitätskathedern war man dies ohnehin. Und so kann Dehio dann auch Max Lenz zitieren, dass es gerade die Rüstung sei, die den Frieden erhalte, sei sie doch „das beste Abschreckungsmittel gegen den Krieg"[379]. Allerdings, so gibt Dehio zu bedenken, sei sie durch die Risikotheorie von Tirpitz „auch auf den maritimen Bereich übertragen worden, mit der Spitze gegen England."[380] Was aber, so fragt der Marburger Archivdirektor weiter, „wenn die friedliche deutsche Offensive, eine Art von kaltem Krieg gegen die englische Weltstellung (…) eines Tages doch in den echten Krieg einmündete?"[381] Da hatte Delbrück, der sich der Auffassung von Lenz angeschlossen hatte, vorsichtshalber eine Sicherung eingebaut, die allerdings mehr ein Wunsch, höchstens aber ein Appell war: „Deutschlands Ziel dürfte es unter keinen Umständen sein, England niederzukämpfen. Sein etwai-

---

[376] Wilhelm II., Enthüllung eines Denkmals Kaiser Friedrichs, Bremen, 22. März 1905, zit. b. Obst, S. 264f.

[377] Wilhelm II., Festmahl für die Rheinprovinz, Koblenz, 12. September 1905, zit. b. Obst, S. 272.

[378] Wilhelm II. Festmahl für die Provinz Westfalen, Münster, 31. August 1907, zit. b. Obst, S. 287.

[379] Zit. b. Dehio, S. 42.

[380] Ebd., S. 42.

[381] Ebd., S. 42.

ger Sieg über England wäre geradezu das größte Unglück, das den Sieger treffen könne. Würde es dann doch tatsächlich der Weltherrschaft nahe kommen."[382] – und zwar der alleinigen, nicht der bloßen Teilhabe daran in einem Weltmächtesystem, ggf. neben und mit England. Dehio zitiert dazu Delbrück aus dessen Buch ‚Vor und nach dem Weltkrieg', kurioserweise 1912 verfasst, in dem Delbrück ausführe, „nicht zum Schutz des Handels sei die Flotte da sondern um ‚gebührenden Anteil an der Weltherrschaft' zu erringen."[383]. Das hingegen würden sich, so Dehio, die Engländer aber durchaus verbitten: An der Seemacht „hängt Englands ganze Existenz: nach einer Niederlage zur See kann es sich nicht wieder erheben. Freilich versichert Delbrück den Engländern begütigend, wir hätten es ja nur auf die Beseitigung ihrer universalen Macht abgesehen, und wollten nicht weiter gehen, sie also als Weltmacht *neben* anderen bestehen lassen. Konnte aber eine solche naive, wenn auch ehrliche Versicherung (…) einen Engländer beruhigen? Der Verlust ihrer universalen Suprematie lieferte ja die Insel dem Wohlwollen ihres festländischen Rivalen aus!"[384]

Und wenn die ‚Insel' nicht willig sei, dann eben mit Gewalt: „An eine Preisgabe des weltpolitischen Fernzieles dachte er (Hans Delbrück; F.G.) niemals und scheute vor keinem Risiko zurück, um mindestens den Weg zu seiner Erreichung offenzuhalten. – Geradezu trotzig aber bekennt sich Max Weber zu dem unvermeidlichen Kriegsrisiko des deutschen Aufstieges. ‚Wollten wir diesen Krieg nicht riskieren', ruft er rückblickend 1916 aus, ‚so hätten wir die Reichsgründung unterlassen sollen."[385] Denn diese sei, so referiert Dehio die Ausführungen Webers weiter, „als ein Jugendstreich zu werten ohne auf ihr aufbauende Weltpolitik. – Und ganz ähnlich fühlte sich P. Rohrbach[386] von

---

[382] Ebd., S. 42.
[383] Ebd., S. 70, Anm. 1.
[384] Ebd., S. 70.
[385] Zit. ebd., S. 73.
[386] Fehrenbach verweist auf S. 164, Anm. 50, wie folgt darauf: „Paul Rohrbach (Theologe und politischer Publizist, Mitarbeiter im Nachrichtenbureau des Reichsmarineamtes 1914-1918; F.G.), Der deutsche Gedanke in der Welt, 1912, S. 191: „Sollte es vom Schicksal bestimmt sein, daß wir nicht an das Ziel gelangen, ein Weltvolk zu werden, dann darf darüber nicht die Proklamation der englischen Suprematie, sondern dann muß die Sprache der Geschütze entscheiden."

der suggestiven Dynamik des preußisch-deutschen Aufstieges in den Bereich des Kriegsrisikos verlockt. Auch er erblickte die Bedeutung der Reichsgründung eben darin, daß sie uns im letztmöglichen Augenblicke den Wettbewerb mit England ermöglicht habe. Wie er aber diesen Wettbewerb verstand, lehrt der folgende Satz: es müßten die Geschütze sprechen, wenn England seine Suprematie nicht freiwillig drangäbe. (…) Kein Zweifel, die liberalen Imperialisten und mit ihnen weiteste Kreise der Oberschichten waren grade in den letzten Jahren vor Kriegsausbruch bereit, lieber jenen europäischen Krieg hinzunehmen, als das offensive Fernziel preiszugeben, das sie seit der Jahrhundertwende ins Auge gefaßt hatten. (…) Das große Ziel blieb unverrückt: seine (Englands; F.G.) Verdrängung aus der Suprematie. Freilich, je enger das Fahrwasser des kalten Krieges wurde, umso mehr verließ uns das kalte Blut, um so nervöser äußerte sich jene Bereitschaft zum Letzten in drohendem Säbelgerassel, ja geradezu im Spiel mit dem Präventivkrieg. Ein Gradmesser dieser Stimmung: die wieder ansteigende Bedeutung der Alldeutschen. (…) Und mochten sie (die ausländischen Beobachter; F.G.) etwa den alldeutschen Einfluß im Auswärtigen Amt irrig einschätzen, so läßt sich dafür dieser Einfluß im Reichsmarineamt nicht bestreiten: sein Leiter aber war ja die Schicksalsfigur der Vorkriegszeit, nicht die Reichskanzler!"[387]

Und Berghahn hat sicher recht, wenn er zu Ludwig Dehios Analysen und Schlussfolgerungen schreibt: „Seine universalgeschichtliche, am Problem von ‚Gleichgewicht und Hegemonie' orientierte Sicht globaler Zusammenhänge hat es ihm ermöglicht, jenseits von Gefühlen der Bewunderung und Ablehnung eine der feinsinnigsten Interpretationen der Flottenpolitik zu liefern, die wir besitzen."[388]

Dies „große Ziel", die „Verdrängung Englands aus der Suprematie", wie dies Dehio beschreibt, das also wäre das ‚Endstadium' des Tirpitzschen Flottenbaus, jene schon von Reichskanzler Bernhard von Bülow anvisierte und von Dehio zitierte „Neuverteilung der Welt."[389] Das ist Fritz Fischer plus Marine. Und die universale, Konkurrenten in gleichem Maße wie die Flotte verdrängende Kaiseridee Wilhelms II., die er von seinem Vater Friedrich III. übernommen hatte, es kön-

---

[387] Dehio, S. 73f.
[388] Berghahn, S. 197.
[389] Zit. ebd., S. 71.

ne nämlich nur einen Kaiser geben in der Welt, und das sei der deutsche, wäre dann auch einer der tragenden Pfeiler dieses ‚Tirpitz-Planes' – wenn nicht überhaupt dessen Voraussetzung.

4.2. Appendix B.: Gottesgnadentum und Cäsarismus

Anachronistisch war in wilhelminischer Zeit bereits die Wiederbelebung des Gottesgnadentums als Kaiserattribut: „Weit entfernt, eine der modernen pluralistischen Industriegesellschaft gemäße Regierungsform einzuführen, ging der neue Kaiser daran, seine geradezu friderizianischen Vorstellungen einer monarchisch-militaristischen Eigenherrschaft von Gottes Gnaden umzusetzen"[390] – allerdings, so bliebe zu ergänzen, inklusive einer ‚modernen', gleichsam abendländischen Modifizierung: „Wenn sich die Hohenzollern-Fürsten ‚von Gottes Gnaden' nennen, so ist dies nicht wie bei den orientalischen Herrschern ein Anspruch auf Göttlichkeit, sondern ein Ausdruck christlicher Demut und Frömmigkeit, der aber auch zugleich den Begriff göttlich übertragener Pflichten in sich schließt."[391], so Wilhelm II. in einer Thronrede im Jahre 1890. Gleichwohl war dies „eine deutliche Absage an Volkssouveränität und Parlamentsherrschaft"[392]: „Als Instrument des Herrn Mich betrachtend, ohne Rücksicht auf Tagesansichten und Meinungen, gehe Ich meinen Weg."[393] Im Kern, und darauf verweist die Formulierung von den „göttlich übertragenen Pflichten", gehörte das Gottesgnadentum in seiner hergebrachten Form also integral, ja konstitutiv zum Legitimationsarsenal der wilhelminischen Regentschaft: „Mochte auch die ‚Persönliche Monarchie' in Bismarcks Augen nichts weiter als eine legale Fiktion gewesen sein – Wilhelm II. nahm sie wörtlich und verstand das monarchische Prinzip von Gottes Gnaden als Legitimierung seiner Eigenherr-

---

[390] Röhl (2013), S. 31. „Wilhelm II. faßte das Kaisertum von vornherein als Symbol der Nation und Reichsmonarchie von Gottes Gnaden auf – anders als sein verehrtes, aber falsch verstandenes Vorbild Wilhelm I., der (…) in erster Linie König von Preußen blieb und als solcher lediglich für das Bundespräsidium den Amtstitel Kaiser führte." (Fehrenbach, S. 89).

[391] Wilhelm II., Thronrede zur Eröffnung des Reichstags, Berlin, 6. Mai 1890, zit. b. Obst, S. 43.

[392] Fehrenbach, S. 116.

[393] Wilhelm II., Königsberger Rede vom 25. August 1910, zit. b. Fehrenbach, S. 116.

schaft."[394] Und so sagte er es auch. Gelte es doch für ihn, den von Gott bestimmten Monarchen, „auf dem Wege vorwärts zu schreiten, der Mir vom Himmel gewiesen ist."[395] Auf dieser Grundlage kann Wilhelm dann auch in der gleichen Rede seine „felsenfeste Überzeugung" ausdrücken, „daß unser Alliierter von Roßbach und Dennewitz Mich dabei nicht im Stich lassen wird" und seinem Volke prophezeien: „Zu Großem sind wir noch bestimmt, und herrlichen Tagen führe Ich euch noch entgegen. (…) Mein Kurs ist der richtige und er wird weiter gesteuert!"[396]

Das sind keine Floskeln. Wilhelm II. war persönlich davon überzeugt, dass auf ihm, wie auf allen deutschen Kaisern, die Gnade Gottes ruhe und dass er, im Gefolge seiner Ahnen, von Gott zur kaiserlichen Herrschaft berufen sei. Dies hatte er bereits zuvor in Königsberg für sich reklamiert, und zwar in direkter Nachfolge seines Großvaters, „daß Königsberg durch eine Thatsache für unser ganzes modernes Leben einen bedeutenden Platz erhalten hat dadurch, daß Seine Majestät der dahingegangene Kaiser Wilhelm I. das Königtum von Gottes Gnaden von neuem hier proklamiert und dort in der Schloßkirche der gesamten Welt gegenüber zum Ausdruck gebracht hat; dieses Königtum von Gottes Gnaden, was ausdrückt, daß Wir Hohenzollern Unsere Krone nur vom Himmel nehmen und die darauf ruhenden Pflichten dem Himmel gegenüber zu vertreten haben. Von dieser Auffassung bin auch ich beseelt, und nach diesem Prinzip bin Ich entschlossen, zu walten und zu regieren."[397] Die bei Wilhelm II. nahezu ständig wiederkehrende Berufung auf seinen Großvater findet sich auch, und vor allem, beim Thema des Gottesgnadentums – ja, die allumfassende Vereinnahmung Wilhelms I. durch den Enkel geht geradezu von diesem Dreh- und Angelpunkt der Kaiseridee aus: „So

---

[394] Röhl (2013), S. 32.
[395] Wilhelm II., Rede beim Festmahl des Brandenburgischen Provinziallandtags, 24. Februar 1892, zit. b. Obst, S. 86.
[396] Ebd., S. 88.
[397] Wilhelm II., Trinkspruch beim Festmahl des Ostpreußischen Provinziallandtages im Börsensaal des Königlichen Schlosses, Königsberg, 15. Mai 1890, zit. b. Obst, S. 48.

vertrete auch Ich gleich meinem Kaiserlichen Großvater das Königtum aus Gottes Gnaden.''[398]

Dabei wird der selige Wilhelm I. als leuchtendes Beispiel, nachgerade
als Beweis, für die Wirkkraft des Gottesgnadentums, das auf allen
deutschen Kaisern gelegen habe und mithin auch auf ihnen, den Hohenzollern, ruhe, herbeizitiert, um nicht nur ihn, den neuen Kaiser,
sondern im gleichen Atemzuge auch ‚Sein' Volk mit göttlicher Aus-
erwähltheit zu adeln: „Wir erkennen aus dem prüfungsreichen Leben
dieses hohen Herrn, wie der Weltenschöpfer das Volk im Auge behielt, welches er sich erwählt hatte, um endlich der Welt den Frieden
zu geben, und auch das Instrument sich baute (das Heer; F.G.), welches dieses Volk dazu führte.''[399]

So ruht das Gottesgnadentum mittels jener ‚Erwähltheit' auch auf
dem deutschen Volk, das, wie gehört, der Weltenschöpfer im Auge
behielt. Und wie beim Dreizack kann es auch beim Gottesgnadentum
nur einen geben, einen Meergott und ein auserwähltes Volk. Daher
kann es auch nur einen Kaiser in der Welt geben, und das ist der
deutsche[400], ausgestattet und ausgezeichnet mit eben jenen „göttlich
übertragenen Pflichten." Daher gelte es umso mehr: „Die Augen auf!
Den Kopf in die Höhe! Den Blick nach oben, das Knie gebeugt vor
dem großen Alliierten, der noch nie die Deutschen verlassen hat.''[401]
Eine Sicht der Dinge, die von Wilhelm im Verlaufe des Ersten Weltkriegs, der Feuerprobe dieses Gottesgnadentums, umso vehementer,
wenngleich auch am Ende vergeblich, vortragen wird: „Es hat das
Jahr 1917 mit seinen großen Schlachten gezeigt, daß das deutsche
Volk einen unbedingt sicheren Verbündeten in dem Herr der Heerscharen dort oben hat. Auf den kann es sich bombenfest verlassen,
ohne ihn wäre es nicht gegangen. (...) Was noch vor uns steht, wissen
wir nicht, wie aber in diesen letzten vier Jahren Gottes Hand sichtbar
regiert hat, Verrat bestraft und tapferes Ausharren belohnt, das habt

---

[398] Wilhelm II., Rede beim Festmahl für die Provinz Ostpreußen, Königsberg, 6.
September 1894, zit. b. Obst, S. 100.

[399] Wilhelm II., Feier zum 25. Jahrestag des Frankfurter Friedens, Frankfurt am
Main, 10. Mai 1896, zit. b. Obst, S. 149.

[400] S. Röhl (2013), S. 40; Fehrenbach, S. 90.

[401] Wilhelm II., Besuch in Hamburg, 20. Juni 1903, zit. b. Obst, S. 261.

Ihr alle gesehen, und daraus können wir die feste Zuversicht schöpfen, daß auch fernerhin der Herr der Heerscharen mit uns ist."[402]

Wilhelms II. „erstaunlich sakrale Auffassung von der Kaiserkrone"[403] hat nicht nur, wie bei Clark zu lesen, ihren Ursprung in der politischen Theologie seines königlichen Vorfahren Friedrich Wilhelm IV., dem ‚Romantiker auf dem preußischen Thron'[404], sondern unmittelbar auch in der römisch-mittelalterlichen Kaiseridee, die Wilhelm, namentlich im Begriff des Reiches, in der Nachfolge der römischen Cäsaren und mittelalterlichen deutschen Herrscher aktualisiert und in die moderne Zeit der zivilen und militärischen Riesenschiffe, rauchenden Schlote, Flugzeuge und Automobile verlagerte. Auch diese werden in das monumentale Bild des Kaisers, das er selbst von sich malt, umstandslos und funktionell integriert.

Wilhelm II. pflegte einen aufwändigen Lebensstil, mit Schlössern, Yachten, Reisen, Autos – ebenso Marotte wie wirkliches Interesse, Überkompensation seines Herrscherwillens wie kalkulierter Verweis auf seine ‚extravagante' Stellung im politischen System des Reiches und legitimatorische Stütze seines ‚persönlichen Regimentes'. Jenes Regiment, das er sich mehr erträumte, denn dass es Verfassungswirklichkeit war, ging auch arg zu Lasten des Reichshaushaltes und machte eine zweimalige Erhöhung der preußischen Kondotation plus Kostenverlagerung von der Privatschatulle des Kaisers auf den Staatshaushalt erforderlich. Denn es musste, Teil der Kaiserinszenierung und des amtsstabilisierenden Legitimationsgebahrens, immer das Spektakuläre, das Neueste, das Größte für den Kaiser sein.[405]

Dies betraf auch, und nicht zuletzt, sein liebstes ‚Spielzeug', die Flotte: „Die Schlachtschiffe boten die ideale Kulisse, all das auf engem Raum zu vereinen, was dem Kaiser wichtig war: mächtige Technik nebst der

---

[402] Wilhelm II., An Abordnungen der 2. Armee, bei Valenciennes, 22. Dezember 1917, zit. b. Obst, S. 399.

[403] Clark (2008), S. 87.

[404] „Clark verweist dabei „auf die feste Überzeugung von der transzendenten Qualität seines (des Kaisers; F.G.) Amtes. Wilhelm machte kein Hehl aus seiner erstaunlich sakralen Auffassung von der Kaiserkrone – hier klang die exaltierte, politische Theologie Friedrich Wilhelms IV. nach." (Clark (2008), S. 87) – dessen Glaube nämlich, „er sei der von Gott berufene Vermittler zwischen Gott und seinen Untertanen." (Ebd., S. 87).

[405] S. König, S. 267f.

eigenen Teilhabe daran, repräsentative Zurschaustellung und Pracht-
entfaltung des herrschaftlichen Lebensstils, militärische Stärke, Disziplin und Ordnung und nicht zuletzt die Möglichkeit zu reisen"[406] –
eine gleichsam schwimmende, mobile, stets reisefertige und in aller
Welt vorführbare, geradezu exhibitionistische Hofhaltung.

Die nahm allerdings in ortfesten Liegenschaften ihre eigentlichen und
spektakulärsten Formen an, namentlich im zirkushaft-ornamentierten,
übertriebenen und aus der Zeit gefallenen Hofzeremoniell, dem
„prunkhafte(n) Luxurieren einer neoabsolutistischen Hofkultur"[407] –
diesem ganzen „Firlefanz"[408], so der spätere Generalstabschef Helmuth von Moltke im Jahre 1905, dem es so vorkam, hier seien hier
längst vergangene Zeiten völlig unnötigerweise wieder zum Leben
erweckt worden: „Es macht mir immer einen ganz merkwürdigen
Eindruck, wenn ich den Einzug des Hofes in den Weißen Saal sehe,
der Kaiser bringt immer so ein Stück Mittelalter hinter sich her (...):
es ist, als ob die Toten aufstehen mit Zopf und Puder."[409] Allein, es
war ernst gemeint, als Herrschaftssignal nach innen wie, ebenso wie
die schimmernde Kulisse ‚Seiner' Marine, nach außen – Element im
diplomatischen Werkzeugkasten einer um Reputation ringenden Monarchie.

„Eine weitere Erklärung für das Florieren der höfischen Kultur unter
Wilhelm II.", so sein Biograf John C. G. Röhl weiter, „ist sicherlich in
dem Bestreben zu suchen, die Machtfülle des deutschen ‚Weltreiches'
in gebührender Weise nach außen zu repräsentieren."[410]

Norbert Elias (1897-1990) hat in seinem Buch ‚Die höfische Gesellschaft' von 1969 anhand des Hofes Ludwigs XIV., seiner organisato-
rischen wie infrastrukturellen Gebautheit, diese besonderen Verhältnisse beschrieben und sie als wesentliche Herrschafts- und Legitima-
tionsformen, als zeremonielle Sicherungsmaßnahmen einer stets in
Gefahr befindlichen königlichen Position gedeutet. Damit hat er das

---

[406] Heimerdinger, S. 132.
[407] Röhl (2007), S. 78.
[408] Zit. ebd., S. 86.
[409] Zit. ebd., S. 103. S. ausführlich zur Organisation der Hofgesellschaft, zum Fi-
nanzaufwand des Hofes und dem Ablauf von Ordensfesten, Kostümbällen und
Diners: Röhl (2007), S. 78-115.
[410] Ebd., S. 114.

nur scheinbar willkürlich prunk- und luxussüchtige Leben eines Königs wie das seiner Hofgesellschaft als rationale Sozialstrategie beschrieben, nämlich der des ständigen Kampfes um die Erreichung und Behauptung eines sozialen Ranges innerhalb dieses höfischen Soziotops gegen eine Vielfalt von Konkurrenten, mithin weniger als egomanische Verirrung denn vielmehr als notwendiges herrschaftsstabilisierendes Instrumentarium, als Legitimationsstrategie bis hinauf zum König und dessen Sicherung seines Amtes selbst.[411] Elias verweist dabei darauf, dass schon Max Weber diesen Sachverhalt angesprochen habe: „Der ‚Luxus‘ im Sinne der Ablehnung zweckrationaler Orientierung des Verbrauchs ist für die feudale Herrenschicht nichts ‚Überflüssiges‘, sondern eines der Mittel ihrer sozialen Selbstbehauptung.“[412] Elias ergänzt dies mit der Feststellung, dass es in hochabsolutistischen Zeiten eine ‚Nation‘ oder einen ‚Staat‘ als Selbstzweck nicht gab, sondern dass vielmehr „wie im Sinne Ludwigs XIV. dieses ganze soziale Feld in dem König als dem eigentlichen Selbstzweck gipfelte und wie für sein Bewusstsein alle übrigen Elemente der Königsherrschaft nur Mittel für diesen Zweck, für die Verklärung und Aufrechterhaltung des Königs bildeten.“[413]

Der Mechanismus von Zeremoniell und Etikette stabilisiere, so Elias, „wie ein gespenstisches Perpetuum mobile“[414] die Hierarchie. Repräsentation sei Statusverweis und Legitimation, letztlich Machtinstrument vor allem auch in Zeiten drohender oder sich bereits ereignender Erosion der Macht durch aufsteigende Klassen wie dem Bürgertum zu Zeiten Ludwig XIV.[415]

---

[411] „Die differenzierte Durchbildung des Äußeren als Instrument der sozialen Differenzierung, die Repräsentation des Ranges durch die Form, ist nicht nur für die Häuser, sondern für die gesamte höfische Lebensgestaltung charakteristisch.“ (Elias, S. 110) – „Mindestens drei Funktionsschichten sind in diesem höfischen Zeremoniell zu einem untrennbaren Funktionskomplex verschmolzen: Nutzfunktionen, Prestigefunktionen und Herrschafts- oder Staatsfunktionen.“ (Ebd., S. 147, Anm. 20).

[412] Weber, M., Wirtschaft und Gesellschaft, Tübingen 1922, zit. b. Elias, S. 70.

[413] Elias, S. 348f.

[414] Ebd., S. 352.

[415] „Nicht um eine bloße Zeremonie handelt es sich, sondern um ein Instrument zur Beherrschung der Untertanen. An eine Macht, die zwar vorhanden ist, aber nicht sichtbar im Auftreten des Machthabers selbst in Erscheinung tritt, glaubt das Volk nicht.“ (Ebd., S. 202).

Im Falle Wilhelms II. war während dessen Regierungszeit keineswegs mehr unbefragt, ob dem Industriestaat Deutschland eine Monarchie noch angemessen und politisch hinreichend funktional sei. Dies bestritt vor allem die Arbeiterschaft und ihre parlamentarische Interessenvertretung, die Sozialdemokratie. Hier galt es sich für Monarchen wie Monarchisten zu wappnen, ggf. auch anstelle guter Argumente mit Blendgranaten und Nebelkerzen. Wie jenen, gleichsam aus den Zeiten Ludwig IV. entliehenen und mittlerweile, man sieht es an Moltkes „Firlefanz"-Wahrnehmung, augenscheinlich weit aus der Zeit gefallenen Repräsentationsmethoden und -riten Wilhelms II.: Seinen Auftritten in zahlreichen, sogar am Tage mehrfach wechselnden Uniformen, der ausufernden Reisetätigkeit, dem ständigen Posieren, dem permanenten Auffälligkeitsmodus, dem Glanz voluminöser Entourage, dem Verweischarakter seiner Reden und Denkmäler auf die alte, über Jahrhunderte ungebrochene deutsche kaiserliche Tradition, die ganze tägliche Arbeit am Prestige, die es zum Erhalt der gesellschaftlichen Stellung in Zeiten bedrohter monarchischer Macht bedurfte. Und man sieht es nicht zuletzt auch an jener ‚Schimmernden Wehr' zur See, ‚Seiner' Flotte.

Denn gerade in Zeiten, in denen der Glanz des Hauses an Attraktionskraft verliert, sind gewaltigere Legitimationsinstanzen vonnöten, es sind mächtige, überwältigende, das bloße Hofzeremoniell übertreffende Reize erforderlich und in des Kaisers Worten „bitter not": „Wir bedürfen seiner (des neu getauften Linienschiffes KARL DER GRO-ßE; F.G.) dringend und bitter not ist uns eine starke deutsche Flotte. Sein (des Schiffes; F.G.) Name erinnert uns an die erste glanzvolle Zeit des alten Reiches und seines mächtigen Schirmherrn. Und auch in jene Zeit fällt der allererste Anfang Hamburgs, wenn auch nur als Ausgangspunkt für die Missionstätigkeit im Dienste des gewaltigen Kaisers. Jetzt ist unser Vaterland durch Kaiser Wilhelm den Großen neu geeint und im Begriff, sich nach außen hin herrlich zu entfalten. Und gerade hier inmitten dieses mächtigen Handelsemporiums (…) weiß man es am höchsten zu schätzen, wie notwendig ein kräftiger Schutz und die unentbehrliche Stärkung unserer Seestreitkräfte für unsere auswärtigen Interessen sind."[416] Eine „starke deutsche Flotte"

---

[416] Rede Wilhelms II. im Rathaus zu Hamburg nach dem Stapellauf des Linienschiffs KARL DER GROßE, 18.Oktober 1899, zit. b. Obst, S. 191.

muss also her, die wie kein zweites Repräsentations- und Schauobjekt geeignet ist, den Kaiser selbst zu illuminieren, zu legitimieren und zudem dessen Anspruch auch über die Grenzen des Deutschen Reiches, gleichsam über die Dreimeilenzone hinaus, wie kaum ein anderes Instrument kraftvoll zu signalisieren – jenen Anspruch des Kaisers nämlich als eines auf dem blauen Planeten allzuständigen ‚Arbiter mundi', eines universalen Schiedsrichters.[417]

Wilhelm II. bewegte sich damit in einer absolutistischen Tradition von Herrschaftssignalisation wie -stabilisierung, die er nicht nur perfekt kopierte, sondern namentlich auch in Hofhaltung, Zeremoniell, Kabale und Liebe, Glanz und Verschwendung sowie sündhaft teuren Gebrauchsgegenständen wie einer Flotte gleichsam hypertrophierte, ja zuweilen bis ins Groteske steigerte. Dass dies Stoff genug war für die zeitgenössische Satire, lag dabei auf der Hand:

Das durch Wilhelm wiederbelebte und ausgeprägt kultivierte Cäsarentum hatte der Historiker und Politiker Ludwig Quidde (1858-1941) schon 1894 in seiner schmalen Schrift ‚Caligula. Eine Studie über römischen Cäsarenwahnsinn' ironisch aufs Korn genommen, mit dem Büchlein 30 Auflagen erzielt und auch nach dem Weltkrieg und dem Ende der Hohenzollernherrschaft noch 1926 eine Neuauflage „mit Erläuterungen, die zu einem Versuch der Charakteristik Wilhelms II. angewachsen sind"[418], herausgebracht. Die neue Version war nunmehr natur- und zeitgemäß auch nicht mehr derart kryptiert, wie dies noch für die Erstausgabe 1894 zur Verhinderung von Zensur- und Strafmaßnahmen im Rahmen etwaiger Majestätsbeleidigung erforderlich gewesen war.[419]

Quiddes Schlüsselerzählung, die Parallelisierung der Biografien der Kaiser Caligula und Wilhelm II., beginnt schon in der frühen Jugend beider Protagonisten: „Gajus Cäsar, bekannt unter seinem Beinamen Caligula (d. h. Stiefelchen), war noch sehr jung, noch nicht zum Man-

---

[417] S. Fehrenbach 162ff. sowie hier Kapitel 5.1. Die „Risikoflotte" und die deutsche Kaiseridee.

[418] Quidde, S. 11.

[419] „Denn etwas, was diesem Cäsarentum und dieser Herrschaft des Cäsarenwahnsinns ähnlich wäre, ist unter den heutigen Verhältnissen so völlig unmöglich, dass uns die ganze Schilderung wie ein kaum glaubliches Phantasiegemälde oder wie eine übertriebene Satire römischer Schriftsteller auf das zeitgenössische Cäsarentum anmuten wird." (Ebd., S. 52f.).

ne gereift, als er unerwartet zur Herrschaft berufen wurde."[420] Und schon begannen sich, die Charakter- und Amtsauffassungsmerkmale des römischen wie des ‚herrlichen jungen Kaisers' der Deutschen zu entwickeln:

„Es war das berauschende Gefühl der Macht, das Bewusstsein, nun plötzlich an erster Stelle zu stehen, der Wunsch, etwas Großes zu wirken, und vor allem der Trieb, in der Weltgeschichte zu glänzen, was Caligula zeitweilig über sich selbst hinaufhob."[421] Derart ist der Grundton der Schrift angestimmt, die alsdann mit Details der ‚wahnsinnigen' Cäsarenherrschaft gefüllt wird.[422] „Man hat sich gewöhnt, von Cäsarenwahnsinn als einer besonderen Form geistiger Erkrankung zu sprechen. (...) Die Züge der Krankheit: Größenwahn, gesteigert bis zur Selbstvergötterung, Mißachtung jeder gesetzlichen Schranke und aller Rechte fremder Individualitäten, ziel- und sinnlose brutale Grausamkeit, sie finden sich auch bei anderen Geisteskranken."[423]

Was den „Größenwahn schon früh bei Caligula ankündigt, ist die unangemessene Prunk- und Verschwendungssucht, ein Charakterzug fast aller Fürsten"[424], die „Einrichtung seiner Paläste und Villen und der mit unsinnigem Luxus ausgestatteten kaiserlichen Jachten, am allerhervorstechendsten aber in riesenhaften Bauten und Bauprojekten."[425] Zudem sei „ein komödiantischer Zug", so weiß es Quiddes Schrift, „für das pathologische Bild des Cäsarenwahnsinns charakteristisch."[426] Dieser aber „beschränkt sich bei Caligula nicht auf militärische Komödien. Wir hören von seiner ungemessenen Passion für Theater und Zirkus – und mehr als das: wir hören, wie er selbst gele-

---

[420] Ebd. S. 13.

[421] Ebd., S. 19.

[422] „Eine nervöse Hast, die unaufhörlich von einer Aufgabe zur andern eilte, sprunghaft und oft widerspruchsvoll." (Ebd., S. 20) – „Dazu aber fehlte es seiner im Grunde beschränkten Natur, auch ehe dieselbe zu Schlimmerem ausartete, an Kenntnissen und an Talent, an Ruhe und Selbstzucht." (Ebd., S. 21) – „Sein rücksichtsloser Eigenwille, die überraschenden Reformideen, die plötzlichen und grausamen Maßregelungen hochgestiegener Männer ließen „dahinter schon ein schreckliches Gespenst lauern (...): den Wahnsinn." (Ebd., S. 22).

[423] Ebd., S. 22.

[424] Ebd., S. 25.

[425] Ebd., S. 27.

[426] Ebd., S. 33.

gentlich mitzuagieren begann, wie ihn eine absonderliche Vorliebe für auffallende Kleidung und deren fortwährenden Wechsel beherrschte."[427] Neben der unstillbaren Redelust des Caligula/ Wilhelm II.[428] zeichnete, so steht es bei Quidde, seine Amtsführung nicht zuletzt die „Vorliebe für prunk- und ruhmsüchtige Aktionen und für kriegerisches Schaugepränge"[429] aus, wobei er sich „auf spielerische Manöver und auf einen theatralischen Schein" warf.[430]

Hier kommt nun zwangsläufig auch des Kaisers schwimmendschimmernde Wehr, die Flotte, und mit ihr Seiner Majestät ‚unheilbare Marinekrankheit' (Graf Waldersee) ins Spiel: „Der junge Kaiser scheint eine ganz besondere, an sich sympathische, nur auch wieder ins Krankhafte verzerrte Vorliebe für die See gehabt zu haben."[431] – „Wiederholt hören wir, dass er kleine und große Seereisen unternahm, und auch in der Schönheit des Sturmes scheint er das Meer aufgesucht zu haben. Für seine Umgebung muss diese Passion recht unbequem gewesen sein; denn er scheint rücksichtslos verlangt zu haben, dass alle seine Vorliebe teilen."[432] Und schließlich mündet der cäsarische Wahnsinn auch noch in die kaiserliche Überzeugung, ein von Gott Berufener zu sein: „Denn das ist wesentlich für diese Gattung von Cäsaren, sie glauben an ihr eigenes Recht, sie meinen eine Mission zu haben, fühlen sich in einem besonderen Verhältnis zur Gottheit stehend, halten sich für die Auserwählten derselben und beanspruchen schließlich für sich selbst göttliche Verehrung."[433] – „Wir müssen uns vorstellen, wie der kaiserliche Akteur sich gleichsam selbst in die Stellung der dargestellten Gottheit hineinschauspielerte. Es ist ja sehr merkwürdig, wie bei etwas krankhaft-phantastisch angelegten Menschen die Grenzen zwischen der Wirklichkeit und dem dargestell-

---

[427] Ebd., S. 33.

[428] „Ein Gebiet auf dem Caligula mit Vorliebe zu glänzen suchte, war die Beredsamkeit; er sprach gern und viel öffentlich, und es wird uns berichtet, dass er auch ein gewisses Talent dafür besaß, dass insbesondere ihm die Kunst, zu verletzen und zu schmähen, eigen war." (Ebd., S. 35).

[429] Ebd., S. 29.

[430] Ebd., S. 30.

[431] Ebd., S. 32.

[432] Ebd., S. 32f.

[433] Ebd., S. 42. „Es ist der helle, nackte Wahnsinn, der an die eigene Göttlichkeit glaubt." (Ebd., S. 42f.).

ten Schein sich verwischen."[434] Selbst die Revolution, die den Kaiser vom Throne fegt, kommt schließlich vor in der 1926er Ausgabe von Quiddes ,Biografie': „Nicht durch einen Akt der politischen Körperschaften wurde er beseitigt, sondern es bedurfte einer Verschwörung."[435]

Ludwig Quidde zeichnet dergestalt ein vernichtend-pathologisches Charakterbild Wilhelms II., zweifellos übertrieben, gleichwohl ein Spiegel seines kaiserlichen Selbst- und Amtsverständnisses und ein ironischer Schlüssel zum erstrebten, selbstherrlichen ,persönlichen Regiment'.

Denn seit dem 15. Juni 1888, dem Tag seiner Inthronisierung, fühlte sich Wilhelm II., offiziellen Titels ,Deutscher Kaiser' und eben nicht, wie sein Großvater sich das vergeblich gewünscht hatte, ,Kaiser von Deutschland', als Herr über alle Deutschen. „Wilhelm II. unterschied nicht mehr zwischen dem Kaiser als national-staatlichem Symbol und dem Kaiser als unbeschränktem Führungsorgan des Reiches."[436] Doch da war die Verfassung des Deutschen Reiches von 1871 vor[437], die, in deutlichem Unterschied zur Paulskirchenverfassung von 1848, der ersten deutschen Konstitution, kein eigenes Kapitel zum ,Reichsoberhaupt' enthielt. Vielmehr figurierte hier der Kaiser zwar als Staatsoberhaupt, gleichwohl eher als Repräsentant des Reiches denn als sein Alleinherrscher, als den sich Wilhelm II. gern gesehen hätte. Zwar hatte der Kaiser den Oberbefehl über Heer und Marine inne, doch war er neben den anderen Verfassungsorganen mit ihren spezifischen Befugnissen, dem Bundesrat, der Versammlung der Repräsentanten der Einzelstaaten des Deutschen Reiches, dem Reichstag mit seiner mit dem Bundesrat geteilten Gesetzgebungsbefugnis und seinem Budgetrecht sowie dem Reichskanzler, den der Kaiser berufen und entlassen konnte und der die amtlichen Verfügungen des Kaisers gegenzuzeichnen hatte, eher ,primus inter pares' unter den deutschen Bundesfürsten, denen er als König von Preußen zudem selbst angehörte, denn unumschränkter Souverän. Mit Bedacht hatte ihm die

---

[434] Ebd., S. 43f.

[435] Ebd., S. 52.

[436] Fehrenbach, S. 89.

[437] „Der Macht- und Führungsanspruch des Kaisers im Reich hatte kein verfassungsrechtliches Fundament." (Ebd., S. 89).

Reichsverfassung, und in deren Hintergrund Bismarck, daher auch den blumigen, gleichwohl eher vagen Titel ‚Deutscher Kaiser' zuerkannt. Da half es auch nichts, wenn Wilhelm II. seine Briefe mit ‚Wilhelm ‚I. R.' (i. e. ‚Imperator Rex') unterzeichnete, signalisierend zwar einen römisch-kaiserlichen Anspruch, der aber an der Verfassungswirklichkeit des Reiches und ihrem „ausgeprägten Föderalismus"[438] abprallte. So wurde das ‚I. R.' im Volksmund und im Hinblick auf des Kaisers umtriebige Reiselust auch schnell zu ‚Wilhelm Immer Reisefertig'.

Zwar war also die Rolle, die Wilhelm sich selbst in der Welt zudichtete, durch die Reichsverfassung nicht gedeckt, gleichwohl war er erfüllt davon, dies kaiserliche Amt in all seinen Dimensionen auszuloten und zu gestalten und sich selbst als Personifizierung des Reichsgedankens zu fühlen; und dies mit dem Ziel, eine nationale deutsche Geschichte als hohenzollersch-dynastische zu konstituieren in Fortsetzung der römisch-imperialen und der der alten deutschen Kaiser – mithin eine quasi-absolutistische Auffassung seines Kaisertums in der politischen Wirklichkeit ‚Seines' Reiches zu realisieren. Und auch wenn der cäsarenhafte Anspruch Wilhelms II. dabei bloße Chimäre blieb und eher Wunschvorstellung denn Verfassungstext war – es blieb eine Interpretation kaiserlichen Seins und Wirkens, die gleichwohl die politische Struktur und die politischen Ambitionen und Absichten des Kaisers, und damit auch die Politik des Deutschen Reiches in dieser seiner Wilhelminischen Periode, fraglos und entscheidend bestimmte.

4.3. Appendix C.: „Adam ist ein tusch man gewesen" – Die welthistorische Sendung der Deutschen

„Wir sind das Salz der Erde." So hatte es Kaiser Wilhelm II. am 22. März 1905 in Bremen anlässlich der Enthüllung eines Denkmals für seinen Vater, Kaiser Friedrich III., ausgerufen.[439] Der Verweis auf die Erwähltheit, ja die weltgeschichtliche ‚Sendung' des deutschen Volkes und seines Kaisers („wie der Weltenschöpfer das Volk im Auge behielt, welches er sich erwählt hatte, um endlich der Welt den Frieden

---

[438] S. ausführlich Clark (2008), S. 46-48.
[439] S. Fehrenbach, S. 162.

zu geben"[440]) war in der Geschichte allerdings nicht neu – vielmehr ein Mythos, der sich schon in alten Texten findet, namentlich auch in der frühneuzeitlichen Weissagungsliteratur und Kaiserprophetie.

Mit einer wirkmächtigen Geschichtsbeugung hatte schon im Mittelalter das ‚Annolied'[441] aufgewartet, ein zwischen 1077 und 1081 vermutlich in Siegburg von einem dortigen Mönch verfasster Lobgesang in Reimpaarversen und 49 Strophen auf den Kölner Erz- und Reichsbischof Anno II. (gest. 1075) – wohl um dessen Heiligsprechung zu befördern, die dann auch im Jahre 1183 vollzogen wurde. Die frühmittelhochdeutsche Originalhandschrift selbst ist verschollen. Der Barockdichter Martin Opitz kannte sie noch und hat auf ihrer Grundlage 1639 in Breslau den Erstdruck besorgt.

Deutlich origineller, ja erfindungsreicher als der hagiografische Teil des Textes mit der Lebensgeschichte Annos ist aber der diesem vorangestellte, dabei annähernd zwei Drittel des gesamten Textes einnehmende welt- und heilsgeschichtliche Abriss, der die römische und die deutsche Geschichte gleichsam per verwandtschaftlicher Beziehung miteinander verknüpft. Das ‚Annolied' ist dabei eines der frühesten Dokumente, in denen der Begriff ‚deutsch' überhaupt verwendet wird[442], und zwar als Oberbegriff für die germanischen Stämme der Franken, Bayern, Sachsen und Schwaben. Der anonyme Verfasser führt zunächst umstandslos eine „Verlagerung des Gallischen Krieges nach Deutschland"[443] durch, berichtet von Cäsars zehnjährigem Kampf gegen die tapferen deutschen Volksstämme, die ihm nun seinerseits und auf seine ausdrückliche Bitte hin in seinem innerrömischen Kampf gegen Cato und Pompejus beistehen und ihm helfen, die Macht zurückzuerlangen und seine alleinige Kaiserherrschaft im römischen Weltreich zu implementieren: „Dort mühte sich Caesar

---

440 Wilhelm II. auf der Feier zum 25. Jahrestag des Frankfurter Friedens, Frankfurt am Main, 10. Mai 1896, zit. b. Obst., S. 149; s. ausführlich Appendix A., Gottesgnadentum und Cäsarismus.

441 Das Annolied. Herausgegeben, aus dem Mittelhochdeutschen übersetzt und kommentiert von Eberhard Nellmann. Stuttgart 1975.

442 „Mit zorne her du widir wante/ ci diutischimo lante". (Ebd., S. 32).

443 Ebd., Neumann, Kommentar, S. 91. Trier, als ‚Hauptstadt Galliens' (Gallia konnte damals auch, so Neumann, als Bezeichnung für die linksrheinischen Gebiete des Deutschen Reiches verstanden werden (s. Neumann, Kommentar, S. 91), war, so das Annolied, das eigentliche Ziel der Kriege Caesars.

wahrhaftig/ länger als zehn Jahre ab,/ ohne daß er die außergewöhnlich tapferen Männer je bezwingen konnte./ Schließlich gewann er sie alle zu einem Vertrag./ Das sollte ihn zur Herrschaft führen."[444] Denn „als Caesar nun wieder nach Rom zog,/ wollten sie ihn nicht empfangen./ (…) Zornig kehrte er da zurück/ zu den deutschen Ländern,/ wo er viele vortreffliche Helden/ kennengelernt hatte."[445] „Als sie seinen Wunsch vernahmen,/ versammelten sie sich alle dort./ (…) Wie eine Flut strömten sie in das Land. (…) Da kam es zur gewaltigsten Schlacht/ (so sagt es das Buch),/ die auf dieser Welt/ je geschlagen wurde. (…) Caesar errang den Sieg."[446] „Er allein hatte nun die ganze Macht,/ die früher auf viele verteilt war,/ Diesen Brauch ließ er darauf - als Ehrung -/ (auch) die Deutschen lehren./ (…) Er beschenkte seine Getreuen/ mit kostbaren Seidenstoffen und mit Gold./ Seitdem waren die deutschen Mannen/ in Rom lieb und wert."[447]

Eine originelle Geschichtsversion und vielleicht nicht nur die freie Erfindung des Autors, sondern, so ‚Annolied'-Herausgeber Eberhard Neumann, möglicherweise entstanden aus einer missverstandenen Stelle bei Lucan, wo es heißt, die zwischen Rhein und Elbe ansässigen Stämme seien Caesar gen Rom gefolgt. Allerdings wird dies, so Neumann, „von Lucan ausdrücklich als falsches Gerücht bezeichnet"[448].

Vom Verfasser des ‚Annoliedes' wird dies ‚falsche Gerücht' hingegen gern aufgegriffen, eine wohlfeile und gelegene Interpretation zweifellos, vielleicht sogar ein gezielter propagandistischer Trick — befinden wir uns doch hier in den Präliminarien einer biografischen Lobeshymne für einen deutschen Bischof mit dem mutmaßlichen Ziel seiner Heiligsprechung. Werden doch vermittels dieser kreativen Geschichtsvariante die Deutschen, die, so der Autor, Cäsar zur Macht verholfen haben, zu nichts weniger als den Geburtshelfern und Wegbereitern der römischen Kaiserherrschaft, mithin zu Mitbegründern

---

[444] Annolied, S. 25.
[445] Ebd., S. 33.
[446] Ebd., S. 35-37.
[447] Ebd., S. 39.
[448] Ebd., S. 98.

des römischen Weltreiches[449] und schließlich, per römischen Städtegründungen, allen voran derjenigen Kölns, zu legitimen Nachfolgern in der imperialen Herrschaft Roms. „Auf jeden Fall ist nach Ansicht des Autors die deutsche Geschichte seit Caesar fest mit der des Römischen Reiches verbunden."[450] Offensichtlich aber „kennt der Autor noch nicht die Idee der ‚Translatio imperii ad Francos', mit der das Reich Karls des Großen als legitime Fortsetzung des Römischen Reiches in das Daniel-Schema (der vier Weltreiche, mit dem letzten als dem römischen; F.G.) hätte eingebaut werden können"[451] – eine Fortschreibung, wie sie sich, so Neumann, erst gegen Ende des 11. Jahrhunderts durchzusetzen begann[452]. Die Geschichtskonstruktion des ‚Annoliedes' wäre daher möglicherweise eine Vorstufe jener politisch und herrschaftslegitimatorisch folgenreichen Idee der Übertragung der vormaligen imperialen Gewalt Roms auf das deutsche Kaisertum.

„Der Sinn dieses komplizierten Gefüges (des ‚Annoliedes'; F.G.) ist lange umstritten gewesen. Bahnbrechend waren die Untersuchungen Max Irrenbachs (1937/38), der die konsequente Verherrlichung Annos herausarbeitete, auf den die Linien von Welt- und Heilsgeschichte zulaufen."[453] Im ‚Annolied', das in großen Teilen in die mittelhochdeutsche ‚Kaiserchronik'[454] übernommen wurde und dadurch in viele weitere Handschriften Eingang und damit weite Verbreitung fand, werden die beiden Traditionsstränge der deutschen Kaiserprophetie, der germanische und der römische, vermittels der vermeintlichen Hilfeleistung der tapferen Germanen für Cäsar verbunden und miteinander zu einem noch festeren Traditionsstrang späterer deutschrömischer Herrschaft verschweißt.

---

[449] „Im 11. Jahrhundert verwob das Annolied die Ethnogenese der Deutschen mit ihrer angeblichen Beteiligung bei der Begründung des antiken Kaisertums unter Caesar. Zur Jahrtausendwende schrieb Gerbert von Aurillac begeistert an Otto III.: ‚Unser, unser ist das römische Reich!' Aus solchen Überzeugungen erwuchs der mittelalterliche Anspruch, das Kaisertum stehe allein den Deutschen zu." (Schneidmüller, S. 14).

[450] Annolied, Neumann, Kommentar, S. 100f.

[451] Ebd., S. 101.

[452] S. ebd., S. 101.

[453] Ebd., Neumann, Nachwort, S. 186.

[454] „Sie behandelt die Geschichte des Römischen Reiches von Caesar bis zur Gegenwart, d. h. bis zum Jahre 1147." (Ebd., S. 195).

Und ein weiteres deutsch-legitimatorisches Kleinod birgt das ‚Anno-lied‘: Behauptet es doch, dass die Bordsprache auf der Arche Noah Deutsch, genauer gesagt: Bayerisch, gewesen sei: „Als das Bayernland sich ihm (Cäsar; F.G.) tapfer widersetzte,/ belagerte er das herrliche Regensburg. (…)/ Dieses Volk besaß stets große Tapferkeit./ Ihr Stamm war vormals dorthin gekommen/ aus dem hochgelegenen Armenien,/ wo Noah aus der Arche ging,/ als er den Ölzweig von der Taube empfangen hatte./ Anzeichen von der Arche gibt es noch heute/ auf den Bergen Ararat./ Man sagt, daß in jenen Gegenden noch (Leute) seien,/ die deutsch sprechen."[455]

Ähnliche Geschichts-‚Anreicherungen‘ finden sich auch in späteren Texten, namentlich den sogenannten ‚Reichsreformschriften‘, jenen in Spätmittelalter und Früher Neuzeit erscheinenden ‚Gravamina‘-Sammlungen, also jenen Katalogen von ‚Beschwernissen‘ sowie Vorschlägen zu ‚guter policey‘ und einer Reform des Reiches ‚an Haupt und Gliedern‘, die nicht selten in die Prophetie eines kommenden End- und Friedenskaisers münden, der die gottgewollte Ordnung des aus den Fugen geratenen Staatswesens des ‚Heiligen Römischen Reiches deutscher Nation‘, mithin seines Reiches auf Erden, wiederherstellt.

Ein maßgebender Text dieser Reichsreformschriften ist die ‚Reformatio Sigismundi‘, die nach einer Handschrift von 1440 erstmalig in Augsburg 1476 gedruckt wurde und erhebliche Breitenwirkung in der politischen und kirchenorganisatorischen Diskussion der frühen Neuzeit entfaltete. Erklärtes Ziel der Reformschrift ist, das Reich wieder in jenen Zustand zurückzuführen, „als es vor zeytten in geordent ist gewest."[456] Dazu fordert der anonyme Autor die Zurückdrängung sowohl der kurfürstlichen wie der klerikalen Macht und die Re-Formierung der Reichseinheit unter einem starken deutschen Kaiser[457]. Neben der ‚Reformatio Sigismundi‘ und den späteren Kurzformen all der in ihrem Gefolge entstandenen Texte, namentlich den vor allem in den ersten Jahrzehnten des 16. Jahrhunderts dank der

---

[455] Ebd., S. 27. Auszug Originaltext: Iri ceichin noch du archa havit/ Vf den bergin Ararat./ man sagit, daz dar in halvin noch sin,/ die dir diutischin sprecchin". (Ebd., S. 26).
[456] Koller, zit. b. Ganseuer (1984), S. 280.
[457] S. Ganseuer (1984), S. 280-298.

Entwicklung des Buchdrucks massenhaft vertriebenen Weissagungs-Flugschriften, den ‚Praktiken' mit ihrer astrologischen Deutung des zukünftigen Weltgeschehens, ragt eine Schrift heraus, die wie kaum eine andere die politischen und religiösen Beschwernisse der Zeit inklusive ‚Lösungsvorschlägen' zusammenfasst und die Realisierung einer neuen, guten Staatsordnung einem prophezeiten und bald erscheinenden Friedenskaiser zuschreibt.

Es handelt sich um einen anonymen Text, der vor der ersten vollständigen Edition der frühneuzeitlichen Handschrift im Jahre 1967 — bewerkstelligt von Annelore Franke, versehen mit einer ausführlichen Einleitung von Gerhard Zschäbitz und unter dem Titel ‚Das Buch der Hundert Kapitel und der Vierzig Statuten'[458] — nie gedruckt wurde und daher von den Zeitgenossen auch nicht rezipiert werden konnte, der jedoch insgesamt ein umfassendes Spiegelbild der Vorstellungen der Reichsreformbewegung des späten Mittelalters und der frühen Neuzeit bietet[459]: Restitution eines starken Kaisertums, gestützt auf die Fürsten als Beschirmer des ‚gemeinen nutzes', die Ritterschaft als Militär- und Richterstand, Einschränkung der Macht des Klerus durch die Gewalt des Kaisers wie die der Städte, Minderung der Abgaben des ‚gemeinen Mannes' und Etablierung einer guten und einheitlichen Münze.[460]

Bei der einzig erhaltenen Handschrift des Textes des ‚Oberrheinischen Revolutionärs' handelt es sich um eine Abschrift, die zwischen 1512 und 1519 angefertigt wurde und die in der Stadtbibliothek Colmar aufbewahrt wird. Das Original ist verloren, muss jedoch aufgrund eindeutiger Hinweise im Text selbst im Oberrheingebiet, vermutlich im Elsass, zwischen 1498 und 1510 verfasst worden sein.[461]

Die Schrift bettet, und das ist ihr eigentliches Charakteristikum im Kanon der Reichsreformschriften, ihre Forderungen nach politischer Neugestaltung ein in eine umfassende und breit ausgeführte Ge-

---

[458] Franke, A. (Hrsg.), Das Buch der Hundert Kapitel und der Vierzig Statuten des sogenannten ‚Oberrheinischen Revolutionärs'. Mit einer Einleitung von Zschäbitz, G., Berlin/ DDR 1967.

[459] S. Ganseuer (1984), S. 298-307.

[460] S. Franke, S. 299ff.

[461] S. Ganseuer (1984), S. 298f. unter Berufung auf Franke/ Einleitung Zschäbitz, S. 34ff. (s. dort a. S. 13-162 sowie Seibt, S. 56 (s. dort a. S. 52-70).

schichtsteleologie. Wie auch die astrologischen ‚Praktiken' der Zeit mit ihren Verkündigungen des nahenden Weltgerichtes und des damit einhergehenden ‚Aufräumens' der staatlichen Strukturen des Reiches, findet sich auch beim ‚Oberrheinischen Revolutionär' die grundlegende Vorstellung, dass der Verlauf der Weltgeschichte vollständig vom Einfluss der Planeten determiniert sei. Deren spezifische Konjunktionen teilen, so der Verfasser, den Geschichtsprozess in Zeitabschnitte von 960 Jahren, ‚Chiliaden', die jeweils einen neuen Herrscher hervorbrächten.

Dabei stellt sich dem ‚Oberrheinischen Revolutionär' diese Weltgeschichte als eine Nationwerdung des deutschen Volkes dar, als eine Nationalgeschichte, die bereits bei Adam, der Deutscher war („Adam ist ein tusch man gewesen."[462]) beginnt. Dergestalt hat Gott mit dem ersten Menschen gleichzeitig den ersten Deutschen erschaffen, und das deutsche Volk kann, ja muss daher für alle folgenden Zeiten als das von Gott auserwählte Volk gelten. In einer originellen Adaption der Noachidengenealogie erklärt der anonyme Autor sodann Japhet, einen Sohn Noahs – auf dessen Arche, wir wissen dies schon aus dem ‚Annolied', ausschließlich Deutsch gesprochen wurde („In der arche Noe was nit mer denn Adams sproch, das war tusch." [463]) – zum ersten König der Deutschen. Japhet, der die deutsche Sprache von der Arche Noah mitgenommen habe an den Rhein („die brochte Iaphet vff den rhin"[464]), habe das Reich von Trier aus regiert und seinem Volk eine vorbildliche Verfassung gegeben, die der ‚Oberrheinische Revolutionär' sodann in Gestalt von ‚40 Statuten', den „XL gebott der Trierer"[465], als kodifiziertes, verbindliches Reformprogramm den vorangestellten ‚hundert capiteln' anfügt.

Die in diesen ‚capiteln' entworfene Geschichtsrekonstruktion, letztlich eine Germanisierung der Welt- und Heilsgeschichte, geht schließlich über in eine Antizipation von Geschichte. Denn in deren letzter, unmittelbar bevorstehender ‚Chiliade' lässt der ‚Oberrheinische Revo-

---

[462] Lauterbach, S. 135.
[463] Ebd., S. 135.
[464] Ebd., S. 135.
[465] Franke, S. 366.

lutionär' den Zukunfts- und Endkaiser „Friederich"[466] als Retter des Reiches auf den Plan treten. Dazu referiert der Autor neben Verweisen auf die Heilige Schrift vor allem die gängige und durch die Flugblatt- und Flugschriftenliteratur allenthalben auf Märkten wie in Bibliotheken dem ‚gemeinen' wie dem ‚gelehrten Mann' bekannt gewordene frühneuzeitliche Prophezeiungsliteratur mit ihren Verweisen und Berufungen auf die mittelalterlichen Weissagungen des Methodius, der Sibylle oder der Birgitta. Dieser Friedenskaiser am Ende der Zeiten werde, so der Autor, mit Hilfe eines gleichsam revolutionären Stoßtrupps, der „gschelschafft (…) mit eim gelben crutz"[467], „das wort Cristi herfullen: ein hirten, ein schoffstal vnd ein glueben durch die gantz welt zue machen"[468]. Er wird die gute Ordnung im Reich, ganz wie sie zuvor in den 100 Kapiteln und 40 Statuten aufgeblättert worden war, nach dem Vorbild der Verfassung der Trierer wiederherstellen und den Geschichtsverlauf an seinem Ende wieder zu seinem ursprünglichen und guten Ausgangspunkt zurückführen. Auf den Garanten dieser chiliastischen Gewissheit aber wird gleich im ersten Satz der Schrift verwiesen: „Michel, ein ertzengel vnd ein wirdiger bot gottes, des almechtigen, der ist erschienen einem frummen vnd im disse ding geoffenbaret."[469] Und er, der Autor, setze diese Offenbarung mitsamt ihrem inhärenten politischen Auftrag nun in seiner Schrift um: „Ich han in diesem buchli verzeichnet etwas vergangner geschicht, damit ich kunftigen schaden mein zu verkummen."[470]

Dazu operiert der Autor durchgängig mit einer geradezu traditionellen Formulierung der Reichsreformschriften wie späterer revolutionärer Flugschriften im Umfeld des Bauernkrieges, wie in der Flugschrift ‚Von der newen wandlung eynes Christlichen lebens' des Nürnberger Buchdruckers und Buchführers (= reisender Buchhändler) Hans Hergot, deretwegen er 1527 auf dem Leipziger Marktplatz hingerichtet wurde: „ein hirten, ein schoffstal vnd ein gluben durch die gantz welt zu machen."[471] Dies herbeizuführen, das römische Reich unter einem,

---

[466] „Der zue kunfftig kunig (später: keiser; F.G.) genant Friederich" (zit. b. Lauterbach, S. 85).
[467] Zit. ebd., S. 73.
[468] Zit. ebd., S. 73.
[469] Franke, S. 180.
[470] Ebd., S. 342.
[471] Ebd., S. 180.

dem christlichen, Glauben, wiederaufzurichten und zu erhalten, ob-
liegt dem Endkaiser Friderich und den „Thuren tuschen",[472] den ‚teuren Deutschen'. Friderich aber wird, in der Nachfolge Adams, des
ersten Deutschen, natürlich ebenfalls Deutscher sein. Denn „daß alle
großen Männer von Adam an, daß Henoch z. B. ebenso wie Alexander d. Gr. Deutsche gewesen, daß das Deutsche die Ursprache war, die
von Japhet nach Europa verpflanzt wurde, daß die Amazonen von
den Sachsen herstammen, daß es in Asien und Afrika deutsch spre-
chende Völker gebe, steht ihm (dem Oberrheinischen Revolutionär;
F.G.) ebenso fest wie der Beruf der Deutschen zur künftigen Herrschaft über die Welt."[473]

4.4. Appendix D.: Zurück nach Mesopotamien – Kaiserliche Geschichtskonstruktionen

Entstanden aus den Gesprächen und Vorträgen in seiner akademischen Tafelrunde in Schloss Doorn, der ‚Doorner Arbeitsgemeinschaft'[474], bei der Wilhelm II. regelmäßig einen mehr oder weniger
festen Kreis von Wissenschaftlern um sich scharte, darunter auch
einige durchaus ins Esoterische abgeglittene Gelehrte, die nichtsdes-
toweniger, wie namentlich Professor Leo Frobenius, Präsident des
Kulturforschungs-Instituts in München, erheblichen Einfluss auf die
Vorstellungswelt und Selbstverortung Wilhelms in der Geschichte,
namentlich die Bestätigung der ‚Weltsendung' seines Kaisertums, aus-
übten. „Wohl am meisten interessierte S. M. die Folgerung von Frobenius, daß alle Westmächte, vor allem England, Amerika und Frankreich, kulturell auf dem absteigenden Aste sind und infolgedessen
untergehen werden. Hingegen prophezeit er Rußland und Deutschland eine große Zukunft." So der Privatsekretär Wilhelms in Doorn,
Sigurd von Ilsemann, in seinem Tagebucheintrag vom 7. Oktober
1923.[475] Der gewesene Kaiser selbst erklärt nach einem Vortrag von

---

[472] Das 77. Kapitel in der Schrift des Oberrheinischen Revolutionärs „meldet ein
ver derplichen schaden so des romischen richs, vnd meldet, wie es wider durch
keiser Friderich zue ein kum; vnd seit, wie andre mol das lant durch die thuren
tuschen mit strit behalten ist." (Zit. b. Lauterbach, S. 87).
[473] Doren, S. 160.
[474] S. a. Wilderotter, S. 131ff.
[475] Zit. b. Wilderotter, S. 131.

Frobenius: „Ich bin wie erlöst! Endlich weiß ich, welche Zukunft wir Deutschen haben, wozu wir noch berufen sind!"[476] Und Prinz Oskar fragt am 4. August 1928 den Privatsekretär: „Lieber Ilsemann, wie ist es nur möglich, daß der Kaiser heute mehr denn je Hoffnung auf Rückkehr auf den Thron hat?"[477] Das war durchaus auch das Werk der ‚Doorner Arbeitsgemeinschaft' und in Sonderheit das von Frobenius. Wilhelm hatte zu diesem bereits vor dem Ersten Weltkrieg Kontakt aufgenommen, namentlich zu Fragen der Kulturgeschichte Afrikas.[478]

Als sich 1923 die ‚Arbeitsgemeinschaft' in Doorn konstituiert und ab Sommer 1927 regelmäßige Tagungen mit verschiedenen Gelehrten, vor allem auch niederländischen Forschern wie dem Professor für Assyriologie an der Universität Leiden, Franz Böhl (1882-1976), zu Fragen der Geschichte, der Archäologie und der allgemeinen Kulturwissenschaft abhält, ist Frobenius an vorderster Front dabei. Die Treffen dauerten im Allgemeinen drei bis vier Tage und fanden bis 1938 jährlich statt. Der Themenkatalog war weit und reichte vom ‚Dreiblatt als religiöses oder magisches Symbol' über das ‚Wesen der etruskischen Frau als soziale Erscheinung' bis hin zu ‚Anschauungen vom Königtum bei den alten Ariern'[479] – alles in allem, so hat dies Hans Wilderotter bewertet, „monarchistische Propaganda im Inkognito historischer Abhandlungen"[480]. Besonders augenfällig ist dies an des Kaisers Theorie von der Gleichartigkeit der Form des Labarums, der Standarte des römischen Kaisers Konstantin, „einer Stange, an der ein viereckiges, mit Gold und Edelsteinen besetztes Stück Tuch befestigt war"[481], mit der Standarte des Regiments der Gardes du Corps. Wilhelm erklärte nämlich, und versuchte dies auch vortragshalber zu begründen, dass es kein geringerer als Friedrich der Große, sein Urahn, gewesen sei, der diesen ‚Nachbau' des alten römischen Kaiser-Feldzeichens angeordnet habe. Damit zieht er absichtsvoll und über die behauptete, gleichsam monarchisch-verordnete, Formgleichheit der beiden Standarten „eine imaginäre Linie" vom römischen

---

476 Zit. ebd., S. 131.
477 Zit. ebd., S. 131.
478 S. ebd., S. 132.
479 S. ebd., S. 132.
480 Ebd., S. 133.
481 Ebd., S. 132.

Weltreich zur Hohenzollernmonarchie"[482] – und bekräftigt dergestalt sein altes Credo, als Kaiser in die Fußstapfen der römischen Cäsaren getreten zu sein und, da nur Gott ihm dies Amt nehmen kann, hierin auch immer noch zu wandeln.

Im Rahmen dieser akademisch-esoterischen, in jedem Falle aber monarchieapologetischen Tafel- und Vortragsrunde kam auch das Thema des Ursprungs des Königtums zur Sprache. Und dieser Ursprung wurde, maßgeblich aufgrund der Forschungen des Professors Böhl aus Leiden, im alten Mesopotamien, dem Zweistromland, gefunden, und begeistert von Wilhelm aufgesogen. Ging es ihm, dem Entthronten, doch vor allem um Rechtfertigungsnachweise seines König- und Kaisertums in und mittels der Menschheitsgeschichte und einer damit auch vorzubereitenden Rückkehr auf den verlorenen Thron. Dazu mussten die ihn so in Hochstimmung versetzenden Forschungsergebnisse aus seinem ‚Doorner Arbeitskreis‘ aber auch veröffentlicht werden. Daher ließ er sie, unter seinem Namen und mit der akademischen Unterstützung und Federführung Böhls[483], in einem Buch kodifizieren: ‚Das Königtum im alten Mesopotamien‘. Und fast versteht es sich von selbst, dass dieses Geschichtsreferat nicht ohne Berücksichtigung der eigenen Person auskam, ja auf diese geradezu hinauslief, wenn auch eher verhalten als offensiv und sich selbst dabei eher hinter den dynastischen Begriff ‚Hohenzollern‘ und dessen Platz in der Geschichte, allerdings recht durchscheinend, zurückziehend.

Wilhelm ‚gestaltet‘ in diesem schmalen Büchlein mit seinem historiografischen Berater Böhl die Geschichte des Königtums von dessen Entstehung im Zweistromland bis in die Neuzeit, um auf diese Weise seinen ehemaligen wie fortdauernden Herrschaftsanspruch mit dem Verweis auf die alte und gediegene Tradition des monarchischen Gedankens geschichtsfest und, per ‚Handlangerdiensten‘ des Professors Böhl, auch akademisch zu legitimieren:

„Da sehen wir schon im alten Sumer – wie später in anderen Ländern des Altertums – die Könige geheiligt durch das Wissen von ihrem

---

[482] Ebd., S. 133.

[483] „Ich kann mich bei meinen Darlegungen im Wesentlichen auf die Druckveröffentlichungen des Professors Böhl (Leiden) stützen, dem ich auch an dieser Stelle für seine bereitwillige und wertvolle Hilfe meinen herzlichen Dank ausspreche!" (Wilhelm II., S. 5).

göttlichen Wesen. (...) Aus jener Zeit kündet uns das spätere Epos von dem Helden Gilgamesch, dem sagenhaften König von Uruk: ‚Zwei Teile sind Gott an ihm-/ Mensch ist sein dritter Teil.' Neben der vorherrschend göttlichen Eigenschaft des Königs kommt in einem Hymnus auf ihn auch der Gedanke der Universalität zum Ausdruck, wenn es – nach der Übersetzung des Professors Böhl - heißt: ‚O Gilgamesch, vollkommener König,/ Richter der Erd-Götter,/ Einsichtsvoller Fürst,/ O Herrscher der Menschen,/ Regierer des Weltalls,/ Verwalter der Erde,/ Herr der Unter- und der Oberwelt!' Es ist derselbe Gedanke, der sich fortsetzt durch die Jahrtausende, in das römische und in das deutsche Kaisertum hinein, der Gedanke der Himmel und Erde umspannenden Weltherrschaft, noch dargestellt in den kosmischen Symbolen an den Prunkmänteln der deutschen Kaiser: ihre Mäntel tragen ‚den Zodiakus, den Tierkreis, darin sich Sonne, Mond und die Planeten bewegen, 365 Schellen in Form von Granatblüten und Granatäpfeln, den Äpfeln der Hesperiden am Weltenbau.'"[484]

Hier im Zweistromland also stand die Wiege auch der abendländischen Geschichte und, folgen wir den Ausführungen Wilhelms bzw. Böhls, mit ihr die seither in der Welt befindliche Idee wie zeitweilige Realität des, wie im sumerischen Epos verkündet, „vollkommenen Königs" und seiner „Himmel und Erde umspannenden Weltherrschaft". „Diese uralten Ideen blieben lebendig auch nach dem Sturz des assyrischen Weltreiches. Universalität und Gottkönigtum wurden übernommen von den Persern, um dann im weiteren Geschichtsverlauf überzugehen auf Alexander und die Diadochen, auf das Imperium Romanum und das Römische Kaiserreich Deutscher Nation."[485] In all diesen Imperien blieben die ursprünglichen Kennzeichen des alten Königtums von Mesopotamien, Universalität und Totalität[486], unverändert erhalten, nämlich „die Vereinheitlichung himmlischer und irdischer Macht und als Folge davon auf Erden das universale

---

[484] Ebd., S. 4f. und, wie dort vermerkt, unter Bezugnahme auf Bühler, J., Deutsche Geschichte.

[485] Ebd., S. 41.

[486] „Das älteste Königtum in Mesopotamien ging aus von dem Begriff der Universalität und Totalität." (Ebd., S. 41). – Totalität, so Wilhelm in seiner Schrift, ist die „Auffassung, daß Himmel und Erde eine Einheit bilden und als solche von den Göttern beherrscht werden." (Ebd., S. 12).

Weltreich, (…) in dem ein König und eine Gottheit herrschen sollte, die Idee, die sich aus den Anfängen Sumers fortgepflanzt hat über das Imperium Romanum mit seinem Kaiserkult bis zum universalen ‚Gottesstaat' Karls des Großen."[487] Dabei, so Wilhelm, wollten „Karl der Große und seine Nachfolger (…) zwar keine ‚Gottkönige' mehr sein – das vertrug sich nicht mit dem christlichen Glauben – aber sie wollten doch als ‚Priesterfürsten' die kirchliche und die weltliche Macht in ihrer Hand vereinen."[488]

Dass dieses Kaiserbild Analogien zu Wilhelms eigener Herrschaftsauffassung aufweist, liegt dabei nahe. Das von ihm in der Geschichte, zudem gleichsam an derem kulturhistorischen Startpunkt, identifizierte Idealbild des Herrschers entspricht, daran lässt der Autor, der sich gerade deshalb auch so ausführlich der mesopotamischen Königsgeschichte widmet, wenig Zweifel, auch dem Typus jenes guten, mächtigen und allzuständigen Monarchen, an dem er sich im ‚persönlichen Regiment' wie vor allem auch im selbst zuerkannten Gottesgnadentum, inklusive des ambitionierten Vorsatzes, durchaus zugleich der oberste weltliche wie geistliche Herrscher zu sein[489], höchst selbst versucht hatte. Hier nun, 1938 im Büchlein über das alte Mesopotamien, ist dies Kaiserbild allerdings nur noch kompensatorische Reaktion eines gestürzten Monarchen im Exil, und das in zweierlei Form: zum einen der rückwirkenden Rechtfertigung seiner vergangenen Regentschaft und zum anderen jener fernen Herrschaftsvision mit der nur noch vagen, aber nicht aufgegebenen Aussicht, wieder als guter Kaiser auf den deutschen Thron zurückzukehren – idealerweise in der alten, sozusagen originalen sumerischen Konfiguration: „Jeder sumerische Stadtstaat für sich repräsentiert ein Bild der Welt und hält seinen König für den höchsten und einzig legitimen Herrscher. Dieser ist umgeben von seiner Hofhaltung und seinen Beamten, – ebenso wie der Gott von einem Kreis anderer, niedriger Götter umgeben ist, die bestimmte Funktionen ausüben."[490]

---

[487] Ebd., S. 41.
[488] Ebd., S. 42.
[489] „Daher ist der König ursprünglich auch der Oberpriester, ein Priesterfürst, ‚Patesi', der alle geistliche und weltliche Macht in seiner Hand vereinigt." (Ebd., S. 8).
[490] Ebd., S. 8.

Der König selbst wird nun, wie das Büchlein weiter ausführt, im Verlauf der assyrischen Geschichte in einem Prozess fortschreitender Säkularisierung zwar zunehmend entgöttlicht, mutiert vom Gott aber immerhin noch zum gottähnlichen Menschen, auf dem die Gnade jener Götter ruht, die ihn auserkoren und ihm den Weg auf den Thron gewiesen und gebahnt haben: „Der Herr der Götter stürzte im Zorne seines Herzens Salamanassars Regierung und berief zum König Sargon", so zitiert Wilhelm eine mesopotamische Schrift aus dem 8. Jahrhundert.[491] Derart verbleibt die Gnade Gottes auf dem König, wenngleich dieser selbst nicht mehr Gott ist, aber sehr wohl noch, so ein von Wilhelm angeführtes assyrisches Sprichwort, dessen Abbild: „„Der Schatten Gottes ist der Fürst (bedeutet hier ‚König') und der Schatten des Fürsten sind die (übrigen) Menschen.' Hier wird der König als ‚(Groß-) Mensch' zwar nicht ‚Gott', aber der ‚Schatten' (‚das Ebenbild') Gottes genannt."[492] Versehen mit der Gnade Gottes ist der König nun zwar kein göttliches Wesen mehr, aber, als Gottberufener und -beauftragter, gleichwohl göttlicher Heilsbringer und Erlöser: „Aus Babylon wird (vom assyrischen König Sargon; F.G.) die hochheilige Feier des Neujahrsfestes übernommen, bei der der König die Rolle des göttlichen ‚Heilsbringers' spielt. Die in diesem Kultus ausgesprochene Erlösererwartung konkretisierte sich immer mehr, bis sie in dem letzten großen Könige Assyriens, Asurbanipal (…) ihre Erfüllung sah. Er war ‚der Sohn der Göttin Ischtar', der Erlöserkönig; mit seiner Regierung war ein Weltenfrühling angebrochen!"[493]

Dies ist das Spiegelbild des eigenen, des vergangenen wie erhofft wiederkehrenden wilhelminischen Herrschens selbst. Und der vom ehemaligen deutschen Kaiser formulierte ‚Weltenfrühling', der mit Asurbanipals Regiment über das „assyrische Weltreich"[494] angebrochen

---

[491] S. ebd., S. 40.

[492] Ebd., S. 40.

[493] Ebd., S. 40f.

[494] Ebd., S. 41. Die „Idee des irdischen Weltreichs" (ebd., S. 41), die mit dem Aufstieg Mesopotamiens einherging, wird ihn, der er selbst, wie in seiner ‚Weltreich-Rede' („Aus dem Deutschen Reiche ist ein Weltreich geworden." Wilhelm II., Festansprache zum 25. Jahrstag der Begründung des Deutschen Reichs, 18. Januar 1896, zit. b. Obst, S. 145), ein deutsches Weltreich imaginierte, ja als kulturelles bereits im Entstehen begriffen sah, zudem für die mesopotamische Thematik eingenommen haben.

war, ist dabei nicht nur Ausdruck von Bewunderung für Regenten der „mesopotamischen Weltreiche"[495], sondern auch Wiederkehr der damaligen Selbstwahrnehmung Wilhelms II. und Reminiszenz an jene ‚herrlichen Tage', in die er das deutsche Volk noch zu führen gedachte.[496] Hier wird Wilhelms eigenes Idealherrscherbild, durch ihn selbst, den Hobby-Archäologen, gleichsam aus dem Sand des Zweistromlandes geborgen. Daher aber rührt auch sein umfassendes Interesse an dem Thema alter Weltreiche und gottbegnadeter Herrscher, gegründet in jenen „uralten Ideen"[497], die er mit Namen, Dynastien und Herrschaftsmerkmalen referiert und die er zitatbewehrt als Geschichte des Königtums entfaltet und von Mesopotamien bis ins Römische Kaiserreich deutscher Nation hinein verfolgt[498] – eine Linie, die ihm als Legitimationsfolie dient, auf der er seine eigenen vergangenen Leistungen rühmen und zukünftige als vernünftige und wiederzubelebende offerieren kann, und zwar mit jener ursprünglichen Königsidee und deren reiner mesopotamischer Form – als Fürstenspiegel, Leitbild und Blaupause eines idealen Regenten.

Der mesopotamische Super-Monarch verlor nun zwar seinen vormaligen Status als Gottkönig, behielt aber seine innerweltliche Funktion als von Gott beauftragter Erlöserkönig bei. In diesem Zuge ging auch die ‚Totalität', „die Vereinheitlichung himmlischer und irdischer Macht und als Folge davon auf Erden das universale Weltreich"[499] dahin – jene „Idee des irdischen Weltreichs, in dem ein König und eine Gottheit herrschen sollte, die Idee, die sich aus den Anfängen Sumers fortgepflanzt hat über das Imperium Romanum mit seinem Kaiserkult bis zum universalen ‚Gottesstaat' Karls des Großen. Beide Ideen, Gottkönigtum und Universalreich, erlagen dem Prinzip der Polarität"[500] – ein antagonistisches Prinzip, das sich, so Wilhelm, in zwei Opponenten, ‚Gegenpolen' manifestierte, dem Papsttum und dem Territorialfürstentum: „Als Gegenpol im Spiel der Kräfte trat das

---

[495] Ebd., S. 44.
[496] „Zu Großem sind wir noch bestimmt, und herrlichen Tagen führe Ich euch noch entgegen." (Wilhelm II., Rede beim Festmahl des Brandenburgischen Provinziallandtags, 24. Februar 1892, zit. b. Obst, S. 88).
[497] Wilhelm II., S. 40.
[498] S. a. S. 41.
[499] Ebd., S. 41.
[500] Ebd., S. 42.

Papsttum auf, nach langem Kampf siegte dieser ‚Gegenspieler‘ im Investiturstreit und nahm dem römisch-deutschen Kaiser selbst die Reste seiner priesterlichen Gewalt. Der Gegenpol gegen die andere Idee, die der unumschränkten politischen Kaisermacht, lag in der Bildung und allmählichen Erstarkung des Territorialfürstentums.“[501]

Und just aus diesem Territorialfürstentum erhob sich nun, mit einer neuen Dynastie, die Re-Novierung des alten Königtums und in dessen Nachfolge die mittelalterliche, vom Gottesgnadentum getragene deutsche Kaiseridee: „Mit Stolz darf ich sagen, daß in der Entwicklung des Landesfürstentums meine Vorfahren, die Hohenzollern, eine hervorragende und erfolgreiche Rolle gespielt haben. Der Gedanke eines ‚Gottkönigtums‘ lag ihnen fern; durchdrungen von der christlichen Mahnung: Gebt dem Kaiser, was des Kaisers ist, und Gott was Gottes ist – fühlten sie sich lediglich als Diener Gottes. Eine Auffassung, der schon der erste Hohenzoller als Kurfürst von Brandenburg treffenden Ausdruck verlieh, wenn er sich einen ‚schlichten Amtmann Gottes an Seinem Werk‘ nannte. Anstelle des Anspruches auf Gott-Ähnlichkeit war das christliche Ethos getreten.“[502]

Damit aber war der alte Anspruch des deutschen Kaisertums auf die persönliche Erwähltheit durch Gott, das Gottesgnadentum, durchaus bekräftigt. Die ewige Idee des guten, gerechten und mächtigen Regenten feiert in Wilhelms Schrift fröhliche Urständ. Sie dauert, so destilliert es Wilhelm aus der Geschichte des mesopotamischen Königtums und dessen Entwicklungsformen in der Menschheitsgeschichte für seine Zwecke heraus, fort, in seit Jahrtausenden unveränderter Form, und erfährt gar in der Neuzeit noch weitere Kraft durch die Betonung des Pflichtencharakters der göttlichen Gnade, gleichsam ihrer Last: „Wenn sich die Hohenzollern-Fürsten ‚von Gottes Gnaden‘ nennen, so ist dies nicht wie bei den orientalischen Herrschern ein Anspruch auf Göttlichkeit, sondern ein Ausdruck christlicher Demut und Frömmigkeit, der aber auch zugleich den Begriff göttlich übertragener Pflichten in sich schließt. Reinhold Schneider in seinem wundervollen Buche über die Hohenzollern nennt es den historischen, tragischen ‚Auftrag‘, der meinen Vorfahren im ganzen auferlegt war, und der

---

[501] Ebd., S. 42.
[502] Ebd., S. 42.

von ihnen immer wieder höchste Willenskraft und opferbereite, volle Hingabe an ihr schweres Fürstenamt forderte."[503]

Dass in diesem Zusammenhang dann auch der Preußenkönig Friedrich II. ins Felde geführt wird, dem Wilhelm besonders nachzueifern bestrebt war, geschieht dabei mit Blick auf die eigene, illustre Vorfahrenkette, in die es sich für Wilhelm adäquat einzureihen gilt, geradezu zwangsläufig: „Ich erinnere an Friedrich den Großen, der das soziale Werk seines Vaters fortsetzte und erweiterte, der voranging mit der Abschaffung der Tortur im Gerichtsverfahren, der in allem ‚der erste Diener des Staates' war und dem Idealbild eines Fürsten nachlebte, das er schon als Kronprinz in seinem ‚Antimachiavell' vorgezeichnet hatte."[504]

Die „göttlich übertragenen Pflichten", der „tragische Auftrag", der, wie Wilhelm schreibt, seinen kurfürstlichen und königlichen Vorfahren auferlegt war, gilt bzw. galt daher umso mehr ihm selbst, zumal am Ende jener langen, gleichsam über tausendjährigen Ahnenreihe: „Man weiß, wie dieser ‚Auftrag' mich selbst gerade auf dem Gebiete der sozialen Fürsorge erfüllt hat. Darum habe ich auch ein besonderes Interesse für die soziale Gesetzgebung der alten mesopotamischen Herrscher. (…) Sie waren beseelt von Verantwortungsgefühl gegenüber dem Himmelsherrn und wußten sich von ihm berufen, das Recht zu schützen, jeden Frevel zu sühnen (…), damit der Starke den Schwachen nicht unterdrücke"[505].

„Schirmherr(n) des Rechts"[506], wir erinnern uns an den Satz Wilhelms, ‚Arbiter mundi' sein zu wollen[507], waren die alten Herrschergestalten, in denen sich Wilhelm wiedererkennt. Doch sie waren es aus seiner Sicht noch nicht in vollkommener, vollendeter Form: „Und doch lege ich mir immer die Frage vor: Waren diese alten Könige der mesopotamischen Weltreiche wohl von demselben Ethos beseelt wie etwa jene von mir genannten Hohenzollern-Fürsten? Ein Unterschied lag jedenfalls darin, daß die Wohltaten der Hammurabischen Gesetze in der Praxis doch nur einer bevorzugten Schicht seines Volkes zugu-

---

[503] Ebd., S. 43.
[504] Ebd., S. 42f.
[505] Ebd., S. 43.
[506] Ebd., S. 43.
[507] Fehrenbach, S. 162.

te kamen; die große Masse der Unfreien und Sklaven blieb davon unberührt; die Aufgabe christlicher Herrscher ist es aber, gerade der Ärmsten und Schwächsten sich mit gleicher tatkräftiger Fürsorge anzunehmen. Dafür konnten, wie mir scheint, auch die edelsten Herrscher vorchristlicher Zeit im Sinne ihrer Weltanschauung kein volles Verständnis haben."[508]

Insofern handelte es sich hier nur um eine zeitbedingt unvollständige Realisierung des Königsideals, die aber durch das preußische Königs- und das spätere Kaisertum des Deutschen Reiches schließlich in doppeltem Wortsinne aufgehoben, auf eine höhere Stufe transportiert wird, nämlich die jenes „tragischen Auftrages", der sich aus den „göttlich übertragenen Pflichten" an den Herrscher ergibt.

Dieser ‚Auftrag' war mithin die logische Konsequenz aus dem Gottesgnadentum, und reichte damit, in seiner Erfüllung durch den sich dessen bewussten Regenten, weit an jenes gottähnliche oder gar gottgleiche Wunschbild vom idealen Monarchen heran, das im Verlaufe der Geschichte dann aber verging und sich letzlich als „unerfüllt" erwies: „Die im sumerischen ‚Gottkönigtum' gesuchte mystische Vereinigung des Himmlischen mit dem Irdischen, die vom Gottkönigtum erhoffte Ruhe im Ausgleich zwischen Ewigem und Vergänglichem ist (…) ein unerfülltes Wunschbild menschlicher Sehnsucht geblieben."[509]

Eine Näherungsform an das von Wilhelm beschriebene ursprüngliche Königsideal, das Bild des guten und mächtigen Kaisers, wie es sich noch von Mesopotamien über Rom bis zu Karl dem Großen verlängerte, wird, gleichsam nach einer langen Durststrecke, erst wieder in der Neuzeit erreicht, vermittels nämlich des preußischen, göttlich beauftragten Pflichtenkanons, dem sich die Hohenzollern-Herrscher als ‚Amtmänner Gottes'[510] verschrieben. Erst in seiner hohenzollerschen Form, an deren Ende und gefühlt auch am Höhepunkt dieser Entwicklung er selbst, Wilhelm II., rangiert, ist die größtmögliche Realisierung der archaischen und reinen Königsidee aus dem alten Mesopotamien gelungen. Und die Plausibilität, dass ein von Gott erwählter Kaiser geradezu naturnotwendig, so wie Wilhelm es seiner

---

508 Wilhelm II., S. 44.
509 Ebd., S. 44.
510 S. ebd., S. 42.

Mutter geschrieben hatte, auch der einzige wirkliche Kaiser in der Welt sei[511], muss daher auch im Lichte der hier in dessen mesopotamischer Schrift vorgetragenen kaiserhistorischen und -ideologischen Ausführungen gesehen werden, vor dem Hintergrund eben jener Ausschließlichkeitsthese vom nur einen Kaiser in der Welt, inklusive der damit verbundenen Frage nach der Gewichtung der außenpolitischen Ambitionen in der 'Weltpolitik' des wilhelminischen Regimentes: Gleichberechtigung und Gleichrangigkeit im internationalen Konzert der Weltmächte oder Suprematie und Hegemonie.

Den von Wilhelm und seinem Ghostwriter Böhl per Buch im Jahre 1938 vorgeführten Geschichts- bzw. Traditionsbogen von einer ursprünglichen universalen Monarchie mit ihrem Geburtsort im Zweistromland über das Römische Reich und die mittelalterlichen deutschen Kaiser hin zu den letzten ihrer Art, den Hohenzollern, eine Linie, die von Wilhelm und Böhl aus den alten mesopotamischen Sagen und Epen abgeleitet und von ihnen bis in das Reich des letzten deutschen Kaisers gezogen wird, und zwar ausdrücklich unter dem Begriff der „göttlich übertragenen Pflichten", hatte allerdings schon zuvor Eingang in die historische Forschung, genauer gesagt in deren monarchisch ausgerichtete Abteilung, gefunden – zumal aus einer, vor allem auch dem Kaiser, durchaus bekannten Feder. Der nämlich jenes Autors, der schon während der Amtszeit des letzten deutschen Monarchen mit seinem Buch von 1896, 'Die deutsche Kaiseridee in Prophetie und Sage', nicht unmaßgeblich die Sicht der Dinge Wilhelms auf seine Rolle im Rahmen seiner 'Kaiserfahrt durch's heilige Land' und damit seine Vorstellung von einem die Welt erlösenden End- und Friedenskaiser bestimmt hatte. Professor Franz Kampers hatte 1924 in seiner Schrift 'Vom Werdegange der abendländischen Kaisermystik' nämlich sein altes Thema wieder aufgegriffen und nun noch einmal ausführlicher die Ableitung der deutschen Kaiseridee aus den Endzeitvorstellungen des alten Mesopotamiens, mithin deren besonders legitimierte Herkunft aus der Wiege der Kulturgeschichte, ausgeführt:

---

[511] „Für immer und ewig gibt es nur einen wirklichen Kaiser in der Welt und das ist der deutsche, ohne Ansehen seiner Person und seiner Eigenschaften, einzig durch das Recht einer tausendjährigen Tradition." Zit. b. Röhl (2013), S. 40; Fehrenbach, S. 90).

„Die Vorstellung vom paradiesischen Musterkönige ist im Zweistromland der Nährboden, in welchem Errettererwartungen keimen
konnten. Von dem Bilde des Gottes Oannes Ea, der das Goldalter
der Menschen begründete, und von dem Bilde des Gilgamesch-
Nimrod, des ersten Weltkönigs, nehmen die schwarzköpfigen Kinder
Babels die Farben, wenn sie die Regierung dieses oder jenes ‚Königs
der vier Weltgegenden‘ mit übertreibenden Worten schildern.“[512] Und
weiter: „Wir vernehmen doch aus diesen, allmählich zum Hofstil ge-
hörenden Lobeserhebungen den Unterton eines Volkssehnens, und
dies wieder hat die Strebung, in Tagen der Not aus der Gegenwart in
die Zukunft zu flüchten.(…) Noch in mittelalterlichen Errettererwartungen werden wir Eridus meerentstiegenen Gott, Babels ragenden
siebenstufigen Turm und den das All überschattenden Weltenbaum
wiederfinden.“[513]
Dabei sei, so Kampers, „die Vorstellung eines kommenden Erlösers
(…) nicht einzig das Ergebnis babylonischer religiöser Grübelei“[514] –
sähen wir doch, dass sich auch in Ägypten aus dem dortigen Son-
nenmythos „Heilandserwartungen“[515] gestalteten, die, wie die babylo-
nischen, schließlich „im hellenistischen Mischkrug“[516] landeten, in den
auch „Eranier und Juden viel vom Eigenen hineingeworfen haben“[517]
– mithin Vorstellungen, die sich sodann durch das ganze Mittelalter
bis in die frühe Neuzeit fortpflanzten. „Für uns genügt der Nachweis,
daß die mittelalterlichen Weissagungen und Sagen ihre letzten Wurzeln im Sonnenmythus des Ostens haben.“[518] Größten Einfluss habe
dabei allerdings „der jüdische Messiasglaube, seitdem er sich den letzten Dingen der Welt und des Menschen zugekehrt hatte“[519] und eine
„erregte prophetische Propaganda entwickelte. In dieser wurde der
Grund gelegt zu der im ganzen Mittelalter herrschenden Auffassung

---

[512] Kampers (1924), S. 80.
[513] Ebd., S. 81.
[514] Ebd., S. 81.
[515] Ebd., S. 81.
[516] Ebd., S. 81.
[517] Ebd., S. 81.
[518] Ebd., S. 81.
[519] Ebd., S. 88.

von dem römischen Reich als der letzten Weltmacht und dem römischen Kaiser als Vorläufer des himmlischen Kosmokrators."[520]

Hier wird bereits der Anfang jener Linie von den alten Legenden aus babylonischer Zeit über das römische Imperium zur mittelalterlichen Kaiserzeit markiert, die Kampers im Fortgang seiner Ausführungen schließlich bis in die Neuzeit auszieht: hin zu den dortigen Kaisererwartungen und -realitäten und – wir befinden uns mit seinem Buch ja im Jahre 1924 – nach dem Zusammenbruch großer Monarchien auf dem europäischen Kontinent, namentlich der deutschen, bis in eine neue politische Zukunft hinein.

„Diese erdenferne Mystik des römisch-deutschen Imperiums lebt sich aus in mehr oder minder verwandten Weissagen"[521], die im Mittelalter dann vielfach kopiert, ergänzt und verändert werden, dabei vor allem beeinflusst von der Prophetie der Sibylle von Tibur, die ihrerseits wiederum eine „enge Verwandtschaft mit den Prophezeiungen des Pseudo-Methodius"[522] pflegt. Dies alles, so Kampers weiter, werde um 1230 angereichert mit der Weissagung des Johann von Toledo, die sich um die Vision eines guten, die Griechen wie Römer regierenden Endkaisers rankt und der seiner Herrschaft den Charakter einer „paradiesischen Zeit"[523] verleihen werde. Diese sei jedoch nicht von Dauer: „Darauf erscheint der Antichrist, und alsdann begibt sich der Kaiser nach Jerusalem und überreicht seine Krone dem Spender jeglicher irdischen Macht. Das Wiedererscheinen Christi schließt dieses apokalyptische Weltbild ab."[524]

Das aber ist der im Wesentlichen unveränderte Kern der mittelalterlichen und frühneuzeitlichen Kaiserprophetie. Diese wurde ihrerseits in politischen und kirchlichen Kämpfen und Auseinandersetzungen jeweils ‚zeitgemäß' angepasst, vor allem in der Namensgebung des Endkaisers, aber auch in ihrer äußeren Form. Denn an der Wende des 15. zum 16. Jahrhundert mutieren die vormaligen rezeptionsexklusiven Handschriften und Bücher in die des massenwirksamen Mediums der Flugschrift, als ‚Praktiken', aus den Sternenkonstellationen abge-

---

[520] Ebd., S. 82.
[521] Ebd., S. 88.
[522] Ebd. S. 88, Anm. 1.
[523] Ebd., S. 89.
[524] Ebd., S. 89.

leiteten Weissagungen von den letzten Dingen, von dem der verderb-
ten Welt unmittelbar bevorstehenden Gericht und dem Auftreten der
Erlöserfigur des End- und Friedenskaisers, der nicht selten und in
verschiedenen Schreibweisen mit dem sprechenden Namen ‚Friedrich' versehen wird. Während die frühneuzeitlichen Reichsreformschriften mit ihren Endkaisererwartungen schließlich in jenem tages-
aktuell-politischen Kampfmedium, der Flugschrift von Reformation
und Bauernkrieg, aufgingen, verwandelte sich die Kaiserweissagung
auch noch in eine andere, durchaus langlebigere literarische Form, die
der Kaisersage, und dies vor allem auf dem Gebiet des Heiligen Römischen Reiches deutscher Nation – und zwar geboren aus Migration:
„Auch die Entstehungsgeschichte der deutschen Kaisersage läßt das
erkennen. Zweifel am Tode des Kaisers Friedrich II. tauchten zunächst nur diesseits und jenseits der Alpen auf. Daß die mittelalterliche Kaiserweissagung sich aber so bald, nachdem Friedrich dem er-
regten Kampfe der Geister entrückt war, in eine Sage umwandeln
konnte, war nur möglich durch die starken Einwirkungen einer von
Osten hinüber gewanderten Sage"[525] – eben jener, die ihren Ursprung
im alten Mesopotamien hatte. Dieser „Gedanke des Neuwerdens der
Welt durch einen großen Kaiser"[526] führte schließlich, so Kampers
weiter, „zur Vorstellung eines Erretters Johannes, der, Priester und
König zugleich, das heilige Grab befreien solle."[527] Hier liegt auch der
Ansatzpunkt für die Kampers-Lektüre Wilhelms II. vor seiner Orient-
fahrt. Bereits in der Prophetie schwingt der Gedanke „dieser Kreuz-
fahrersage"[528], des gen Orient ziehenden Königs und Kaisers mit, die
Wilhelm II. dann mit seiner Reise im Jahre 1898, die in der höfischen
Regie kalkulierterweise die Anmutung eines Kreuzzuges annimmt, zu
re-animieren, mindestens aber zu imitieren bestrebt ist.

„Diesem Priesterkönig Johannes nun dienen 7 Könige, 72 Heerführer
und 365 comites. Diese offensichtlichen Beziehungen zur Heldensage
Babylons werden auch durch den Namen des Helden der Kreuzfahrer
herausgestellt. Wir hörten schon, daß Nimrod auch Johannes geheißen wurde, wir wissen, daß nach Pseudo-Methodius Nimrod mit ei-

---

[525] Ebd., S. 113.
[526] Ebd., S. 114.
[527] Ebd., S. 114.
[528] Ebd., S. 114.

nem allweisen mythischen Sagenkönig Jonitus zusammenkommt"[529]
und „daß die frei erfundene Sagengestalt des Priesterkönigs Johann
seine Entstehung verdankt einer im Oriente durch die Jahrhunderte
fortlebenden Erwartung des Kommens eines Musterkönigs, Oannes
oder Johannes geheißen, der im Lichtlande seligen Lebens vom Bergthron der Herrlichkeit aus die Welt befriedet."[530] – Gerade deshalb,
der östlichen Ursprünge dieser Legenden halber, widmet sich Wilhelm II. schließlich dem Thema des ‚Königtums im alten Mesopotamien' mit besonderer Verve, weil er hier die Wurzeln seiner eigenen
Kaiseridee, die seiner gleichsam kaiserideologischen Herkunft aufde-
cken kann. Und die Seefahrt, die Wilhelm II. schließlich ins Heilige
Land bringen wird, ist in den Prophetien über den seefahrenden
Priesterkönig sinnigerweise auch schon vorgezeichnet: „Die spätere
Kaisersage weiß zu künden, daß der Kaiser über das Meer zu diesem
dürren Baume fährt, und daß dieser sein Laub zurückerhält, wenn der
Kaiser daran seinen Schild gehängt haben wird"[531] – genauso „wie der
Sonnengott des Ostens"[532] in den alten orientalischen Epen.

So existieren, folgen wir Kampers und seinem Leser Wilhelm, „viele
Verbindungslinien zwischen der jungen Kaisersage und dem Mythus
des Ostens"[533]. Und selbst die nur scheinbar originelle Wiederaufer-
weckung des schlafenden Kaisers der Endzeit im deutschen Kyffhäuser hat ihre frühen Vorbilder: „Babylonische Bilder auf Ton zeigen
uns wiederholt den Sonnengott, wie er, aus dem Berge hervorkom-
mend, diesen besteigt, um seine die Welt beglückende Herrschaft
anzutreten."[534] – „Die arabische Überlieferung"[535] wiederum verweise,
so Kampers, in ähnlichem Zusammenhang auf den kommenden
„Mahadi"[536]: „Er schlummert in einer Grotte und wird dann hervor-
gehen, um die Welt zu regieren als Chalife. Unter seiner friedlichen
Regierung wird aller Groll, alle Feindschaft zwischen Menschen und
Tieren ausgesöhnt, alle Sekten vereinigen sich und es wird ein Schaf-

---

529 Ebd., S. 115.
530 Ebd., S. 115.
531 Ebd., S. 116.
532 Ebd., S. 116.
533 Ebd., S. 129.
534 Ebd., S. 131f.
535 Ebd., S. 132.
536 Ebd., S. 132.

stall und eine Kirch sein. Denn die Ungläubigen werden sich entweder alle bekehren oder getötet werden."[537] Damit aber ist das ganze Arsenal der mesopotamischen, in der Folge römischen, dann mittelalterlichen Weisungsliteratur in nuce auf den Begriff gebracht und wird weiter tradiert bis hin zu den flugschriftlichen ,Praktiken' der Reformationszeit, in denen das Bild vom ,eynen hirten und eynen schaffstall' gleichsam zur Standardformel gerinnt.

Der welteinigende Friedensfürst, wie er dann auch in den Kaiserprophetien des Abendlandes heimisch wird, entstammt also orientalischen Regionen und einer Legenden-Wanderung: „Die Kunde von diesem Götterberge des Ostens und dessen lichtem Helden ist zweifach ins Abendland gedrungen"[538] – über Byzanz, so Kampers, in Gestalt des Sagenkönigs Chosro und „vielleicht war damals auch schon die verwandte Mär von dem auf seinem siebenstufigen Throne entseelt sitzenden Salomon im Westen bekannt. Genug! Alsbald raunte man sich zuerst in welschen Landen zu, Kaiser Karl throne entseelt in seiner Gruft zu Aachen; aber nicht für immer; er werde wiederkommen und das heilige Grab befreien."[539] Und so gerät es schließlich dahin, dass „in der Sage des Mittelalters auch der deutsche Kaiser über das Meer zum Lande des Aufganges wo der Bergthron der Herrlichkeit ragt und der Weltenbaum sein dürres Geäst ausbreitet" zieht.

Die alte östlich Prophetie wird im Westen heimisch, domestiziert und weiterentwickelt, zuerst in Sizilien, dem Hauptland Friedrichs II.: „In der Mischkultur Siziliens hat die Sage von dem in den Berg gerückten Könige Artur, in deren Szenerie und in deren Helden wir Weltenberg, Sonnentisch und Sonnengott des Ostens noch deutlich wieder erkennen, sich am Ätna lokalisiert."[540] Und zwar, so Kampers, wie folgt: „Zu Lebzeiten Friedrich II. bringt Gervasius von Tilbury eine Erzählung, die lebhaft an die spätere Kyffhäusersage erinnert. Danach sei einem Diener sein Pferd entsprungen, er habe es am Ätna gesucht und dort plötzlich einen Eingang in den Berg entdeckt, durch den er zum König Artur gelangt sei. Diese sizilianische Bergsage hat den

---

537 Ebd., S. 132f.
538 Ebd., S. 133.
539 Ebd., S. 133.
540 Ebd., S. 137; s. a.: „Der gigantische, Rauch und Feuer ausstoßende Ätna erschien vor Friedrich II. als Ort des höllischen Feuers." (Ebd., S. 137).

Boden bereitet, auf welchem das diesseits und jenseits der Alpen bald hier, bald dort auftauchende Gerücht vom Fortleben Friedrich II. sich zur Sage verdichten konnte."[541] Und gegen Ende des dreizehnten Jahrhunderts „berichtete dann Thomas von Eccleston, daß ein Mönch gesehen habe, wie Friedrich unter wunderbaren Naturerscheinungen in den Ätna gezogen sei. (…) In dieser sizilianischen ‚Bergsage‘ faßte die alte Errettermär des Ostens, deren Held schon in den Träumen der Kreuzfahrer, wie wir sahen, Friedrich II. geworden war, abermals auf abendländischem Boden festen Fuß."[542]

Dann wandert die nun südliche Sage nach Norden: „Fahrende Sänger oder deutsche Ritter, welche für Friedrichs Nachkommen in Italien das Schwert zogen, werden mit den allbeliebten Liedern vom König Artur auch die Mär vom Kaiser Friedrich dem Anderen über die Alpen gebracht haben. Die neue Weise vom bergentrückten, wiederkommenden Kaiser und von dessen Fahrt in den fernen Osten zum dürren Baum, der, wenn er seinen Schild daran gehängt, sein frisches Grün wiedererhalten sollte, nahm aber in Deutschland alsbald Geist vom Geiste jener nach kirchlicher Reform sich sehnenden, eschatologisch gerichteten Weissagungsliteratur in sich auf, welches nach wie vor immer wieder Gedanken der alten Sibylle von Tibur und des Pseudo-Methodius in neue Formen goß."[543]

Derart verwandelte sich die altorientalische Sage vom wiederkehrenden guten Herrscher „in längerer Entwicklung – verwandte germanische mythologische Gedanken in sich aufnehmend – in die Barbarossa- und Kyffhäusersage und blieb die Trägerin wehmütiger und wieder zukunftsfroher Erinnerungen an die Herrlichkeit des mittelalterlichen Kaisers, der, wie vor Urzeiten der Sonnengott Babels, sich in den Berg zurückzieht und glorreich aus diesem wieder hervorkommt."[544] Dann allerdings, so bliebe ganz im Sinne Wilhelms II. zu ergänzen, nicht mehr als Barbarossa, sondern nunmehr als ‚Barbablanca‘, dem Erben der alten Kaiser, dem Reichseiniger und Vorbereiter jener ‚Weltstellung‘ eines Reiches, deren Herbeiführung und

---

[541] Ebd. S. 138.
[542] Ebd., S. 138.
[543] Ebd., S. 140.
[544] Ebd., S. 141.

Vollendung nun das Werk seines Enkels, des Marinekaisers Wilhelm II. sein wird.

Und da Kampers 1924 nicht mehr, wie noch in seinem ersten Kaiser-sagen-Buch, das mittlerweile untergegangene wilhelminische Reich als Vollendung der alten deutschen Kaiserprophetie apostrophieren konnte, richtet sich nun, am Ende seines neuen Buches, die Hoffnung der Sage wie des Autors auf eine zukünftige, noch auszugestaltende, geheimnisvolle und schon hier kaum Gutes verheißende Kraft: „Ihre (der Kaisersage; F.G.) Hoffnungen aber kleben an der Scholle, und Erlösung erwartet sie von der wiederkehrenden, in einem Heros der Vergangenheit verkörperten völkischen Kraft."[545]

---

[545] Ebd., S. 143.

5. Relikte: Kaiserliche Marinebauten – Architektur als ästhetische Umsetzung politischer Zielsetzungen

Aula der Marineakademie, 1904, Kiel-Wik

„Ferner scheint es mir eine dem Geiste der Marine entsprechende Forderung zu sein, daß die Verwandtschaft der Marine mit den Fortschritten der neueren Technik auch in ihrem Gotteshause zum Ausdruck kommt, also die neue Kirche nicht ohne weiteres nach alten, nicht immer bewährten Mustern gebaut werde."[1]

---

[1] Bundesarchiv-Militärarchiv (BA-MA) RM 3/v.9303, Blatt 21: Bericht über den Neubau einer Garnisonkirche auf die Verfügung vom 12.I.1904 durch Marineoberpfarrer Rogge vom 29.I.1904.

Mit diesem Satz aus seiner Stellungnahme zum Projekt einer neuen Garnisonkirche für die evangelischen Soldaten der Marinestation der Ostsee vom 29. Januar 1904 umriss der damalige Marineoberpfarrer Rogge das ästhetische Programm für ein Bauwerk, das auch heute noch zu Recht als ein Juwel der Jugendstilarchitektur gilt. 1904 entwarf Richard Riemerschmid, damals einer der führenden Designer des Jugendstils und Gründungsmitglied des Deutschen Werkbundes, die Ausstattung für die Kommandantenkajüte und die Offiziersmesse des Kleinen Kreuzers DANZIG. Gewürdigt wurde damals im Jahrgang 1906 der Zeitschrift ‚Dekorative Kunst' „die gänzlich ungewohnte Vereinigung von wohnlicher Stabilität in den Grundformen der Möbel und fast virtuosem Eingehen auf die ökonomischen Gesetze der Raumbildung. Dem Internationalismus des Kajütenstils ist hier zum ersten Male eine ehrliche und unverkennbar deutsche Note energischer und flotter Sachlichkeit entgegengehalten."[2]

Rogges Forderung, durch symbolhafte künstlerische Gestaltung eines Bauwerkes dessen tiefere Bedeutung über den rein praktischen Zweck hinaus den Benutzern und damit der Öffentlichkeit nahe zu bringen, fand in dem Zitat aus dem nur zwei Jahre später erschienenen Bericht über das ästhetische Programm einer Raumgestaltung von Gemeinschaftsräumen an Bord von Kriegsschiffen als Repräsentanten staatlicher Macht – Riemerschmid hatte in dieser Zeit Aufträge zur Gestaltung der Messen und Kommandantensalons von 12 Kriegsschiffneubauten erhalten[3] – ihre Entsprechung. Diese Äußerungen, in der Tat sehr seltene Dokumente über die ästhetischen Zielsetzungen der Gestaltung von Bauwerken oder Inneneinrichtungen, die im Auftrage der militärischen Führung geschaffen wurden, zeigen, dass hier noch eine Tradition der künstlerischen Gestaltung fortlebte, die bereits in der Antike feststellbar war und in Deutschland bis zum Ende des Zweiten Weltkrieges fortbestehen sollte. Erst bei den seit 1956 für die neue Bundeswehr entstehenden Militärbauten riss diese jahrhundertelang gepflegte Tradition ab, wenngleich hier als Folge der Postmoderne seit einiger Zeit ein zaghafter Neubeginn feststellbar ist. Dies zeigte sich zunächst in der stellenweise zu beobachtenden Restaurierung überkommener Bausubstanz. Beispiele hierfür sind einige Gebäude

---

2 Dekorative Kunst, S. 186.
3 Schmidt, S. 171.

im Bauensemble des Marinestützpunktes in der Kieler Wik. Der wohl eindrucksvollste Hinweis für das Wiedererkennen des ästhetischen Wertes überkommener Militärbauten dürfte wohl unbestreitbar die gelungene Restaurierung der Marineschule in Flensburg-Mürwik und ihrer ehemaligen Kommandeursvilla sein, die jetzt das Wehrgeschichtliche Ausbildungszentrum mit seiner beachtlichen Schausammlung beherbergt. Das postmoderne Ensemble des Kreiswehrersatzamtes und des Wehrbezirkskommandos von 1988 in Freiburg mit seiner in den Gesamtkomplex integrierten Betonplastik von Rainer Stiefvater, „Metamorphosen", die in allegorischer Form die Tätigkeit dieser Behörde zum Ausdruck bringt, womit erstmalig seit 1945 wieder ein Kunstwerk mit einer militärischen Thematik durch die Militärverwaltung in Auftrag gegeben wurde, dürfte ein bisher einmaliges Beispiel für ein Anknüpfen an die bis 1945 selbstverständlich gewahrte Tradition sein, auch bei militärischen Nutzbauten künstlerische Lösungen anzustreben.

Im Folgenden soll an Hand von Beispielen aus der Architektur und dem Denkmalbau aufgezeigt werden, wie man bewusst bis 1945 die bildende Kunst in den Dienst der Vermittlung politischer Zielsetzungen gestellt hat. Unter dem Eindruck des Missbrauches und der Manipulation, die hier vor allem während der NS-Zeit erfolgten, tut sich die politische Leitung und militärische Führung der Bundeswehr bis heute noch schwer, traditionell überkommene Formen, hier vor allem Symbole und somit Ausdrucksformen der bildenden Kunst, als legitime Mittel der Inneren Führung im Sinne einer Vermittlung von Werten zu verwenden – Werten, wie sie für uns als Kontinuitäten der abendländischen Geschichte in der naturrechtlich-sittlichen Grundordnung in den ersten 19 Artikeln des Grundgesetzes der Bundesrepublik Deutschland unwiderruflich verpflichtend sind.[4]

Die im Nachstehenden beschriebenen Beispiele der Marinearchitektur in Kiel repräsentieren drei Stilepochen: Für die Zeit historisierender Bauweise wird als Beispiel die 1888 eingeweihte Marineakademie, das heutige Landeshaus, vorgestellt, für die Zeit des Jugendstils Bauten aus dem jüngsten Stützpunkt der Kaiserlichen Marine in der Kieler Wik, die alle zwischen 1902 und 1915 als ein geschlossenes Ensemble errichtet wurden, dessen kunstgeschichtliche Bedeutung den heutigen

---

4 Vgl. hierzu Walle (1991), S. 233-304.

Marinern wohl kaum in seiner vollen Tragweite bewusst ist. Höhepunkte sind dort die 1907 fertiggestellte ehemalige evangelische Garnisonkirche, die heutige Petruskirche, und die 1913 vollendete Ingenieur- und Deckoffizierschule, die heutige Technische Marineschule. Um deutlich zu machen, dass die hier praktizierten ästhetischen Lösungen trotz aller lokalen Besonderheiten durchaus der damaligen Baupolitik der Kaiserlichen Marine entsprachen, wird kurz noch einmal auf die 1910 eingeweihte Marineschule in Flensburg-Mürwik, ein Bauwerk des Kieler Marinearchitekten Adalbert Kelm, und Bauten aus dem Marinestützpunkt Tsingtau in China einzugehen sein. Die dritte Periode, die Zeit des Expressionismus, neuer Sachlichkeit und eines Neoklassizismus im Zeichen der Art déco wird an Beispielen von Marinebauten aus den späten 20er und den 30er bis 40er Jahren verdeutlicht.

Wie Ergebnisse der Verhaltensforschung deutlich machen, sind Symbole Kommunikationsmittel, die der menschlichen Natur eigentümlich sind.[5] Die bildende Kunst bedient sich ihrer in einer schier unendlichen Vielfalt. Vor allem in der Architektur ist hier eine bis heute ungebrochene Tradition erkennbar, indem jeder Architekt von Rang bemüht ist, sein Bauwerk durch ästhetische Gestaltung zum Bedeutungsträger zu machen und somit dessen Funktionalität über den rein praktischen Zweck hinausgehend zu steigern. Besondere Beispiele hierfür aus der Architektur der Gegenwart sind die Bauten von Banken und Versicherungen, die immer und selbst dort, wo der Architekt um strenge Sachlichkeit bemüht war, in ihrer repräsentativen Gestaltung die Solidarität und wirtschaftliche Leistungsfähigkeit des Auftraggebers auszudrücken suchen, um dem Kunden Vertrauen in die Firma zu vermitteln und dadurch einen Werbeeffekt auszuüben. Wie Einzelbeispiele deutlich machen, ist dies mit in vielen Fällen durchaus ästhetisch überzeugenden Lösungen gelungen.

Bis zum Ende des Zweiten Weltkrieges bestand in Deutschland eine ungebrochene Tradition, dass bei der Realisation von Bauwerken für militärische Zwecke funktionale und ästhetische Zielsetzungen sich einander ergänzten. Obwohl die funktionale Gestaltung bei Wehrbauten schon seit dem Altertum eindeutig im Vordergrund stand, diente die künstlerische Ausgestaltung solcher Bauwerke stets der Verdeutli-

---

[5] Ebd., S. 257ff.; vgl. a. Lorenz, S. 7-13.

215

chung der politischen Ziele der jeweiligen Militärpotentiale. Künstlerpersönlichkeiten wie Albrecht Dürer, Leonardo da Vinci, Balthasar Neumann oder letztmalig Leo von Klenze haben bewusst ihre künstlerischen Fähigkeiten beim Entwurf und Bau von Festungswerken eingebracht. Im Festungsbau als der klassischen Form von reiner Wehrarchitektur trat jedoch infolge der Entwicklung der Waffentechnik und der damit einhergehenden gewaltigen Steigerung der Waffenwirkung nach der Mitte des 19. Jahrhunderts die ästhetische Gestaltung völlig in den Hintergrund. Die Festungsanlagen von Ingolstadt (Leo von Klenze), Koblenz oder Germersheim, die alle um die Mitte des 19. Jahrhunderts fertiggestellt wurden, weisen noch ein klar erkennbares ästhetisches Programm auf. Auch bei den Befestigungen von Friedrichsort an der Kieler Förde dürfte mit Sicherheit eine, wenngleich bescheidene, ästhetische Gestaltung vorhanden gewesen sein. Bei der Ausführung militärischer Wohn-, Schulungs- und Verwaltungsbauten strebte man jedoch noch bis 1945 eine Harmonie von Funktionalität und Ästhetik an. Je nach Bedeutung und Verwendungszweck des jeweiligen Bauwerkes war dieses ästhetische Programm mehr oder weniger reichhaltig ausgeprägt.[6]

Als Stilmittel bedienten sich die Architekten einmal der Art und Weise der Platzierung der Baukörper, wenngleich hier in den meisten Fällen eindeutig funktionale Aspekte im Vordergrund standen, wodurch die militärische Disziplin und Hierarchie ihren architektonischen Ausdruck fand, wie die für Kasernenbauten bis 1945 typische Ausrichtung um Exerzierplätze und die Anordnung der Bauten auf die in der Mittelachse einer solchen Gesamtanlage platzierten Stabs- und Kommandogebäude.[7] Was Joachim Petsch hier als Ausdruck für das nationalsozialistische Gesellschaftsmodell interpretiert, ist jedoch keineswegs für diese Ideologie allein typisch, sondern, wie gesagt, in erster Linie Ausdruck militärischer Hierarchie und Disziplin und besitzt deshalb eine eminent funktionale Bedeutung. Auch das Stilmittel der Gliederung der Baumassen ist bei Militärbauten Ausdruck von Disziplin und Hierarchie und ebenfalls „sichtbares Zeichen der Präsenz militärischer Macht", wie Hartwig Beseler es an Kasernenanlagen

---

[6] Walle (1989).
[7] Petsch, S. 135.

216

in Schleswig-Holstein beobachtet hat.[8] In der stilistischen Gestaltung des Bauwerks und im Dekor wurde mit ästhetischen Mitteln dessen Verwendungszweck symbolhaft unterstrichen. Wie aus den eingangs erwähnten Zitaten deutlich wurde, geschah dies sowohl als Ausdruck eines militärisch technischen Selbstwertgefühls als auch zur Vermittlung einer politischen Botschaft. Durch eine solche künstlerische Ausschmückung, und hier vor allem durch die Verwendung allegorischer Symbole, sollte auch den Benutzern eine Beziehung zu ihrem militärischen Auftrag vermittelt werden. Wie die Analyse solcher Schmuckelemente im Folgenden zeigen soll, diente eine ästhetische Gestaltung militärischer Bauten durchaus auch der Motivierung der Soldaten und entsprach damit ursächlich den Zielsetzungen der militärischen Führung.

Der besondere Reiz von Militärbauten bis 1945 liegt darin begründet, dass sie in einem Spannungsfeld von Funktionalität und Ästhetik stehen. Es handelte sich hier stets um ausgesprochen funktionale Bauwerke, deren praktischer Zweck immer im Vordergrund zu stehen hatte. Die ästhetische Gestaltung zur Steigerung der Gesamtfunktionalität fand erst in zweiter Linie Berücksichtigung. So weist die erste Darstellung der Ingenieur- und Deckoffiziersschule, der heutigen Technischen Marineschule in Kiel, im ‚Zentralblatt der Bauverwaltung‘, dem offiziellen Organ des Ministeriums der öffentlichen Arbeiten, diesen Bau als ein besonders gelungenes Beispiel einer funktionalen Architektur aus, das außerdem nach dem letzten Stand der damals modernen Bautechnik und kostengünstig ausgeführt worden war.[9]

Vergleicht man die im Nachfolgenden zu besprechenden Militärbauten mit privaten oder öffentlichen Bauten dieser Zeit, wie beispielsweise den üppig und prachtvoll gestalteten Gründerzeitvillen von Industriellen, Bankhäusern aus der Zeit der Jahrhundertwende oder manchem Rathaus, wie etwa dem Hamburger Rathaus als Regierungs- und Verwaltungszentrum einer reichen Handelsmetropole, so tritt ein auffallender Unterschied zutage; nämlich der, dass selbst bei Militärbauten von ausgesprochen repräsentativem Charakter immer die For-

---

[8] Beseler, S. 14f.
[9] Die Ingenieur- und Deckoffizierschule in Kiel. In: Zentralblatt der Bauverwaltung, hrsg. vom Ministerium der öffentlichen Arbeiten, 40. Jahrg. 1920, Nr. 5, S. 25-28 u. Nr. 7, S. 37-39.

derung bestanden hat, mit relativ sparsamem Mitteleinsatz Optimales erreichen zu müssen. Allein durch diesen Umstand erreichte man durchaus vornehm wirkende Lösungen, die trotz umfangreichen Dekors keineswegs überladen oder protzig wirken. Als Kiel am 24. März 1865 durch die Kabinettsordre König Wilhelms I. von Preußen, der in diesem Befehl die Verlegung der Marinestation der Ostsee von Danzig an die Fördestadt verfügt hatte[10], zur Marinestadt wurde, war das nach Ansicht des Kieler Historikers Michael Salewski sozusagen die zweite Gründung der Stadt Kiel.[11] Der Einzug der Marine nach Kiel hatte eine rege Bautätigkeit zur Folge, die sich am augenfälligsten zunächst in der Anlage der Befestigungen von Friedrichsort niederschlagen sollte. Mit dem Reichskriegshafengesetz vom 19. Juni 1883 waren dann die gesetzlichen Grundlagen für einen systematischen Ausbau geschaffen worden.[12] Aus Mangel an einer „überregionalen Strukturplanung"[13], wie man sie heute kennt, wurden beim Ausbau Kiels zum Marinestützpunkt die Marineinteressen in sehr einseitiger Weise durch den preußischen Staat durchgesetzt – was zur Folge hatte, dass die Bautätigkeit der Marine bis zum Ende des 19. Jahrhunderts so gut wie nicht von einer Rücksichtnahme auf städtebauliche Aspekte gekennzeichnet war. Erste städtebauliche Akzente setzten der Bau der ersten evangelischen Garnisonkirche am Niemannsweg, die 1880 bis 1882 von den Architekten Giehsel und Kraft erbaut wurde[14], und die 1883 bis 1888 erbaute Marineakademie an der Förde, die gegen Ende des 19. Jahrhunderts zu den größten und prächtigsten Bauten Kiels zählte. Das in streng neugotischer Backsteinarchitektur[15] ausgeführte Gotteshaus, die heutige Pauluskirche, verdankt ihre Fernwirkung dem Umstand, dass diese turmschlanke Kirche „gleich einer ausgestellten Preziose auf einen Hügel-Sockel gehoben zu sein"[16] scheint, während das quaderförmige Bauwerk der Marineakademie das Fördeufer dominieren sollte. Erst mit den von 1902 bis 1915 in der Wik errichteten Marinebauten wurde ein geschlossenes

---

[10] BA-MA, RM II v. 121, fol. 40f.
[11] Salewski (1991), S. 280.
[12] Ebd. S. 282.
[13] Ebd. S. 282.
[14] Andresen (1991), S. 5.
[15] Ebd. S. 5.
[16] Andresen (1979), S. 3.

städtebauliches Ensemble geschaffen, das die Bombenangriffe des Zweiten Weltkrieges relativ unbeschadet überdauerte und heute in seiner Gesamtheit ein denkmalschutzwürdiges Stadtviertel der Fördestadt sein sollte.

Die Kieler Marinebauten bis zur Jahrhundertwende, und das gilt in gewisser Weise auch für die zivilen Bauten der öffentlichen Hand in der ehemaligen preußischen Provinzhauptstadt Kiel, gehörten kunstgeschichtlich zur Epoche des historistischen Eklektizismus, wie er damals in ganz Preußen von der sogenannten Berliner Schule beeinflusst wurde. Das war ein Stil, der der Schinkelschen Tradition verpflichtet war, die von Meistern wie Friedrich Hitzig, Richard Lucae und Martin Gropius an die preußischen Baubeamten, die in der Mehrzahl in Berlin ihre Ausbildung erhalten hatten, weitergegeben wurde.[17] Kennzeichnend für diesen sogenannten Bauratsstil war nach Hans-Günther Andresen seine „historistische, bisweilen formpedantische Ziegelarchitektur."[18] „Der allgemeine Baustil wurde auf diese Art ins Norddeutsche übertragen. Mit diesen Bauten, die Tradition, Autorität und Staatsbewusstsein ausdrückten, repräsentierte sich der preußische Staat in der neugewonnenen Provinz selbst."[19]

Um die Jahrhundertwende kam es zu einem Stilwandel auch in der Architektur der öffentlichen Bauten. Die noch vor zwei Jahrzehnten bevorzugten Baustile der Neugotik und Neorenaissance wurden jetzt durch einen auf das Barock ausgerichteten Stil abgelöst. In der Wahl der Materialien, der Formen und Bauelemente war dieser neue Stil modern und eigenständig. „Eine neue Stadtarchitektur kündigte sich an."[20] Hartwig Beseler kennzeichnet diesen Wandel: „Die Bewegungstendenz des Jugendstils in der Architektur (wurde zum) Auslöser eines Wiederauflebens des Barocks."[21]

Die neue Architektengeneration orientierte sich nunmehr an den sogenannten Architektenhochburgen in Süddeutschland, wie Karlsruhe – hier wird noch von den Vertretern der Karlsruher Schule Robert

---

[17] Graf von Hardenberg, S. 13; vgl. a. Beseler, S. 15.
[18] Andresen (1991), S. 12.
[19] Wulf (1991, Kiel), S. 254.
[20] Ebd., S. 254.
[21] Beseler, S. 26.

Curjel und Karl Moser, den Erbauern der Petruskirche in der Wik, zu berichten sein – Dresden, Darmstadt, Stuttgart oder München.[22]

Impulse auf die neue Stilrichtung gingen auch von den Reformbewegungen des Werkbundes und nicht zuletzt auch von der Heimatschutzbewegung aus, in der sich „die jungen reformerischen Kräfte mit den Konservativen gegen die Entartungen der Gründerzeit („eine Ehe, wert des Nachdenkens"[23]) verbanden, wie Hartwig Beseler formulierte. Die Heimatschutzbewegung, deren Schleswig-Holsteinischer Landesverein 1908 gegründet wurde[24], hatte die Pflege traditionell überkommener regionaler Bauformen zum Ziel, um Bauwerke in einer bodenständigen Tradition stehend zu schaffen. Damit sollte einer drohenden Entwurzelung und Beziehungslosigkeit entgegengewirkt werden. Diese Heimatschutzarchitektur war somit eine „Gegenbewegung gegen den stilistischen Eklektizismus, gegen theatralische Überladenheit und gegen die Nivellierungstendenzen des Historismus im Bauwesen. Der Heimatschutz wollte dagegen die baulichen und künstlerischen Traditionen der Heimat und des Landes bewahren, er wollte die ursprünglichen Formen und Materialien des Bauens wieder zur Geltung bringen, und er wollte die gewachsenen Entwicklungen gegen die alles überformende Massenkultur wiederbeleben"[25], wie Peter Wulf präzisierend feststellt. Dies führte dann vor allem nach 1918 zur Ausprägung einer „nordelbischen" Architektur, die vornehmlich in Backstein arbeitete und „die bei aller Modernität im technischen Bereich bei der Gliederung der Wände, der Anordnung der Fenster und bei der Ausgestaltung des Türbereiches auf heimische Vorbilder des Barock zurückgriff. Im Kern war es der Rückgriff auf die ‚Kraft und die Gesundheit des Ländlichen gegen die Verderbtheit der großen Stadt'"[26]

Dieses hier bewusst in ausführlichen Zitaten wiedergegebene Architekturprogramm des Heimatschutzstils, dessen erste Wirkungen in den Marinebauten der Kieler Wik deutlich werden sollten, galt als eine der Grunddominanten für deutsche Militärbauten im ganzen Reichs-

---

[22] Albrecht/ Andresen, S. 72f.

[23] Beseler, S. 26.

[24] Albrecht/ Andresen, S. 74; vgl. a. J. R. Charton, S. 41ff.

[25] Wulf (1991, Die Stadt), S. 344.

[26] Ebd., S. 344.

gebiet der Zeit von 1935 bis 1945, wobei bewusst ein Rückgriff auf die verschiedenartigen Bautraditionen der deutschen Kulturlandschaften gemacht wurde. Reetgedeckten Kasernen in List auf Sylt stehen Militärbauten mit Stilelementen von Bauernhäusern aus dem Alpengebiet in Süddeutschland als signifikante Beispiele gegenüber.

Nicht zuletzt eigneten sich Bauwerke des Barocks auch besser als Vorbilder für weitläufig angelegte Bauten und Gruppenbauwerke. Durch das preußische „Verunstaltungsgesetz" von 1907, das als Ergebnis einer kulturpolitischen Initiative der preußischen Regierung erlassen wurde, erhielten die neuen Reformideen eine rechtliche Stützung, die im Januar 1908 zu einer ausführlichen Erläuterung der „Maßnahmen gegen bauliche Verunstaltung in Stadt und Land", so der genaue Wortlaut dieses Gesetzes, durch das Ministerium der öffentlichen Arbeiten führte. Damit wurde durch den größten Bauherrn die Förderung einer gesunden heimatlichen Bauweise durchzusetzen empfohlen, so dass auch die beamteten Architekten an die neue Bewegung herangeführt wurden.[27]

In Kiel entstanden seit 1906/ 07 zahlreiche neue Bauwerke verschiedenartigster Zweckbestimmung, die das Bild der Stadt, die sich nunmehr stark auszudehnen begann, in starkem Maße prägten[28] und die durchweg die neue Stilrichtung repräsentierten, so dass Uwe Albrecht und Hans-Günther Andresen das Jahr 1907/ 08 als „Wendejahr"[29] für die schleswig-holsteinische und vor allem die Kieler Architektur bezeichnen. Der in den Jahren von 1902 bis 1915 durchgeführte Neubau des neuesten Stützpunktes für die Kaiserliche Marine in der Wik mit seiner 1907 vollendeten Garnisonkirche und der 1913 fertiggestellten Ingenieur- und Deckoffizierschule als architektonische Höhepunkte dieses Ensembles, ist somit als ein Bauereignis dieser für die Architekturgeschichte Kiels wichtigen Umbruchphase zu sehen. Zunächst aber war die Errichtung dieser jüngsten Flottenbasis der Kaiserlichen Marine, die mit ihren Werkstätten, Kasernen, Wohnbauten, einer Schulungseinrichtung, der Garnisonkirche und eines Lazaretts nichts anderes als eine auf äußerste Funktionalität eingerichtete Infrastrukturmaßnahme des Tirpitzschen Flottenbauprogramms. An den

---

[27] Andresen (1991), S.14.

[28] Wulf (1991, Kiel), S. 254.

[29] Albrecht/ Andresen, S. 77.

einzelnen Gebäuden lässt sich hingegen sehr gut ablesen, wie hier schrittweise die neuen Formen einer künstlerischen Gestaltung verwirklicht wurden, die in der Tat „die Verwandtschaft der Marine mit den Fortschritten der neueren Technik" dokumentieren, wie dies in dem eingangs zitierten Bericht des Marineoberpfarrers Rogge für die neue Garnisonkirche gefordert worden war. Das in der Wik im ersten Jahrzehnt des 20. Jahrhunderts realisierte Bauprogramm war damit ein Beispiel für traditionsgebundenen Fortschritt. Dieser Flottenstützpunkt, dessen Gebäude zu einem großen Teil den Zweiten Weltkrieg unbeschadet überstanden haben und die sich nunmehr weit über hundert Jahre in der Nutzung von vier deutschen Marinen befinden, stellt, wie oben gesagt, damit eine historische Bausubstanz ästhetisch gestalteter Militärbauten dar, wie sie in der Bundesrepublik Deutschland einmalig ist.

Die Kieler Marinebauten der späten 20er und der 30er Jahre, alles Backsteinbauten, repräsentieren in ihrer ästhetischen Gestaltung verschiedene Stilelemente:

Zunächst sind hier Elemente des „Klinker-Expressionismus"[30] unverkennbar, wie er sich in den 20er Jahren als „expressiver Klinkerstil"[31] gerade in Schleswig-Holstein als besonders charakteristisch ausprägen sollte. In der Architektur griff man nun „die allenthalben bewegenden Gedanken auf: die ausdrucksstarke Architektur, die ihre Wurzeln im Lebensgefühl des Expressionismus hat, und den sachbezogenen nüchternen Zweckbau."[32]

Hartwig Beseler weist mit dieser Feststellung auf Einflüsse der neuen Sachlichkeit und des Bauhauses hin, wenngleich das von den Bauhausarchitekten favorisierte Flachdach in der Kieler Architektur kaum[33] und bei den Marinebauten nicht zur Anwendung kam. Dominierendes Stilelement war jedoch der Heimatschutzstil, der nach 1920 in Kiel zur beherrschenden architektonischen Richtung wurde.

„Überall im Stadtgebiet wurden Bauten in diesem Stil errichtet, die Kiel ein neues, jedoch traditionsgebundenes Gesicht gaben. Das Sonderbewusstsein der Provinz, das in Schleswig-Holstein in seiner Rand-

---

[30] Beseler, S. 31; vgl. a. Andresen (1991), S. 31.
[31] Beseler, S. 31.
[32] Ebd., S. 31.
[33] Wulf (1991, Die Stadt), S. 344ff.

222

lage stark ausgeprägt war, erhielt in der Heimatschutzbewegung seine architektonische Form. Stadt und Land, bisher eher antagonistisch gedacht, schienen harmonisch in einer eigenständigen Architektur des Gesamtlandes aufgehoben."[34]

Im Dekor der Gebäude wurden vielfach Terrakotten der Kieler Kunstkeramik[35] verwendet, die unter ihrem Leiter, Professor Franz Blazel, in den Jahren von 1919 bis 1937 ihre Blütezeit erreichte. In diesen Schmuckelementen manifestiert sich unverkennbar der Stil des damals beliebten Art déco. Die hier beschriebenen Stilelemente sind sehr deutlich an den Wohnungen Fichte-, Kleist- und Niebuhrstraße erkennbar, die in den Jahren 1925 bis 1929 von Regierungsbaurat Adalbert Kelm (1856-1939) als Dienstwohnungen für Marineangehörige[36] und nunmehr erstmalig im Einklang mit den Planungsvorstellungen der Stadt Kiel erbaut wurden.[37]

Eine Bautätigkeit der Marine setzte auch in Kiel erst wieder nach der Machtergreifung der Nationalsozialisten von 1933 im Rahmen der Aufrüstung der Wehrmacht seit 1935 ein. Mit der Verkündigung des „Gesetzes für den Aufbau der Wehrmacht" vom 16. März 1935 hatte sich Hitler einseitig von den Bindungen des Versailler Vertrages losgesagt, und eine gewaltige militärische Aufrüstung nahm ihren Anfang. Sie hatte nicht zuletzt auch eine erhebliche Bautätigkeit der Wehrmacht im ganzen Reichsgebiet zur Folge, die in den Jahren von 1936 bis 1939 ihren Höhepunkt erreichte und dann durch den Erlass vom 17.2.1942 dahingehend eingeschränkt wurde, dass jetzt nur noch Befestigungsbauten (Bunker) errichtet wurden.[38] Für die in diesem Zeitraum entstandenen Kasernen-, Schulungs- und Verwaltungsbauten der Wehrmacht galten ebenfalls die o. g. Stilmerkmale. Vor allem bei Unterkunftsgebäuden dominierten Elemente des Heimatschutzstils, während bei Stabsgebäuden oder Bauten der Verwaltung mit repräsentativem Charakter nunmehr Stilelemente eines Neoklassizismus in unterschiedlicher Ausprägung zur Anwendung kamen, wodurch der totale Machtanspruch des NS-Staates zum Ausdruck

---

[34] Ebd., S. 347.
[35] Andresen (1991), S. 31 u. 36.
[36] Finanzminister des Landes Schleswig-Holstein, S. 138.
[37] Wulf (1991, Die Stadt), S. 345.
[38] Petsch, S. 136.

kommen sollte.[39] Dieser Neoklassizismus der 30er Jahre war allerdings kein Spezifikum der Nationalsozialisten, sondern war ein gesamteuropäisches Phänomen dieser Zeit, auch bei öffentlichen Bauten und repräsentativen Firmengebäuden in den USA, England oder Frankreich der 30er Jahre wurden häufig Elemente des Neoklassizismus verwendet. Jedoch hatten Diktaturen wie die Sowjetunion oder das faschistische Italien und dann auch nationalsozialistische Machthaber für diesen Stil einer monumentalen Architektur eine besondere Vorliebe.[40] Solche Stilformen wurden in Deutschland auch noch in der Nachkriegszeit in den 50er und 60er Jahren vornehmlich bei Bauten von Versicherungsgesellschaften und hier durchaus auch in Verbindung mit Elementen der neuen Sachlichkeit verwendet.[41]

Wie man auch an der in Kiel noch vorhandenen Bausubstanz erkennen kann, waren die damals dort entstandenen Marinebauten, und das gilt nicht allein für die Kieler Beispiele, gemessen an anderen öffentlichen Bauten dieser Zeit – man vergleiche nur den Bau des ehemaligen Luftgaukommandos, des heutigen Territorialkommandos am Niemannsweg, mit seiner monumentalen Säulenordnung – noch relativ bescheiden und in der Gestaltung ihrer Baumassen noch durchaus human. Bemerkenswert ist an den Kieler Marinebauten – auch das gilt für andere Beispiele von Kasernenanlagen der Marine aus den 30er Jahren in Schleswig- Holstein – der so gut wie nicht vorhandene Gebrauch nationalsozialistischer Symbole im Dekor.

Wie Joachim Petsch festgestellt hat, waren die Militärbauten für Heer und Marine dieser Zeit gegenüber den Bauten für die Luftwaffe wesentlich weniger aufwendig gestaltet.[42] Man vergleiche hier nur das bescheidene Offiziersheim der Marinekasernen in Glückstadt an der Elbe[43] mit dem pompösen Offizierskasino für den Fliegerhorst in List auf Sylt.

Komplexe Bauvorhaben, wie der Bau des Marinestützpunktes in der Wik für die Kaiserliche Marine, hat es nach 1933 in Kiel nicht mehr gegeben. Solche Anlagen entstanden in Schleswig-Holstein um 1936

---

[39] Ebd., S. 135f. und passim.
[40] Borsi, F. Die monumentale Ordnung. Stuttgart 1987.
[41] Petsch, S. 225ff.
[42] Ebd., S. 136ff.
[43] Walle (1976).

224

in Glückstadt an der Elbe,[44] in Plön mit dem Komplex der Marine-Unteroffizierschule, in Flensburg-Mürwik mit den Bauten der Marinenachrichtenschule und der Sportschule als Erweiterung der Marineschule Mürwik und in der Kasernenanlage in Glücksburg-Meierwik, um nur die wichtigsten der bis heute nahezu vollständig erhaltenen Ensembles dieser Art zu nennen.

Aus der Zeit der historisierenden Bauweise ist die 1888 eingeweihte Marineakademie, die heute den Schleswig-Holsteinischen Landtag beherbergt, das bedeutendste der noch weitgehend erhaltenen Marinegebäude dieser Epoche. Die von 1880 bis 1882 als erste evangelische Garnisonkirche entstandene Pauluskirche am Niemannsweg gehört zwar auch zu den historischen Marinebauten von Kiel, war aber in erster Linie ein Sakralbau. Die Marineakademie wurde als „Ziegelrohbau im Rundbogenstil"[45] ausgeführt und ist ein massiver viergeschossiger Ziegelkubus von 100 Metern Länge, 50 Metern Breite und 24 Metern Höhe, der mit vier turmartigen Eckrisaliten versehen ist und dessen Vorder- und Rückfront von je einem gewaltigen Mittelrisalit beherrscht wird.

Einen ersten Entwurf im Renaissancestil soll der Regierungsbaumeister Puhlmann schon 1874 in Berlin vorgelegt haben, seit 1879 konkretisierte sich das Projekt einer Marineakademie und -schule. Unter Einschaltung der Akademie des Bauwesens in Berlin und unter Beteiligung einer örtlichen Studienkommission wurde der Entwurf bis 1883 mehrfach überarbeitet.[46] Andresen benennt als wichtigste Urheber dieser Überarbeitung Baurat Wuerst und Oberingenieur Kralft.[47]

Über das ästhetische Programm des neuen Bauwerkes geben Anmerkungen des Geheimen Rates G. F. Thaulow in Kiel, einem Mitglied der o. g. Studienkommission, in den Bauakten einen ersten Hinweis: „Das will sagen, die Marineakademie des deutschen Reiches muss ein majestätisches Gebäude sein, ein Gebäude wahrhaft schöner Architektur, das durch seine Form, seine äußere Gestalt sofort auf den ers-

---

[44] Ebd., passim.
[45] Graf von Hardenberg, S. 9.
[46] Ebd., S. 14.
[47] Andresen (1991), S. 27.

ten Blick jedem imponiert und höchstes Wohlgefallen erregt. Geld genug ist ja vorhanden."[48]

Graf von Hardenberg vermutet mit Recht, dass sich die Berliner Regierungsbaumeister das kurz vorher fertig gestellte Generalstabsgebäude von Fleischinger und Voigtl, das „Rote Rathaus" in Berlin von Wäsemann (1861-1868) und das chemische Laboratorium von Cremer in Berlin zum Vorbild genommen haben. Ein direktes Vorbild könnte jedoch das von v. Heyn entworfene Polytechnikum in Dresden (1871-1875) gewesen sein, dessen Programm und Entwurfskonzept mit seinen umlaufenden Fluren an zwei Innenhöfen dem der Marineakademie sehr ähnlich ist.[49]

Wie in der historistischen Architektur in der zweiten Hälfte des 19. Jahrhunderts üblich, bauten die damaligen Architekten diese Stilmittel zu einer differenzierten Sprache aus, „in der die vorherrschenden Stilelemente die funktionale Organisation der Gebäude in ihrer historischen Bedeutung assoziieren sollten."[50]

Das Ergebnis waren gotische Rathäuser, griechische Parlamentsgebäude, florentinische Banken, die heute noch das Bild unserer Städte bestimmen. So haben auch die Architekten dieses Kieler Monumentalbaus in ihren Stilzitaten bewusste Assoziationen ausdrücken wollen: Die Mittelrisalite sollten in ihrer Backsteingotik an die Danziger Marienkirche erinnern. Durch die „gotische Romanik" mit sichtbarem Backstein sollte sowohl an die Kunst der ersten deutschen Kaiserzeit als auch an die Hansestädte der Ostsee angeknüpft werden, um damit einen nationalen Stil zu prägen.

„Die unverblümten Zitate aus der Renaissance am Dachfries (dessen gewaltiges Dachgesims das gesamte Gebäude beschloss und im Zweiten Weltkrieg zerstört wurde; H.W.) und an den Fenstern im Stil des Palazzo Medici, die zu dem der ‚Akademie angemessenen Renaissancestil im Inneren' überleiten"[51], waren ein Stilzitat, das als typisch für die 70er und 80er Jahre des 19. Jahrhunderts gelten kann. Mehr noch als in der stilistischen Gestaltung des Baukörpers kam der politi-

---

[48] Graf von Hardenberg, S. 14.
[49] Ebd., S. 14.
[50] Ebd., S. 12. Hardenberg beruft sich hiermit auf: Egon Friedell, Kulturgeschichte der Neuzeit, München 1928-1931.
[51] Ebd., S. 13.

sche Anspruch in der künstlerischen Ausgestaltung der Marineakademie zum Ausdruck. Hier sind deutlich Elemente „nationaler Selbstbestätigung und nationalen Stolzes, die zugleich einen repräsentativen und appellativen Charakter hatten. Repräsentativ im Sinne des stolzen Bewusstseins des Erreichten, appellativ in dem Sinne, die Größe und die Einheit des Reiches zu wahren."[52]

Im Maßwerk der Fenster über dem Hauptportal waren die Wappen von neun Bundesstaaten des Deutschen Reiches eingearbeitet, während der Terrazzofußboden der Eingangshalle mit dem Reichsadler geschmückt war.[53] Dieser Topos, Wappen deutscher Bundesstaaten mit dem Reichsadler als Symbol für die Marine als Reichsinstitution, sollte später im Schmuck der Auladecke der Marineschule Mürwik und im Foyer der Ingenieur- und Deckoffizierschule in der Wik wiederverwendet werden. Auf den Dachfronten der Mittelrisalite waren sowohl nach der Land- wie auch nach der Seeseite Bronzefiguren aufgestellt. Eine Statue der Siegesgöttin Victoria befand sich auf der Landseite, während auf der Seeseite eine Statue der Germania postiert war. Beide Figuren waren durch zwei halbhohe Seitenfiguren flankiert, deren eine die Kriegsmarine und die andere die Handelsmarine darstellte. Die vier Ecken der Mittelrisalite waren mit Adlern aus Bronze geschmückt. Die Bildaussage dieser Plastiken, die im Zweiten Weltkrieg zerstört wurden, war eindeutig: „Das siegreiche Deutsche Reich gab das Versprechen, seinen Handel über See durch die bewaffnete Macht zu schützen."[54]

Auch dieser Topos sollte im Dekor der 1910 fertiggestellten Marineschule Mürwik expressis verbis erneut aufgegriffen werden, wie es in dem im farbigen Glasfenster über dem Hauptportal eingearbeiteten Spruch deutlich wurde: „Den Frieden zu wahren, gerüstet zum Streit, mit flatternden Fahnen im eisernen Kleid, so tragt deutsche Schiffe, von Meer zu Meer, die Botschaft von Deutschland, den Frieden umher!"

Der hier in unterschiedlicher Weise mit ästhetischen Mitteln zum Ausdruck gebrachte Auftrag deutscher Marinen ist von zeitloser Gültigkeit und gehört zu den unbestrittenen Traditionen. Unterstrichen

---

[52] Wulf (1988), S. 23.
[53] Ebd., S. 24.
[54] Ebd., S. 24.

wurde das politische Programm durch die 1901 im Garten der Marineakademie aufgestellte Statue des Großen Kurfürsten Friedrich Wilhelm von Brandenburg, der im 17. Jahrhundert als erster Territorialherr des Reiches eine Flotte begründet hatte. Dieses ebenfalls den Zerstörungen des Zweiten Weltkrieges anheimgefallene Denkmal trug an seinem Sockel die programmatische lateinische Inschrift, die Hardenberg als „nachabsolutistisch und vordemokratisch" interpretiert und die in deutscher Übersetzung lautete: „Ich will mein Herrschaftsamt so ausüben, dass der Staat des Volkes Sache ist und nicht meine Privatangelegenheit."[55]

Verglichen mit den pompösen Leitbauten der späten Gründerjahre, wie dem Deutschen Reichstag von Wallot (1884-1894), den Wohnbauten der Wiener Ringstraße von Theophil von Hansen (1862) und „dem non plus ultra der bourgeoisen Weltstadtarchitektur, der Pariser Oper von Garnier (1875)"[56], war dieser Monumentalbau von „vierschrötiger Wucht"[57] als typisches Produkt der preußischen Bauratsarchitektur von bescheidener Kargheit und ein eminent funktionales Bauwerk, das zudem dem neuesten Stand der damaligen Bautechnik entsprach.[58] Bei seiner nach 1984 durchgeführten Grundinstandsetzung wurden die im Kriege zerstörten Schmuckelemente aus dem 19. Jahrhundert nicht mehr erneuert. „Geblieben ist der nüchterne Teil des Bauwerks, dessen Massigkeit vor den bewaldeten Hügeln der Krusenkoppel und hinter den hohen Kastanien am Düsternbrooker Weg zurücktritt."[59]

Als Haus an der Förde dient dieser in seiner Grundsubstanz noch weitgehend erhaltene und durchaus behutsam restaurierte Bau als würdige und repräsentative Heimstätte für die gewählte Vertretung der Bürger des nördlichsten Bundeslandes unseres Staates.

Wer vom Stadtzentrum Kiels in nordwestlicher Richtung entlang der Förde über das Hindenburgufer oder landeinwärts in gleicher Richtung auf der Feldstraße fährt, steht plötzlich vor einer kleinen Bucht, die einen natürlichen Hafen bildet und an deren Ufer lang gestreckte

---

[55] Graf von Hardenberg, S. 12.
[56] Ebd., S. 10.
[57] Andresen (1991), S. 36.
[58] Graf von Hardenberg, S. 15ff.
[59] Ebd., S. 9.

Ziegelbauten mit vielfach geformten Walmdächern um eine Kirche mit wuchtigem, ebenfalls aus Backsteinen ausgeführtem Turm gruppiert sind. Dieses geschlossen wirkende Ensemble an der Wiker Bucht, das dem unbefangenen Betrachter zunächst den Eindruck eines idyllisch gelegenen Ostseehafens vermittelt, lägen da nicht im Hafen die grauen Kriegsschiffe, ist der von etwa 1902 bis 1915 für die Kaiserliche Marine erbaute Stützpunkt Kiel-Wik.

Die wie ein geschlossenes Stadtviertel wirkenden Militärbauten erstrecken sich auf einem Fünfeck, das durch das Hindenburgufer an seiner Südseite, die Adalbert-, Arkona- und Herthastraße im Westen und die Zeyestrasse an seiner Nordseite begrenzt wird. Diese bis heute von deutschen Marinen genutzte Anlage entstand, wie bereits erwähnt, als Infrastrukturmaßnahme im Rahmen des Tirpitzschen Flottenbaus. Kernstück des Stützpunktes war der Torpedobootshafen, der heute ein wichtiger Liegeplatz für Einheiten der Deutschen Marine ist. Die ältesten Bauwerke waren die um einen großen Exerzierplatz im Geviert angeordneten Kasernen, in denen damals die I. Werftdivision (Stammeinheit für das technische Personal der Flotte) und die I. Torpedodivision (Stammeinheit für die Besatzungen der Torpedobootverbände) untergebracht waren. Ferner einige Häuser mit Dienstwohnungen für Unteroffiziere der Marine mit ihren Familien an der Nordseite entlang der heutigen Zeyestrasse. Diese Gebäude sind zwischen 1902/ 04[60] und 1910 entstanden[61]. Um 1905/ 1906 wurden ein großer Werkstattkomplex an der Seeseite und die Pavillons eines zentralen Marinelazaretts errichtet, in denen sich heute das Anschar-Krankenhaus befindet, die an der Südseite des Areals liegen und vom Hindenburgufer/ Prinz-Heinrichstraße und der nach Norden abzweigenden Arkonastraße begrenzt werden.[62] Architektonisch-städtebaulicher Mittelpunkt sollte bis zum heutigen Tage die von 1905 bis 1907 erbaute evangelische Garnisonkirche, die heutige Petruskirche, mit Pfarrhaus und Konfirmandensaal werden. Mit der 1913 vollendeten Ingenieur- und Deckoffizierschule, der heutigen Technischen Marineschule, im Nordwesten des Areals zwischen Arkona- und Herthastra-

---

[60] Neudeck/ Schröder, S. 563.
[61] Andresen (1991), S. 6.
[62] Ebd., S. 28.

ße gelegen, fand die Bautätigkeit der Kaiserlichen Marine in der Wik zunächst ihren Abschluss.

An den Marinebauten der Wik lässt sich deutlich die stufenweise vollzogene Abkehr von einer historistischen Architektur ablesen. Anders als bei der Marineakademie hatten die Bauten in der Wik, wenn man von der Garnisonkirche und der Ingenieur- und Deckoffizierschule absieht, nur in sekundärer Weise repräsentativen Zwecken zu dienen. Sie alle waren zunächst, und dies gilt sogar auch für die Garnisonkirche,[63] vorrangig funktionale Bauwerke. Dennoch wurde auch hier von der mit Blendarkaden verzierten Werkhalle bis hin zur bewusst von der Straßenfront zurückgenommenen Arrestanstalt [64] oder dem durch Backsteinbänder mit einer Kannelierung versehenen Schornstein des Heizwerkes für das Lazarett auch bei Bauten von untergeordneter Bedeutung Dekor verwendet. Bei den großen Kasernenblöcken des ersten Bauloses von 1902/ 04 hatte man begonnen, „die Mauerflächen stärker koloristisch im Wechsel von Backstein- und Putzflächen auszubilden, die Giebel zu variieren, einschließlich der bis dahin für öffentliche Bauten durchaus unüblichen, weil eher ländlichen Krüppelwalme."[65]

Leider wurde bei der in den frühen 70er Jahren durchgeführten Grundinstandsetzung dieser Kasernenblöcke, die in der Mehrzahl den Krieg relativ unbeschädigt überstanden hatten, der Fassadendekor vollständig zerstört. Lediglich ein Block an der Wasserseite, der heutigen Mecklenburger Straße, erhielt eine Totalverklinkerung seiner Außenwände mit Gesims-Gliederung, was eine durchaus annehmbare Lösung darstellt. Eine Ausnahme bildet ein rhythmisch gegliedertes Gebäude, das ehemalige Wirtschaftsgebäude C und Kantine der

---

[63] BA-MA, RM 3/v. 9303, Blatt 78: Schreiben des Architektenbüros Curjel & Moser, Karlsruhe, an den Staatssekretär des Reichs Marine Amtes vom 5.I.1905: Die Architekten erläutern in diesem Schriftsatz, dass ihr Kirchenentwurf bewusst auf eine gute „Füllung und Leerung" der Kirche Rücksicht genommen habe, damit die 1100 Gottesdienstbesucher die Kirche ungehindert innerhalb kürzester Zeit betreten und verlassen können. Ferner weist man auf die guten Sichtmöglichkeiten auf Kanzel und Altar von allen Sitzplätzen hin.

[64] BA-MA, RM 3/v.9303, Blatt 113: Kaiserliche Intendantur der Marine Station der Ostsee vom 9.VII.1905. Dort wird ausdrücklich betont, dass die Gebäude der Arrestanstalt durch Wohnbauten von Dienstwohnungen verdeckt werden sollen.

[65] Andresen (1991), S. 28.

I. Werftdivision, in dem heute das Marinemusikkorps Kiel untergebracht ist. Dieser an der heutigen Warnemünder Straße gelegene
Backsteinbau, der unbestreitbar zu der Bausubstanz des ersten Bauloses zu zählen ist, wurde weitgehend in seinem ursprünglichen Zustand erhalten. Dieses zum Zwecke der Truppenbetreuung erstellte
Bauwerk ist noch ganz im Stil der Backsteingotik gehalten. Die Fenster der Treppenhäuser und die über mehrere Geschosse ragenden
Fenster der den Mittelteil flankierenden Hallen sind in gotischem
Maßwerk ausgeführt. Man wollte damit offenkundig an die Tradition
der Hanse und des Deutschen Ordens erinnern.

An den Pavillons des Marinelazaretts, die nach Entwürfen des Baurats
Schwarzkopf von 1902/ 03 bis 1905/ 06 entstanden sind,[66] wird ein
Stilwandel deutlich. Andresen bezeichnet die Fassadengestaltung der
Lazarettbauten als „stark koloristisch angelegte Ziegel-Putz-Archi-
tektur", die „bei allem Bemühen, sie mit einem leichten Beiklang von
Jugendstil zu aktualisieren und damit aus den historischen Stilfesseln
zu lösen, ebenfalls noch älterer ‚Bauratsarchitektur' verhaftet"[67]
blieb. Trotzdem besitzt gerade dieser strenge ornamentale Dekor, der keinerlei Stereotypen aufweist und an jedem der 14 Bauten verschieden
gestaltet ist, einen besonderen ästhetischen Reiz. Die Dienstwohnung
für den Chefarzt war als kleine Villa im Cottage-Stil ausgeführt mit
Fachwerk im Obergeschoß zur Parkseite und entsprach damit Archi-
tekturbestrebungen, wie sie damals u. a. von Hermann Muthesius
vertreten wurden.[68]

Gleichsam als Bindeglied zwischen den strengen, im Geviert um den
großen Exerzierplatz ausgerichteten Kasernenblocks und den südlich
davon in einem Park gelegenen Pavillons des Lazaretts fungiert das
Ensemble der neuen evangelischen Garnisonkirche mit Pfarrhaus,
Konfirmandensaal und den daran anschließenden Wohngebäuden für
Marinebeamte und verheiratete Unteroffiziere an der heutigen Weimarer Straße. Die Anlage dieses Ensembles wurde bewusst als eine
Art von städtebaulichem Mittelpunkt der gesamten Marineanlage
konzipiert. Der Kieler Kunsthistoriker Hans-Günther Andresen hat
die ehemalige Marine-Garnisonkirche in einem 1979 erschienenen

---

[66] Ebd., S. 28.
[67] Ebd., S. 16.
[68] Posener, S. 117-198.

Aufsatz einer eingehenden kunstwissenschaftlichen Betrachtung ge-würdigt,[69] so dass auf eine eingehende Beschreibung dieses Sakralbaus verzichtet werden kann.

Der durch die Flottengesetze von 1898 und 1900 in Gang gekomme-ne Flottenbau hatte eine spürbare Vergrößerung des Personalbestan-des der Marine zur Folge, woraus sich neben anderen Infrastruktur-maßnahmen wie der Notwendigkeit zum Bau von Dienstwohnungen auch die Sicherstellung der militärseelsorgerischen Betreuung der Ma-rineangehörigen ergaben. Admiral von Tirpitz, Staatssekretär des Reichsmarineamtes, stellte deshalb in einem Schreiben an das Reichs-schatzamt vom 18.VI.1904 fest:

„Das Bedürfnis nach einer zweiten Garnisonkirche für Kiel ist unab-weisbar geworden. Ich habe mich daher entschlossen, den Bau einer 2. Garnisonkirche in Wik zum Etatentwurf für 1905 anzumelden. Für die Projektbetreuung reicht das vorhandene Personal nicht aus. Mittel zur Anstellung solchen Personals habe ich nicht. Ich beabsichtige daher, die Projektbearbeitung einem bewährten Kirchenbaumeister zu übertragen."[70]

Zwei Tage später teilte Tirpitz der Marinestation der Ostsee mit, dass im Etat für 1905 die Mittel zum Bau einer solchen Kirche mit 1100 Sitzplätzen beantragt werden und dass diese Kirche auf einem Grund-stück im Besitz des Marinefiskus in der Wik nördlich des Lazaretts und westlich der Arrestanstalt auf einem Areal liegen sollte, das ei-gentlich zum Bau von Dienstwohnungen vorgesehen war. Die neue Kirche, die ursprünglich zur Einsparung der Kosten als Simultankir-che gedacht war, sollte, da sich aus politischen Gründen eine Simul-tankirche nicht durchsetzen ließ, als evangelische Kirche gebaut wer-den. Für die katholischen Marineangehörigen wurde beabsichtigt, Mittel zum Bau einer katholischen Garnisonkirche in den Etat von 1906 einzubringen.[71]

Tirpitz nahm damit Rücksicht auf die katholische Zentrumspartei, auf deren Stimmen er im Reichstag angewiesen war, und so entstand nach

---

[69] Andresen (1979), S. 6-9.

[70] BA-MA, RM 3/v. 9303, Blatt 36: Verfügung des Staatssekretärs des Reichs Mari-ne Amtes vom 18.VI.1904 an das Reichsschatzamt.

[71] Ebd., Blatt 37: Verfügung des Staatssekretärs des Reichs Marine Amtes an die Marine Station der Ostsee vom 18.VI.1904.

den Plänen des Marinebaurates Adalbert Kelm in den Jahren 1907/ 08 bis 1910 die heute noch bestehende Heinrichskirche im neugotischen Stil an der Feldstraße.[72]

Am 12.8.1904 erhielten die Architekten Curjel & Moser in Karlsruhe den Auftrag zur Einreichung eines Entwurfes für den Bau einer Kirche von 1100 Sitzplätzen mit Pfarrhaus und Konfirmandensaal, der 300.000 Reichsmark nicht überschreiten sollte.[73] Am 20.VIII.1904 nahm das Karlsruher Architektenbüro diesen Auftrag an[74] und am 5.VI.1905 erfolgte der Vertragsabschluss über den Bau.[75]

Die beiden seit 1888 in Karlsruhe ansässigen, aus der Schweiz stammenden Architekten Robert Curjel (geb. 1859) und Karl Moser (geb. 1860) waren ein sehr erfolgreiches Architektenteam, das sich bereits durch einige Kirchenbauten, die den modernen Kirchenbautendenzen ihrer Zeit voll entsprachen, ausgezeichnet hatte (Christuskirche in Karlsruhe von 1900, reformierte Johanniskirche in Mannheim von 1905 und Lutherkirche in Karlsruhe von 1906).[76] Ihre Beauftragung mit dem Bau der neuen Garnisonkirche in Kiel hatte selbstverständlich zunächst rein pragmatische Gründe, da die Marinebaubeamten wegen der damals regen Bautätigkeit durchaus überlastet waren, jedoch wollte man, wie die eingangs zitierte Äußerung von Marineoberpfarrer Rogge vom 29.I.1904, die in der Vorphase der Bauplanung erfolgt war, veranschaulicht, mit diesem Sakralbau ein deutliches Zeichen setzen, das sowohl den kirchlichen Tendenzen der Zeit als auch dem technischen Selbstverständnis der Marine Ausdruck verleihen sollte. Trotzdem waren Bauherr und Architekten zunächst einmal darum bemüht, ein funktionales Bauwerk zu schaffen. Die oben gemachten Hinweise, durch entsprechende Gestaltung eine optimale Zugänglichkeit und Sichtverhältnisse im Inneren zu erreichen, werden ergänzt von Erklärungen, dass durch geschickte Platzierung der Kir-

---

[72] Andresen (1991), S. 12.

[73] BA-MA, RM 3/v. 9303, Blatt 52: Staatssekretär des Reichs Marine Amtes an Curjel & Moser vom 12.VIII.1904.

[74] Ebd., Blatt 59: Antwort der Firma Curjel & Moser an das Reichs Marine Amt vom 20.VIII.1904.

[75] Ebd., Blatt 137: Kaiserliche Intendantur der Marine Station der Ostsee vom 6.IX.1905 an das Reichs Marine Amt: Vertragsabschluss mit Curjel & Moser vom 5.VI.1905.

[76] Andresen (1979), S. 3.

che ein Vorplatz geschaffen werde, der als Antreteplatz für die Soldaten, die damals geschlossen in die Kirche zum Gottesdienst einrückten, dienen könne, oder dass man dem Pfarrer kurze Wege zwischen Sakristei und Kirche schaffen wolle.[77] Auch an anderen Stellen zeigte sich in den Bauakten, dass die beiden Karlsruher Architekten Männer von ausgeprägter Praxisbezogenheit waren, die sich stets um fachlich solide Lösungen bemüht haben.[78]

Der Entwurf von Curjel & Moser entsprach voll dem von Pfarrer Veesemeyer und Johannes Otzen (1839-1911), dem aus Schleswig-Holstein stammenden Berliner Kirchenbaumeister und Präsidenten der Akademie der Bildenden Künste[79], 1891 formulierten „Wiesbadener Programm", das auf Stilvorschriften verzichtete, die „Protestantische Predigt-Kirche" als „Versammlungshaus der feiernden Gemeinde" postulierte, eine „Einheitlichkeit des Raumes" und die „Feier des Abendmahls (…) inmitten der Gemeinde" forderte.[80] Die Konzeption der Karlsruher Architekten befand sich aber auch im Einklang mit den Forderungen der Reformer an den süddeutschen Architekturschulen, vor allem Gurlitt und Schumacher oder Schilling und Gräbner in Dresden, wonach eine Kirche nicht mehr denkmalhaft freigestellt und gleich einer sakralen Insel vom profanen Getriebe der Stadt isoliert werden sollte.

„Im sogenannten ‚Gruppenbau' suchte man zur Jahrhundertwende, fußend auf Camillo Sittes ‚künstlerischen Grundsätzen' des ‚malerischen Städtebaus' (1889), jener städtebaulich spannungslosen Vereinzelung entgegenzuwirken."[81]

Wie aus den Bauakten deutlich erkennbar ist, haben Curjel & Moser ihren Auftrag auch keineswegs als isoliert dastehende Aufgabe zum Bau einer Kirche, sondern als Herausforderung zur Schaffung einer städtebaulichen Lösung unter bewusster Einbeziehung der Gestaltung

---

[77] BA-MA, RM 3/v. 9303, Blatt 119: Abschrift eines Schreibens der Firma Cwjel & Moser vom 2.8.1905.

[78] Ebd., Blatt 220: Schreiben der Firma Curjel & Moser an den Marinebaurat Keim vom 17.II.1906, worin es um bautechnische Detailfragen geht.

[79] Beseler, S. 12ff.

[80] Andresen (1979), S. 4.

[81] Ebd., S. 3f.; vgl. a. Sitte 1889.

der Umgebung betrachtet.[82] Sie wurden darin unterstützt durch den späteren Geheimen Marineintendantur- und Baurat Adalbert Kelm (1856-1939), der bis 1902 noch Stadtbaurat in Gleiwitz[83] gewesen war und der der wohl künstlerisch bedeutendste Marinebaubeamte werden sollte. Kelms Initiative war es zu danken, dass man sich nach Einholung der Zustimmung seitens des evangelischen Standortpfarrers dazu entschloss, die neue Kirche nicht in der traditionellen Weise von West nach Ost auszurichten, sondern ihr eine Nord-Süd-Orientierung zu geben.[84] Damit wurde die Schauseite der Kirche von der als bedrückend empfundenen Häuserzeile privater Mietshäuser, die um 1900 an der unmittelbar angrenzenden Adalbertstraße entstanden war, weggerückt.

„Die Wendung in die ungewohnte Nord-Süd-Lage schuf über den so ermöglichten Vorhof hinweg ungleich wirkungsvollere Maßstabsverhältnisse zur offenen, gärtnerisch eingebundenen Pavillonanlage des Marinekrankenhauses gegenüber. Nur so konnte die Turmfront nach Süden stadtwärts, jene freie, städtebaulich markante Fernwirkung gewinnen,"[85] die sie bis zum heutigen Tage noch besitzt.

Die neue Garnisonkirche wurde als „totaler" Backsteinbau ausgeführt, für den es in der damaligen zeitgenössischen Architektur Schleswig-Holsteins noch kein Beispiel gab. Andresen weist mit guten Gründen nach, dass sich die beiden Architekten bewusst in den damals führenden Ländern des modernen Ziegelbaus umgesehen hatten, und erkennt Bezüge zu den um 1900 entstandenen Bauten des Dänen Berlage.[86] Die Grundsteinlegung erfolgte am 13. Oktober 1905[87], und am 1. Dezember 1907 wurde die Kirche vertragsgemäß der Marine übergeben, die Einweihung fand am 18. Dezember 1907

---

82 BA-MA, RM 3/v. 9303, Blatt 78: Curjel & Moser an den Staatssekretär des Reichs Marine Amtes vom 5.I.1905; vgl. a. ebd. Blatt 119, wie Anm. 77.
83 Andresen (1979), S. 4.
84 BA-MA, RM J/v.9303 Blatt 78: Schreiben der Kaiserlichen Intendantur der Marine Station der Ostsee an das Verwaltungsdepartement des Staatssekretärs des Reichs Marine Amtes vom 9.VII.1905.
85 Andresen (1979), S. 4.
86 Ebd., S. 6f.
87 BA-MA, RM 3/v. 9303 Blatt 158: Kaiserliche Intendantur der Marine Station der Ostsee vom 22.IX.1905.

statt. Das Pastorat konnte 1909 bezogen werden.[88] Dadurch, dass das Bauwerk vertragsgemäß in den traditionellen großformatigen „Klosterziegeln" (30 cm x 10 cm x 14 cm)[89] ausgeführt wurde, lag dem gesamten Bau ein Modul von ausgesprochen harmonischen Dimensionen zugrunde, das sich dann durch die konsequent eingehaltene „Materialeinheit"[90] auf den ganzen Baukörper übertragen sollte. Andresen charakterisiert diesen Sakralbau, den er als Wende- und Fixpunkt der hiesigen Kirchenarchitektur bezeichnet,[91] so:

„Die Garnisonkirche verzichtet als erster Kirchenbau im Lande vollständig auf alle geweißten Blenden am Turm und Schiff. Ganz und gar undogmatisch, und darin Berlages Purismus überlegen, zeigt sich jene eigentlich süddeutsche schöpferische Unbefangenheit, mit der hier romanische Elemente mit Tudor-Gotischem (Schallöffnungen und Maßwerkfüllungen am westwerkartig gestalteten wuchtigen Turm; H.W.) und endlich Jugendstil-barockem (z. B. Giebelschwünge) in der Einheit des Materials verbunden werden. Beherrscht ist das Widerspiel von Schmuck- und Massenformen geradezu komponiert am Turm. Massenform bricht sich fast artifiziell in öffnenden ‚Leichtformen', gleichsam in triangulärer Symmetrie. Das drängt sich nicht auf, wird aber bei genauerem Einsehen durchaus erkennbar: Die Portallogien verhalten sich zur großen Schallöffnung ähnlich wie jene von kräftig modellierten Profilstäben ‚gefalteten' Treppentürmchen samt Kuppelhauben zum Großen barock-geschweiften Turmhelm mit kupfergedecktem ‚Dachreiter'. Dergleichen Entsprechungen sind natürlich nur kunstvolle Marginalien oder ‚Unterstimmen' zum ‚Oberthema': Einheit von Masse und Material."[92]

Curjel & Moser befanden sich mit ihrer Kieler Bauaufgabe in einer schöpferischen Konkurrenz zu dem Münchener Architekten Theodor Fischer, dem Erbauer der Ulmer Garnisonkirche, die von 1906/ 08 bis 1911 als Eisenbetonbau mit braunrotem Backsteinmantel unter rotem Ziegeldach und mit einer wuchtig breiten Doppelturmfront

---

[88] Andresen (1979), S. 9, Anm. 2.
[89] BA-MA, RM 3/v. 9303, Blatt 205-217: Baubeschreibung vom 3.I.1906.
[90] Andresen (1979), S. 7.
[91] Ebd., S. 5.
[92] Ebd., S. 7.

ausgeführt wurde,[93] deren beide konische Rundtürme mit ihren ogivalen Turmhelmen wie zwei aufrecht stehende Granaten wirken. Hier in Kiel wurde stattdessen die „bündig wandfeste Doppelturmfront" zu einem „Turmmassiv" verdichtet, um „darin die Suggestion von Kraft konsequent zu steigern."[94]

Damit wurde eine maritime und wehrhafte Symbolik, die einer Marinekirche durchaus zukam, sinnfällig gemacht. Der Turm der Kieler Garnisonkirche wurde aber auch durch die monumentale Denkmalarchitektur dieser Zeit inspiriert, wie sie sich in den damals überall in Deutschland errichteten Bismarck-Türmen manifestierte. Andresen sieht im Turm der Wiker Petruskirche Entsprechungen zum steil aufragenden, klinkerverkleideten Marine-Ehrenmal von Laboe, das, 1927-1929/ 1936 von Georg August Munzer erbaut, „letztlich auf gleichem architekturgeschichtlichem Fundament steht, nur ins zeitgerecht Expressionistische gekleidet"[95] ist.

„Das Innere ist ein weiträumiger Saal unter einer offenen Holzbohlentonne. Der Vergleich mit einer monumentalen Scheune drängt sich auf, dennoch sind es nicht nur die durch Backsteinmaßwerk völlig aufgelösten Seitenwände, die dem von unverkleidetem Holz· und Ziegelmaterial bestimmten Raum Würde verleihen."[96]

Mit dieser Beschreibung des Innenraums der Garnisonkirche durch Hartwig Beseler wird die ästhetische Lösung eines Kirchenraums skizziert, der voll und ganz den liturgischen Ansprüchen der protestantischen Predigtkirche um die Jahrhundertwende entsprach, der aber auch gerade durch seinen unverkleideten hölzernen Dachstuhl, wie von den Architekten bewusst geplant,[97] eine hervorragende Akustik erhielt. Die Petruskirche, seit 1985 im Besitz des Evangelisch-Lutherischen Kirchenkreises Kiel, hat sich für die Aufgaben einer Gemeindekirche als viel zu groß erwiesen und wird in den letzten Jahren auf Grund ihrer hervorragenden Akustik vornehmlich für Konzertveranstaltungen genutzt.

---

93 Ebd., S. 7; vgl. a. Die Durchgeistigung, Bildteil S. 8f.
94 Andresen (1979), S. 7.
95 Beseler, S. 25.
96 BA-MA, RM 3/v. 9303, Blatt 78.
97 Wie Wulf (1988), S. 24.

Mit der 1907 eingeweihten Marinegarnisonkirche in der Kieler Wik wurde nicht allein ein Wendepunkt in der Kirchenarchitektur Schleswig-Holsteins erreicht, sie signalisiert außerdem auch das von Albrecht/ Andresen für das Jahr 1907/ 08 angegebene Wendejahr der Kieler Architektur. Im Mai 1911 begannen die Bauarbeiten der neuen Ingenieur-·und Deckoffizierschule auf einem nördlich vom Ensemble der Petruskirche gelegenen Grundstück, das von der Arkona-·und Herthastraße rechtwinklig begrenzt wird. Der Bau wurde von Marinebaurat Fleinert entworfen, die Oberleitung von Entwurf und Bauausführung oblag dem Geheimen Marineintendantur- und Baurat Hagen, während die Entwürfe für das Maschinenhaus von Regierungsbaumeister Braunmüller und Baurat Fausel stammten. An Baukosten wurden 1,86 Millionen Reichsmark aufgewendet. Am 1. Oktober 1913 wurde die Schule fertiggestellt und in Betrieb genommen.[98] Das auf einem fünfeckigen Grundstück errichtete Bauprojekt umfasste als Hauptgebäude einen dreigeschossigen Schul- und Unterrichtsbau, mit der Hauptfassade zur Arkonastraße gelegen, an den sich, über eine zurückspringende Torgruppe verbunden, das ebenfalls an der Arkonastraße gelegene zweigeschossige Maschinenhaus anschließt. An der Ecke Arkona- und Herthastraße stand das nach starken Kriegsschäden in den 60er Jahren abgebrochene Wirtschafts- und Kasinogebäude, ein zweigeschossiger Bau, dem ein großes, aus zwei rechtwinklig aneinanderstoßenden Flügeln bestehendes, dreigeschossiges Wohngebäude folgt. Wie auch das Ensemble der Petruskirche mit Pastorat und Konfirmandensaal war die Schule ein Gruppenbau.

„Als Ensemble von einheitlich hoher architektonischer Qualität stellt sich die an der Arkonastraße gelegene, rhythmisch gestufte Baugruppe dar."[99] Die gesamte Anlage ist im Stil des Neubarock gehalten. „Das prägende Architekturmotiv ist die kräftige Rustikamauerung (der Backsteinverblendung, mit der alle Bauten dieses Ensembles versehen sind; H.W.), die die gesamte Baugruppe im Erdgeschoss zusammenfasst und die Gestaltung des die Gebäude überragenden Signalturms bestimmt. Die reichste Gestaltung zeigt die Rotsteinfassade des Hauptgebäudes, dessen Fenster mit der ursprünglichen Sprossenteilung erneuert worden sind. Die Mitte des dreigeschossigen

---

[98] Ministerium der öffentlichen Arbeiten, S. 39.
[99] Finanzminister des Landes Schleswig-Holstein, S. 115.

Bauwerks mit schwerem Mansarddach betont ein schwach vortretender rustizierter Risalit, der von einem Rundbogengiebel zwischen Backsteinvoluten bekrönt wird. Die Durchfahrt zwischen dem Hauptgebäude und der Maschinenhalle zeichnet sich durch ornamental gestaltete schmiedeeiserne Torgitter aus."[100]

Hans-Günther Andresen, der anlässlich des 75jährigen Bestehens der Schule eine kleine Monographie mit einer ausgiebigen kunstwissenschaftlichen Würdigung dieses Ensembles vorgelegt hat, würdigt die ehemalige Ingenieur- und Deckoffizierschule als „zivilen Militärbau". Die neue Schule war auch eine konsequente bauliche Umsetzung der reformpädagogischen Bestrebungen zu Beginn unseres Jahrhunderts, die u. a. durch ihre Forderung nach ganzheitlicher Pädagogik gekennzeichnet waren. Dies bedeutete, dass auch die Architektur eines Schulbaus, sei es eine Grundschule oder eine Universität, dem pädagogischen Ziel entsprechen musste. Man hatte sich endgültig vom schematischen Schulbau der Gründerzeit gelöst, welcher sich allzu oft am Kasernenbau mit seiner „rasterhaften Rationalität" ausgerichtet hatte. So entstanden seit 1905 in Schleswig-Holstein „zahlreiche Schulbauten fast barocker Festlichkeit."[101]

„Einige Bauten, zumal der Jahre um und nach 1910, nahmen den Charakter wahrer ‚Schulschlösser' an, denen man stets die städtebaulich bzw. topographisch besten Plätze zuwies,"[102] wie dies an der gleichsam als Schloss über der Stadt thronenden Goethe-Schule in Flensburg, der Lornsen-Schule in Schleswig oder der Voß-Schule in Eutin deutlich werden sollte. In der Tat, auch die Ingenieur- und Deckoffizierschule war ein solches „Schulschloss", dessen barocke Gestaltung durchaus auch Züge der damals beginnenden Heimatschutzbewegung trug, was nicht zuletzt durch die Backsteinverblendung und die Dachgestaltung, vor allem aber durch das wie eine gewaltige Remise wirkende Maschinenhaus mit seinem überhohen Walmdach zum Ausdruck kam.

Auch der in das Hauptgebäude integrierte Turm, damals als Signalturm bezeichnet, eine Funktion, die er wohl kaum erfüllte, war ein Kunstgriff zur Erreichung einer denkmalhaft monumentalen Wir-

---

[100] Ebd., S. 115.
[101] Andresen (1991), S. 39.
[102] Ebd., S. 10.

kung, der bei Schul- und Universitätsbauten der damaligen Zeit üblich war (Universität Freiburg von H. Billing 1908-1911, Schule an der Iltisstraße in Kiel von K. Meyer 1908/ 10 oder die Oberrealschule II am Königsweg/ Sophienblatt in Kiel von G. Pauly und Michel 1905-1907).[103]

Die Bauten des Ensembles sind an den Risalitwänden und vor allem an den Giebelfeldern über den Risaliten mit ins Halbplastische gehenden Reliefs geschmückt. Diese machen nach Andresen das „besondere Renommee der Kieler Marineschule"[104] aus. Diese Schmuck-Kartuschen sind nicht, wie zu erwarten gewesen wäre, in Werkstein ausgeführt, sondern im Sinne der „lapidaren Einheit des Materials" aus vorgemauerten Backsteinbossen herausgemeißelt. Die Entwürfe und Modelle für diese Bildhauerarbeiten hat der Kieler Bildhauer Schweighofer angefertigt, der sich dabei aber von der erfahrenen Hamburger Werkstatt Gebrüder Berger und Silber helfen ließ. Die Ausführung oblag den Kieler Steinbildhauern Dierking und Hartmann.[105] In diesen Schmuckelementen, bei deren Gestaltung der Jugendstil am klarsten zutage tritt, werden in allegorischer Darstellung die Tätigkeit und Ausbildungsziele der Schule ausgedrückt. Die Topoi sind Seefahrt, Nautik, Mathematik, Geographie oder Schiffstechnik.[106] Besonders bemerkenswert ist jedoch die Wappenkartusche am Risalitgiebel der Hauptfront zur Arkonastraße. Auf dem Wappenschild befindet sich ein Zahnrad vor einem Anker. Dieser ovale Wappenschild ist von der Kaiserkrone bekrönt und rechts und links von zwei Reichsadlern mit beigeklappten Schwingen flankiert. Derartige Wappenkartuschen wurden an solchen Gebäuden zum Zwecke der Kenntlichmachung des Besitzers angebracht. In diesem Falle waren es das Deutsche Reich und der Kaiser, was durch die Krone und die Reichsadler symbolisiert wird. Gleichgewichtig dazu wird aber auch dem Zweck des Gebäudes, nämlich der maritimen Technik zu dienen, Ausdruck verliehen.

Dies ist insofern auffallend, als an der 1910 fertiggestellten Marineschule in Flensburg-Mürwik dieser Topos ganz anders gestaltet wur-

---

[103] Ebd., S. 10 u. 20.
[104] Ebd., S. 30.
[105] Ebd., S. 30.
[106] Ebd., S. 30.

de. Im Bogenfeld über dem Hauptportal befindet sich ein großes Bleiglasfenster, auf dem ein monumentaler Reichsadler mit ausgebreiteten Schwingen, bekrönt von der Kaiserkrone und auf der Brust den Wappenschild Preußens, dem Besucher sofort ins Auge fällt. Eindeutig dominiert hier der Hinweis auf das Reich und die Monarchie der preußischen Hohenzollern.

Für die Marine hat die am 1. Oktober 1910 fertiggestellte Marineschule in Flensburg-Mürwik eine besondere Bedeutung. Von 1910 bis heute haben alle aktiven Offiziere und der überwiegende Teil der Reserveoffiziere auf der „Burg", wie das im Stil der Backsteingotik ausgeführte Bauwerk liebevoll genannt wird, ihre Offiziersausbildung, und damit einen entscheidenden Teil ihrer Berufsausbildung, erhalten. Damit verkörpert die Marineschule Mürwik für viele Generationen deutscher Marineoffiziere unvergessliche und prägende Stationen ihres beruflichen Werdeganges. Das Bauwerk beeindruckt die jeweiligen Bewohner auch durch seine künstlerische Ausgestaltung.

Der 1907 begonnene Bau der Marineschule Mürwik gehörte zu den Infrastrukturmaßnahmen der Flottenbaupläne des Staatssekretärs des Reichsmarineamtes, Großadmiral von Tirpitz. Die Vergrößerung der deutschen Flotte nach 1900 erforderte auch eine erhebliche Personalverstärkung. Wurden vor 1900 jährlich ca. 40 bis 50 Offiziersanwärter eingestellt, so sollte ihre Zahl nunmehr bei 200 Kadetten liegen.[107] Die geschützte Lage der Flensburger Förde und der Umstand, dass die Stadt Flensburg der Marine ein größeres Areal am Fördeufer, damals noch unweit außerhalb des Stadtgebietes gelegen (was angeblich auch als Argument für die Positionierung der Schule weitab von der „Versuchungen" in der Stadt gedient haben soll), unentgeltlich zur Verfügung stellte, waren für die Wahl des Standortes dieser neuen Offizierschule ausschlaggebend. Der Kunsthistoriker Stefan Bölke, der 1998 eine grundlegende Untersuchung über Entstehung und Bau der Marineschule Mürwik vorgelegt hat, stellte fest, dass 1904 ein erster Entwurf von dem damals bedeutenden Architekten Franz Schwechten vorgelegt wurde.[108] Schwechten hatte die Anlage nach der Pavillonkonzeption, bestehend aus mehreren Gebäudeteilen, geplant. Nicht zuletzt infolge des von ihm vorgesehenen aufwändigen Dekors wur-

---

[107] Matthei, S. 63-99.
[108] Bölke, S. 68ff.

den die geplanten Baukosten erheblich überschritten, so dass man eine preiswerte Lösung suchte.[109] Hinzu kam, dass auch Kaiser Wilhelm II. die ästhetische Gestaltung nicht zusagte. Man beauftragte 1904 den Marinebaurat Adalbert Kelm (1856-1939) mit der Neuplanung. Kelm legte zunächst eine Planung nach dem Pavillonsystem in barockem Stil vor, die ebenfalls verworfen wurde. Im Januar 1906 legte er dem Staatssekretär des Reichsmarineamtes, Großadmiral Alfred von Tirpitz, den endgültigen Entwurf für die Marineschule Mürwik vor. Aufbauend auf dem von Franz Schwechten entworfenen Lageplan der Einzelgebäude hatte Kelm nunmehr „den Weg von der Pavillonanlage zur mäanderförmigen Grundrissgestaltung"[110] beschritten.

So verstand der Architekt seinen Auftrag zu erfüllen, ein Militärinternat zu entwerfen, das Unterkünfte für Schüler und Lehrer, Unterrichtsräume, Bibliothek, Gesellschaftsräume, Turn- und Fechtsaal sowie einen Versammlungsraum (Aula) in sich vereinigte. Als Nebenanlagen waren ein Haus für den Direktor, ein Bootshafen mit Bootshaus und kleinem Yachthafen, eine Schwimmanstalt, Tennisplätze, eine Reitbahn sowie ein Wasserturm vorgesehen. Auf dem Gelände der Schule waren außerdem Exerzier- und Sportplätze vorgesehen. Gewisse Vorbilder für die Mürwiker Anlage waren die Offizierschulen der US-Navy in Annapolis und der Royal Navy in Dartmouth an der Südküste Englands. Waren die amerikanische und die englische Marineschule nach dem Pavillonsystem konzipiert, so schied dies für Mürwik aus Kostengründen aus. Adalbert Kelm hatte sich für eine Lösung entschieden, welche die Bausubstanz in verschiedene Flügel unterschiedlicher Funktion aufgliederte.

Die Front des Gebäudes ist nach Westen hin am Ostufer der Flensburger Förde ausgerichtet. Der fünfgeschossige Mittelbau, der durch einen Staffelgiebel hervorgehoben und von einem Turm bekrönt wird, bildet das Zentrum der Schule. Sein Erdgeschoss, das seeseitig als Terrasse herausragt, beherbergt die Küchenanlage, sein Obergeschoss enthält den zentralen Speisesaal, Remter genannt, über dem die Aula, eine anderthalbgeschossige Vielzweckhalle für Versammlungen, Vorträge, Feiern und Gottesdienste, gelegen ist. Im dritten Ge-

[109] Ebd., S. 101-117.
[110] Ebd., S. 116.

schoss befindet sich ein großer Lehrsaal für Navigation. Die rückwärtige Seite dieses Mitteltraktes beherbergt das zentrale Treppenhaus. Die beiden an diesen Mittelteil anschließenden viergeschossigen Seitenflügel treten durch rechtwinklige Zwischentrakte mit dem Mittelbau verbunden etwa 20 m vor dessen seeseitige Vorderfront und tragen damit zur Auflockerung der Baumasse bei. Sie enthalten in den Zwischentrakten Verwaltungs- und Messeräume für Offiziere des Schulstabes und der Seekadetten. Die langgestreckten Seitenflügel beherbergen die Unterkünfte der Seekadetten und Fähnriche, die alle zur Seeseite hin gelegen sind. Da ihr viertes Geschoss als ausgebautes Dachgeschoss ausgeführt ist, sind die etwas flacher als der Mittelbau. Für die damalige Zeit neuartig war die Anordnung der Unterkünfte der Lehrgangsteilnehmer in der Form, dass sich um einen, auch nach heutigen Maßstäben großzügig bemessenen, Dusch- und Waschraum nach jeder Seite ein Wohn- und Schlafraum für sechs Offizierschüler anschließt. Zwölf Kadetten stand damit eine Art von Appartement zur Verfügung. Am Ende der Wohnflügel befand sich ein ähnlich eingeteiltes Appartement für den Hörsaaloffizier, so dass die Angehörigen eines Hörsaales mit ihrem unmittelbaren militärischen Vorgesetzen auf einem Flur zusammenlebten. Diese Einteilung hat sich bis auf den heutigen Tag bewährt. Die beiden Wohnflügel bilden nach Westen, d. h. zur Landseite hin, ein offenes Rechteck, so dass man über windgeschützte Antreteplätze verfügte, die heute teilweise als Parkplätze genutzt werden. In westlicher Richtung schließt sich an den Mittelbau ein ebenfalls viergeschossig ausgeführter Flügel zur Landseite an, der, von gleicher Höhe wie die großen Seitenflügel, die Unterrichtsräume beherbergt. Im rechten Winkel zu dieser westlichen Verlängerung des Mittelbaus schließt sich parallel zu den beiden Seitenflügeln ein weiterer Trakt an, der ebenfalls Unterrichtsräume, die Bibliothek und eine kleine Turnhalle enthält.

In den dreißiger Jahren wurden auf dem Areal der Marineschule großzügige Sportanlagen im Stile dieser Zeit errichtet, die jedoch das von Kelm errichtete Hauptgebäude nicht beeinträchtigen. Die funktionale Gliederung des Hauptgebäudes hat sich bis zum heutigen Tage voll bewährt, so dass die ursprüngliche Raumaufteilung nahezu vollständig beibehalten werden konnte.

Dem Geschmack und der Denkweise seiner Zeit entsprechend hatte Adalbert Kelm aber keineswegs ein nur auf Funktionalität ausgerichtetes Bauwerk zu entwerfen. Die Marineschule Mürwik sollte in ihrer künstlerischen Ausgestaltung auch Repräsentant der politischen Zielsetzung der Marinerüstung sein. So lag es nahe, dass man von vornherein an ein historisierendes Bauwerk dachte. Kelms erster Entwurf sah ein Bauwerk mit Barockzitaten vor, der jedoch zugunsten einer Gestaltung, die sich an die Backsteingotik der Ostseeländer anlehnte, verworfen wurde. Wenngleich sich Kelm durch die Renovierung der Marienburg an der Weichselmündung für seinen Entwurf der Marineschule inspirieren ließ,[111] so hat er die berühmte Hauptburg des Deutschen Ordens keineswegs imitiert oder gar in Mürwik kopieren wollen, wie ihm oft nachgesagt wurde. Vor allem mit den Zitaten der im Ostseeraum weit verbreiteten mittelalterlichen Backsteingotik für die ästhetischen Gestaltung hatte Kelm eine kostengünstige Lösung gefunden, da als Dekor im Grunde genommen nur aus Backsteinen gemauertes Maßwerk verwendet wurde. Auch die Abkehr vom Pavillonsystem zu Gunsten einer Aufgliederung der Baumasse in mäanderförmig angeordneten Flügeln sparte Kosten und steigerte die Funktionalität der Anlage.[112] So ist die Marineschule zunächst ein eminent funktionales Bauwerk, wenngleich der Rückgriff auf die niederdeutsche Backsteingotik aber auch ein besonderes politisches Programm mit ästhetischen Mitteln zum Ausdruck brachte: „Die im Aufbau befindliche Kaiserliche Marine und das Seemachtstreben des Deutschen Reiches bedurften der Legitimation, die man durch einen Verweis auf die Kontinuität aus der Vergangenheit herzuleiten versuchte. In ihrer Blütezeit im Mittelalter hatte die Hanse Seemacht in Nord und Ostsee ausgeübt. Eines ihrer Mitglieder war der Ordensstaat, der nun als direkter Vorläufer des Hohenzollernreiches betrachtet wurde. In der Hanse wiederum waren Bürgertum und Adel sozusagen gleichberechtigte Partner, ein Topos, der vor allem für die vornehmlich aus bürgerlichem Hause stammenden Seeoffiziere bedeutsam war."[113]

Nutzte man bei anderen Militärbauten Wappenkartuschen mit dem Wappen des Souveräns zur Kenntlichmachung des Landesherrn als Besitzer, so dient diesem Zweck in Mürwik ein heute noch im Bogen-

---

[111] Matthei, S. 74; vgl. Bundesarchiv-Militärarchiv: RM 3/v.9328; vgl. a. Bölke, S. 127f.

[112] Bölke, S. 115ff. und S. 119.

[113] Matthei., S. 72.

feld über dem Hauptportal befindliches großes Bleiglasfenster, auf dem ein monumentaler Reichsadler mit ausgebreiteten Schwingen, bekrönt von der Kaiserkrone und auf der Brust den Wappenschild Preußens, dem Besucher sofort ins Auge fällt. Eindeutig dominiert hier der Hinweis auf das Deutsche Reich und die damalige Monarchie der preußischen Hohenzollern. Der auf diesem Bilde enthaltene Wappenspruch beschreibt auch nach über einem Jahrhundert den Auftrag der Deutschen Marine: „Den Frieden zu wahren, gerüstet zum Streit, mit flatternden Fahnen im eisernen Kleid, so tragt deutsche Schiffe, von Meer zu Meer, die Botschaft von Deutschland, den Frieden, umher!"[114]

Im Gesamteindruck besticht das Bauwerk durch seine bruchlose Vereinigung von hoher Ästhetik und Funktionalität. Die Strenge der zitierten Backsteingotik vermittelt dem Baukörper eine gewisse Auflockerung, andererseits aber auch eine vornehm kühle Eleganz. Der ganze Bau, vor allem aber die Fassaden, wirken trotz ihrer Repräsentation nicht überladen, sondern vermitteln eine Atmosphäre von Selbstbewusstsein und bescheidenem Stolz. Der auf einem Steilufer etwa 20 m über der Förde thronende langgestreckte Baukörper wird durch eine großzügige Freitreppe in Verlängerung der Mittelachse des Mittelbaus mit dem Ufer verbunden. Am uferseitigen Ende wird diese Freitreppe durch einen zinnenbewehrten, doppeltürmigen Portikus beschlossen, so dass dem Betrachter von der Förde her der Eindruck eines majestätisch daliegenden Wasserschlosses entsteht.

Der einstige Nestor der Marinehistoriker, Kapitän zur See Dr. Paul Heinsius, hatte sich als Geschichtslehrer schon in den fünfziger Jahren des vergangenen Jahrhunderts über die Marineschule wie folgt geäußert: „Wird der Offizieranwärter schon durch das Äußere des Bauwerkes dieser ihn prägenden Erziehungsstätte als Fortsetzer einer langen Tradition angesprochen, so findet dieses erzieherische Moment - und mit diesem Bau beeinflussen wollte man in der Tat - seine Entsprechung in der architektonischen Ausgestaltung der Innenräume. Im Treppenhaus hinter dem Hauptportal wechseln rote Ziegel mit weiß verputzten Flächen und geben Raum für ein feierliches Aussehen. Doch auch subtilere Details der Innenausstattung sind geeignet, den Offizieranwärter an seinen künftigen Beruf zu gemahnen.

---

[114] Walle (1992), S. 217 u. 226f.

Dem dienten die auf Bildkacheln im Treppenhaus dargestellten Motive aus dem Seeleben, die den Betrachter immer wieder in das Element, mit dem er sich später auseinanderzusetzen hat, erinnern. Ob die über den Türstürzen der Toiletten gemalten Schiffe auch diesem Zweck dienen sollten, da doch alle übrigen Türstürze Pflanzenornamente enthalten, mag der Phantasie des Lesers überlassen bleiben. Der Humor ist jedenfalls beim Bau, wie man auch im Schmuck der Säulenkapitelle des früheren Modellsaals, dem heutigen Säulengang, ablesen kann, nicht zu kurz gekommen. Eulen als Vögel der Gelehrsamkeit wechseln sich ab mit dem Adler, dem Wappentier des Reiches, aber auch mit Pflanzen und Tieren fremder Länder. Überhaupt begegnet dem Beschauer Symbolträchtiges allerorts. So enthält das Glasfenster über der Tür zum Speisesaal, dem Remter, eine Darstellung von drei jungen Raben, die von ihren Eltern gefüttert werden – eine liebenswürdige Anspielung auf die Funktion des dahinter liegenden Raumes. Dem Willen des Architekten entsprechend sollte den jungen Offizieranwärtern aber auch die Idee des die Marine tragenden Reiches nahegebracht werden. Anders als die Armee wurde diese, so wie es die Verfassung bestimmte, von allen deutschen Staaten getragen und war gleichsam ein Symbol der Einheit des Reiches. Einen sichtbaren Niederschlag fand diese Vorstellung in der von Kelm gestalteten Auladecke, die die Wappen aller 26 deutschen Staaten, gruppiert um den Reichsadler, zeigt."[115]

In Anbetracht des Umstandes, dass die Deutsche Marine ebenfalls von allen Bundesländern unserer Republik getragen wird und diese im Ausland repräsentiert, gilt das künstlerische Programm der Auladecke der Marineschule Mürwik auch gegenwärtig noch als aktuell, zumal manche der dort vorhandenen Wappen in den Wappen der nach 1945 neuentstandenen und seit der Wende neuhinzugetretenen Bundesländer fortleben.

Sowohl die Komposition der Baumassen und die Fassadengliederung als auch die Ausstattung und Ausmalung im Innern zielten auf eine erzieherische Wirkung, die den Bildungsauftrag und das Selbstverständnis der Marine im Kaiserreich unterstützten und bis heute repräsentieren.

---

[115] Heinsius, zit. n. Matthei, S. 76f.

Die Marineschule Mürwik ist unbestreitbar ein Bauwerk mit deutlich ausgeprägten historisierenden Stilzitaten, dennoch zeigt sich in den überall vorhandenen floralen und animalischen Ornamenten, an Treppengeländern, Tür- und Fensterbeschlägen wie auch in den bereits erwähnten Bildkacheln und Säulenkapitellen, dass der Architekt auch im Sinne der Überwindung eines rein kopierenden Historismus gestaltet hat und sich einer damals modernen Stilrichtung verpflichtet wusste. Die hier aufgezählten Verzierungen weisen eindeutig Elemente des Jugendstils auf, was in der Militärarchitektur eher als unkonventionelle Modernität empfunden werden konnte und möglicherweise auf die Sonderstellung der Marine im Militärwesen des Kaiserreichs verweist.

So war es durchaus verständlich, dass man die 1904 von Kelm erstellten Entwürfe, die eine solche Schule im Neobarock vorsahen,[116] verwarf und sich bewusst für den Rückgriff auf die niederdeutsche Backsteingotik entschloss. Damit hatte Adalbert Kelm mit seinem Entwurf auch Kaiser Wilhelm II. überzeugt, der nach Vorlage der Pläne „allerhöchst" seine Zufriedenheit mit der architektonischen Gestaltung der neuen Marineschule zum Ausdruck[117] brachte.

Der Bau der Marineschule Mürwik ist immer im Zusammenhang mit dem zeitgleich durchgeführten Ausbau des Marinestützpunktes in der Kieler Wik zu sehen, der vom Staatssekretär des Reichsmarineamtes, Großadmiral Alfred von Tirpitz, bestimmt wurde.[118] Wie Stefan Bölke festgestellt hat, war Tirpitz einer der entscheidenden Befürworter von Kelms Entwurf.[119] Michael Salewski charakterisierte den Großadmiral als „frühes Kind des 20. Jahrhunderts"[120], als „moderner Mensch", der der Zukunft lebte[121], und als „Fortschrittoptimist"[122], dessen ganzes Geheimnis darin bestanden habe, „in die Zukunft zu denken".[123] „Er war zutiefst ahistorisch, begriff Geschichte immer nur als Tradi-

---

116 Bundesarchiv-Militärarchiv, RM 3/v.9303, Blätter 144 und 155: Intendantur der Marine Station der Ostsee an das Reichs Marine Amt v.10.11.1904.
117 Bölke, S. 119.
118 Walle (1992), passim.
119 Ebd., S. 110.
120 Salewski (1979), S. 52.
121 Ebd., S. 52 und 59.
122 Ebd., S. 56.
123 Ebd., S. 52.

tion"[124]. Anders als Politiker seiner Zeit erkannte er die Bedeutung und den Wert von Öffentlichkeitsarbeit, mit der er in geradezu genialer Weise Kräfte zur Erreichung seiner politischen Ziele zu mobilisieren verstand. So liegt es nahe, dass Tirpitz sich um Fragen der ästhetischen Gestaltung von Marinebauten, aber sogar auch um Entwürfe für die Kommandanten- und Offiziermessen der neuen Schiffe intensiv gekümmert haben muss, wie dies aus seinen Marginalien in verschiedenen Bauakten deutlich wird.[125] Damit erklärt sich, dass die zwischen 1902 und 1915 in der Kieler Wik errichteten Marinegebäude keine historisierenden Bauwerke im strengen Sinn waren. Das hier entstandene geschlossene Bauensemble war trotz historisierender Stilzitate stark vom damals modernen Jugendstil geprägt.[126] Trotz der Anlehnung des stilistischen Dekors an die Marienburg ist die Marineschule keineswegs ein im strengen Sinne historisierendes Bauwerk. Grundriss, Gliederung der Baumassen und Anordnung der Räumlichkeiten weisen dieses Bauwerk als einen durchaus modernen Zweckbau aus. Das erklärt auch die erstaunlich nachhaltige Förderung durch Großadmiral von Tirpitz, wie sie Stefan Bölke eingehend dargestellt hat.[127]

Das ästhetisch außerordentlich ansprechende Bauwerk, auch hier wurden gleichsam als Grundmodul die Ziegel im traditionellen „Klosterformat"[128] (ein zölliges Format von harmonischen Dimensionen, aus deren Vielfalt sich die harmonischen Dimensionen des gesamten Baukörpers ergeben; H.W.) benutzt, besitzt mit seinen langgestreckten Flügeln „die Regelmäßigkeit einer Barockresidenz" und ist eine „tiefgestaffelte Baugruppe"[129]. Im Dekor, mit dem immer wieder die o. g. politischen Zielsetzungen vermittelt werden sollten, tritt der Jugendstil hervor. Vor allem Treppengeländer, Tür- und Fensterbeschläge weisen durchaus jugendstilige Ornamentik auf. Das Gebäude ist von einer so hervorragenden Funktionalität, dass sich die Nutzung der Räume, vor allem im Unterrichts- und Wohnbereich, in den nunmehr weit über 100 Jahren seiner Benutzung kaum geändert hat

---

[124] Ebd., S. 59.
[125] Walle (1992), S. 231.
[126] Ebd., passim.
[127] Bölke, S. 110.
[128] Ebd., S. 117.
[129] Beseler, S. 16.

und immer noch den Erfordernissen eines modernen Militärinternates entspricht.

Abschließend noch einmal zurück nach Kiel: Mit dem bereits oben zitierten Spruch „Den Frieden zu wahren, gerüstet zum Streit ..." war auch an der Marineschule Mürwik ein Hinweis auf den Zweck dieser Offizierschule gemacht worden, jedoch tritt er keineswegs so deutlich zutage wie der Hinweis auf die Marinetechnik an der Kieler Schule. Und schließlich sei noch an ein kleines, aber durchaus signifikantes Schmuckelement hingewiesen. An fast allen Fassaden der Ingenieur- und Deckoffizierschule tritt über den Türstürzen „der keilförmig vorgeschrägte Schlussstein als gleichsam ‚plastisches Konzentrat' der sonst flächenhaften Rustika"[130] hervor. Andresen interpretiert dies als „die einzige Form, in der sich, wenn man so will, nach Art manieristischer Renaissancearchitektur eine symbolische Anspielung auf ‚Wehrhaftes' finden ließe",[131] wenngleich dieses Formelelement allerdings weniger deutlich ausgeprägt auch an den zivilen Schulbauten in Flensburg vorkommt.

Mit dem Bau des Ensembles dieser Schule war der Ausbau des Marinestützpunktes in der Kieler Wik zu einem vorläufigen Abschluss gekommen. Von 1912 bis 1915 wurden noch einige Kasernenblocks parallel zu den bereits früher an der heutigen Wismarer Straße gelegenen Bauten, die die westliche Begrenzung des großen Exerzierplatzes bildeten, an der heutigen Rostocker Straße errichtet.

Die hier vorgenommene Beschreibung der Kieler Kaiserlichen Marinebauten und der der Marineschule Mürwik sollte deutlich werden lassen, dass diese Bauten sowohl den stilistischen Tendenzen ihrer Entstehungszeit entsprachen und dass durch ihre ästhetische Gestaltung und Verzierung der Machtanspruch des Staates und die Aufgabe seines maritimen Machtpotentials zum Ausdruck gebracht werden sollte. Kunstwissenschaftliche Untersuchungen zeigten darüberhinausgehend, dass beim Bau der evangelischen Marinegarnisonkirche und der Ingenieur- und Deckoffizierschule in der Wik zusätzlich noch die bauliche Umsetzung zeitgenössischer Postulate der evangelischen Theologie, des Städtebaus und der Pädagogik erfolgten.

---

130 Ebd., S. 30.
131 Ebd., S. 30.

Aus militärgeschichtlicher Sicht stellt sich nunmehr die Frage, ob die damals für die Baupolitik der Marine Verantwortlichen bei der Konzipierung und Planung ihrer Bauvorhaben lediglich einer zeitgenössischen Stilrichtung folgten oder ob sie sich vielmehr nicht mit einem besonderen Kunststil identifizierten und diesen bewusst als Ausdrucksmittel für politische Zielsetzungen und technisches Selbstverständnis einsetzten. Des Weiteren stellt sich die Frage nach der Signifikanz der Kieler Marinebauten, d. h. in welchem Umfang diese für die übrigen Bauten der Marine typisch waren.

Die bis zur Jahrhundertwende in Kiel entstandenen Marinebauten waren als Ergebnisse einer so genannten „Bauratsarchitektur", die sich am eklektischen Historismus orientierte, durchaus typisch für die damalige Marinearchitektur, wie sie beispielsweise zu dieser Zeit auch in Wilhelmshaven entstand; sie entsprachen auch voll und ganz dem damaligen Stil öffentlicher Bauten in Preußen. Ähnliches lässt sich für die Zeit von 1935 bis 1942 feststellen, wobei Marine- und Heeresbauten in der Regel erheblich bescheidener ausfielen als Bauten für die Luftwaffe, die SS oder die Partei. Die Bauten dieser Epoche vereinigten Elemente des Heimatschutzstils, des Neoklassizismus und im Dekor die letzten Ausläufer der Art déco der 20er und 30er Jahre.

An den Marinebauten aus der Zeit von 1902 bis 1915 manifestiert sich der Übergang vom Historismus zum Neobarock und Jugendstil, der hier zeitgleich mit öffentlichen Bauten ziviler Nutzung aus dem staatlichen und kommunalen Bereich verlief. Wie aus den an den Anfang dieses Beitrages gestellten Aussagen von Zeitgenossen deutlich wurde, sah man gerade in dem neuen Stil eine besondere Ausdrucksmöglichkeit für technisches Selbstverständnis und nationalen Geltungsanspruch. So wird hier die These vertreten, dass die Kaiserliche Marine bewusst moderne Kunst zur Vermittlung politischer Zielsetzungen und zum Ausdruck eines technischen Selbstverständnisses in den Jahren von 1902 bis 1915 eingesetzt hat.

Es wurde bereits darauf hingewiesen, in welchem Ausmaße sich der Staatssekretär des Reichsmarineamtes, Großadmiral Alfred von Tirpitz (1849-1930), von Michael Salewski als „frühes Kind des 20. Jahrhunderts,"[132] als „moderner Mensch", der in der Zukunft lebte[133], und

---

[132] Salewski (1979), S. 52.
[133] Ebd., S. 52 u. 59.

als „Fortschrittsoptimist" [134] charakterisiert, für die ästhetische Gestaltung von Marinebauten interessierte und sich auch maßgebend in diese einbrachte. Seine Marginalien in den Bauakten der neuen Garnisonkirche in der Wik [135] belegen eindeutig, welch große Anteilnahme er sogar an der Konzeption und Planung einer vom Umfang her gesehen relativ kleinen Baumaßnahme genommen hat.

Wenn der aus München stammende Architekt und Designer Richard Riemerschmid (1868-1957) 1902 mit dem damals als Oberwerftdirektor der Kaiserlichen Werft in Kiel amtierenden Konteradmiral Max von Fischel (1850-1929) zusammentraf und hier Aufträge zur Gestaltung der Messen von 13 Kreuzerneubauten erhielt, geschah dies unbestreitbar im vollen Einklang mit Tirpitz, der diesen Exponenten modernen Designs und der Jugendstilarchitektur nicht nur wegen des Umstandes schätzte, dass Riemerschmid als Reserveoffizier Oberleutnant der Landwehr war.[136] Vielmehr sahen Tirpitz und seine Offiziere in den neuen Entwürfen in erster Linie technisch sinnvolle und moderne praktische Lösungen, dann aber auch einen treffenden Ausdruck des technischen Selbstverständnisses der modernen Marine sowie ein Mittel zur Demonstration nationaler Geltung und zur Demonstration einer technischen Führungsrolle in der Welt. Hinzu kam, dass Riemerschmids Entwürfe auch von den Marineoffizieren akzeptiert wurden. Einem zeitgenössischen Urteil zufolge empfand man sie als „geschmacklich, praktisch und behaglich."[137]

Tirpitz war von Riemerschmids traditionsgebundenem modernen Kunstschaffen so überzeugt, dass er sich von ihm nach dem Kriege 1927 in Feldafing eine Villa bauen ließ, die 1945 zerstört wurde.[138] Auch Konteradmiral Fischel war von Riemerschmids bodenständigem Jugendstil so begeistert, dass er sich von ihm 1904 in Kiel am Niemannsweg eine Jugendstilvilla bauen ließ,[139] die Hartwig Beseler als Kunstdenkmal würdigte, indem er sie als Beispiel für die Durch-

---

[134] Ebd., S. 56.
[135] BA-MA, RM 3/v. 9303, Blatt 126: Denkschrift betreffend evangelische Marinekirche in Wik, Berlin 12.VIII.1905. Ebd., Blatt 131: Zur Denkschrift betreffend evangelische Marinekirche in Wik vom 12.VIII.1905, Berlin, 31.VIII.1905.
[136] Nerdinger, S. 9 u. 171.
[137] Ebd., S. 171.
[138] Ebd., S. 445.
[139] Ebd., S. 393.

gangsphase vom hochherrschaftlichen Stadtpalais zum Eigenheim charakterisierte. [140]

Wie die im Vorangegangenen beschriebenen Marinebauten und der Hinweis auf Riemerschmid zeigen, schätzte man bei der Marineführung einen durchaus bodenständigen Jugendstil, d. h. man wollte traditionsgebunden modern sein. Das erklärt auch die Affinität zum Heimatschutzstil, dessen Elemente sich an all den genannten Beispielen nachweisen lassen. „Geschmacklich, praktisch, behaglich" könnte nahezu die Devise dieses ästhetischen Programms gewesen sein. So wird durchaus verständlich, dass die modernen Marinebauten auch eine breite Akzeptanz fanden und dass man puristischen Jugendstilkünstlern wie beispielsweise Henry van de Velde, dem damals in Deutschland arbeitenden Belgier, niemals einen Auftrag gegeben hätte.

Wie sehr die Marineführung den neuen Stil schätzte, zeigt auch der Umstand, dass man sich damit bewusst in den Gegensatz zur Geschmacksrichtung von Kaiser Wilhelm II. setzte, der bekanntlich die moderne Malerei der Jahrhundertwende als „Rinnsteinkultur" abzuwerten versuchte und dem Jugendstil abhold war. Konteradmiral Fischel war von seinem neuen Haus ungemein begeistert, das auch in den höchsten Kreisen der Gesellschaft großes Interesse hervorrief. Vergeblich hoffte man jedoch im Hause Fischel auf einen Besuch des Kaisers, damit er von seiner ablehnenden Haltung gegenüber der zeitgenössischen Architektur bekehrt würde.[141]

Seit 1897 besaß das Deutsche Reich den an der ostchinesischen Küste in der Bucht von Kiautschou gelegenen Marinestützpunkt Tsingtau. Konteradmiral Tirpitz hatte diesen Stützpunkt 1896 als Chef des Kreuzergeschwaders erkundet und dessen Inbesitznahme empfohlen. Als Staatssekretär des Reichsmarineamtes unterstanden ihm Ausbau und Verwaltung dieser Flottenbasis, für die er sich sehr einsetzte.[142]

In den Jahren 1901 bis 1911, der Amtszeit von Admiral Oskar von Truppel als Gouverneur, entstand dort gleichsam aus dem Nichts eine moderne Stadt. Wie die zahlreichen Fotos aus dem Nachlass Truppels zeigen, waren die Sommerresidenz und der monumentale Dienstsitz

---

[140] Beseler, S. 29.
[141] Nerdinger, S. 393.
[142] Walle (1983), S. 42ff.

252

des Gouverneurs, die um 1906 fertiggestellt worden sein müssen, ausgesprochene Jugendstilbauten in dem für tropische Bedingungen besonders geeigneten Palladianischen Stil, worauf die umlaufenden Laubengänge an den beiden Bauwerken hindeuten. Anklänge an einen Historismus lassen sich nicht finden. Bilder des Interieurs, vor allem die Repräsentationsräume, hätten als Musterfotos in den Schriften des Deutschen Werkbundes veröffentlicht werden können. Auch im übrigen Stadtbild, so die Fotos, hat man eine mit Jugendstil und Heimatschutzstil kombinierte Architektur bei Geschäftshäusern und Werkhallen verwendet.[143] Gerade hier in Ostasien, wo man im Wettbewerb mit den anderen europäischen Kolonialmächten stand, wurde die damals moderne Kunst als Mittel zum Ausdruck technischer Überlegenheit und des eigenen Machtanspruches bewusst von der Marineführung eingesetzt.

Der als ahistorisch bezeichnete, aber durchaus traditionsgebundene Tirpitz wollte modern sein und hatte sich deshalb mit Sicherheit keineswegs auf einen bestimmten Kunststil festlegen lassen. Modernität sollte auch im Rückgriff auf mittelalterliche Backsteingotik der Hansezeit und die Architektur des Deutschen Ordens demonstriert werden.

Wenn Hartmut Beseler die in den Jahren 1907 bis 1910 durch Adalbert Kelm erbaute Marineschule Mürwik „als Nachhut des vergangenen Jahrhunderts"[144] bezeichnet, so trifft dies nach einer formal kunstwissenschaftlichen Interpretation durchaus zu. Wie Beseler aber auch erkannt hat, wurde hier „Architekturform bewusst als bildendes Element zur Erziehung der Elite eingesetzt."[145] Gerade durch den Rückgriff auf Architekturformen des Deutschen Ordens und der Hansezeit sollte den Seeoffiziersanwärtern die Legitimation der damals im rapiden Wachstum befindlichen Kaiserlichen Flotte und des deutschen Seemachtstrebens vermittelt werden, indem man durch

---

143 BA-MA, N 224: Nachlass Admiral Oskar von Truppel. Vgl. a.: Haupt, A., Führer durch Tsingtau und Umgebung, Tsingtau 1927. Leider war dieser Band nicht mehr vorhanden. Ein noch bei der Staatsbibliothek Berlin nachgewiesenes Exemplar ist im Kriege verloren gegangen.
144 Beseler, S. 20
145 Ebd., S. 16.

einen bildhaften Verweis eine Kontinuität aus der Vergangenheit herzuleiten versuchte.

„In ihrer Blütezeit im Mittelalter hatte die Hanse Seemacht in Nord- und Ostsee ausgeübt. Eines ihrer Mitglieder war der Ordensstaat, der nun als direkter Vorläufer des Hohenzollernreiches betrachtet wurde. In der Hanse wiederum waren Bürgertum und Adel sozusagen gleichberechtigte Partner, ein Topos, der vor allem für die vornehmlich aus bürgerlichem Hause stammenden Seeoffiziere bedeutsam war.“[146] So war es durchaus verständlich, dass man die 1904 von Kelm erstellten Entwürfe, die eine solche Schule im Neobarock vorsahen[147], verwarf und sich bewusst für den Rückgriff auf die niederdeutsche Backsteingotik entschloss, während im Dekor der Jugendstil dominierte.

Modernität sollte auch die Ingenieur- und Deckoffizierschule in Kiel ausdrücken, was aus kunstwissenschaftlicher Sicht bereits durch ihre Gestaltung im neubarocken Stil gegeben war. Aber auch hier lässt sich eine militärpolitische Zielsetzung erkennen. Die neue moderne Kaiserliche Marine besaß eine Flotte, deren Schiffe Ergebnisse modernster Technik und industriellen Entwicklungsstandes waren. Zu deren Bedienung wurde ein entsprechend hochqualifiziertes Personal auf allen Führungsebenen benötigt. In der Kaiserlichen Marine war jedoch das technische Personal sozial unterbewertet und die technischen Offiziere den Seeoffizieren nicht gleichgestellt. Man hatte aber erkannt, dass dieser Zustand für die Zukunft geändert werden musste. So fällt an der Ingenieur- und Deckoffizierschule, die alle Ingenieuroffizieranwärter durchlaufen mussten, auf, wie man bereits in der Wappenkartusche den Schulauftrag, der Schiffstechnik zu dienen, hervorhob. Die Vornehmheit dieses „Schulschlosses“, um mit Andresen zu sprechen, ist auffallend, und nicht von ungefähr war das heute nicht mehr bestehende Wirtschafts- und Kasinogebäude im Stil einer großbürgerlichen Villa gehalten.[148] Nach Kenntnis des Verfassers hat es keinen eleganteren Kasinobau in der Kaiserlichen Marine gegeben. Hier drängt sich geradezu die Schlussfolgerung auf, dass

---

[146] Matthei, S. 72.

[147] Ebd., S. 68 u. S. 70ff. sowie BA-MA, RM 3/v. 9325, Blätter 144 und 155: Intendantur der Marine Station der Ostsee an das Reichs Marine Amt vom 10.11.1904.

[148] Andresen (1991), S. 15.

man bei der Ingenieur- und Deckoffizierschule bewusst durch den Einsatz ästhetischer Mittel, d. h. der modernen Kunst der damaligen Zeit, das Ansehen der zu Unrecht in der Kaiserlichen Marine unterbewerteten Techniker heben wollte. Natürlich war dieser Schulbau aber auch Ausdruck des technischen Selbstverständnisses einer der damals modernsten Marinen. Diese Kieler Marineschule war wohl einer der letzten Bauten der Kaiserlichen Marine, an deren Gestaltung der Einsatz von ästhetischen Mitteln zur Vermittlung didaktisch-politischer Zielsetzungen so deutlich ablesbar ist, wie es bei späteren Marinebauten nicht mehr der Fall sein sollte.

Bildteil Kaiserliche Marinebauten

Kiel-Wik

Landtagsgebäude, ehemalige Marineakademie und Marinestation der Ostsee

Marineakademie, davor Torpedoboot S 82, um 1900

Petruskirche, um 1910

Petruskirche, Turm- und Eingangsbereich, 1992

Dienstwohnung für den Chefarzt des Marinelazaretts, 1992

Ehemaliges Marinelazarett, Hauptgebäude, 1992

Wasserturm von Adalbert Kelm an der Rostocker Straße

Technische Marineschule, Maschinenhalle, um 1912

Flensburg

Marineschule Mürwik

Marineschule Mürwik, Frontseite zur Flensburger Förde

Marineschule Mürwik, Glasfenster am Hauptportal

Marineschule Mürwik, Wappendecke in der Aula

6.   Verzeichnisse

Abbildungsverzeichnis

Alle Abbildungen inkl. Titelbild:
wikimedia commons bis auf:

Bendler-Block/ Reichsmarineamt:
wikimedia commons/ Jörg Zägel

Skizzen Skagerrakschlacht:
Potter, E. B./ Nimitz, C. W./ Rohwer, J., Seemacht – Von der Antike
bis zur Gegenwart. Herrsching 1986.

Landtagsgebäude Kiel:
wikimedia commons/ Matthias Süßen

Petruskirche, um 1910:
Stadtarchiv Kiel

Petruskirche, Turm und Eingangsbereich:
Heinrich Walle

Marinelazarett und Dienstwohnung:
Heinrich Walle

Wasserturm an der Rostocker Straße:
wikimedia commons/ Uwe Barghaan

Marineschule Mürwik, Luftaufnahme:
Ivo Schneider

Marineschule Mürwik, Glasfenster am Hauptportal:
Heinrich Walle

Marineschule Mürwik, Wappendecke in der Aula:
Marineschule Mürwik

Literaturverzeichnis[1]

Adler, A., Menschenkenntnis. Frankfurt/ M. 1971.

Albrecht, U./ Andresen, H.-G., Öffentlicher Großbau in Kiel zwischen historistischer Stilarchitektur und „Neuem Stil". In: Die Heimat. Zeitschrift für Natur- und Landeskunde von Schleswig-Holstein, 85. Jahrg., Heft 4/ 5-1978.

Amos, T., Ernst Jünger. Reinbek 2011.

Andresen, H.-G., Die ehemalige Marine-Garnisonkirche in Kiel-Wik. In: Schleswig-Holstein, Heft 11-1979 u. Heft 12-1979.

Andresen, H.-G., 75 Jahre Technische Marineschule Kiel. Baugeschichtlicher Nachtrag zum Jubiläum: Ein ziviler Militärbau. Zur Architektur der ehemaligen Ingenieur- und Deckoffizierschule im Spektrum der zeitgenössischen Backsteinarchitektur in Schleswig-Holstein. Hannover 1991.

Battafarano, I. M., Simpliciana Bellica. Bern, Frankfurt/ M. 2011.

Berghahn, V. R., Der Tirpitz-Plan. Düsseldorf 1971.

Beseler, H., Bauten in Schleswig-Holstein zwischen Vergangenheit und Gegenwart (1830–1930). Heide in Holstein 1970.

Bölke, S., Die Marineschule Mürwik. Europäische Hochschulschriften, Reihe 28, Kunstgeschichte; Bd.328. Frankfurt/ M., Berlin, Bern, New York, Paris, Wien 1998; zugl.: Kiel, Univ., Diss.,1994.

Bong, J., Die Flamme der Freiheit. Die deutsche Revolution 1848/ 49. Bd. 1. Köln 2022.

Borsi, F., Die monumentale Ordnung. Architektur in Europa 1929-1939. Paris 1986; deutsche Ausgabe: Stuttgart 1987.

Bußmann, W., Treitschke. Göttingen 1952.

Bundesarchiv-Militärarchiv (BA-MA), RM 3/v.9303, Blatt 21: Bericht über den Neubau einer Garnisonkirche auf die Verfügung vom 12.1.1904 durch Marineoberpfarrer Rogge vom 29.I.1904.

Bundesarchiv-Militärarchiv, RM 3/v. 9303, Blätter 144 und 155: Intendantur der Marine, Station der Ostsee an das Reichs Marine Amt vom 10.11.1904.

---

[1] Ohne die an Kapitelenden bereits verzeichneten Literaturauswahlen.

Bundesarchiv-Militärarchiv, RM 3/v. 9303, Blatt 78: Schreiben des Architektenbüros Curjel & Moser, Karlsruhe, an den Staatssekretär des Reichs Marine Amtes vom 5.1.1905 sowie Folgeschreiben.

Bundesarchiv-Militärarchiv, N 224: Nachlass Admiral Oskar von Truppel.

Burger, D., Festungen in Bayern. Regensburg 2008.

Charton, J. R., Die Heimatschutzbewegung in Schleswig-Holstein. In: Schleswig-Holsteinischer Kunstkalender 1911.

Clark, C., Wilhelm II. München 2008.

Clark, C., Die Schlafwandler. München 2013.

Dehio, L., Deutschland und die Weltpolitik im 20. Jahrhundert (1955). Frankfurt/ M., Hamburg 1961.

Dehn, S., Helmuth von Mücke (1881-1957) und Manfred von Killinger (1886-1944) – zwei adlige Spitzenpolitiker der sächsischen NSDAP. In: Sächsische Heimatblätter 1/15.

Dekorative Kunst, Jahrgang 1906. In: Nerdinger, W. (Hrsg.), Richard Riemerschmid. Vom Jugendstil zum Werkbund. München 1982.

Der Limes, das leise Welterbe. In: www.monumente-online.de/de/ausgaben/2006/6/der-limes-das-leise-welterbe.php.

Deutsches Marine Institut (Hrsg.), Marineschule Mürwik. Herford 1985.

Die Durchgeistigung der deutschen Arbeit. Jahrbuch des Deutschen Werkbundes 1912. Jena 1912.

Diercks, W., Der Einfluss der Personalsteuerung auf die deutsche Seekriegsführung. In: Rahn, W. (Hrsg.), Deutsche Marinen im Wandel. München 2005.

Doren, A., Wunschräume und Wunschzeiten. In: Vorträge der Bibliothek Warburg. 1927.

Duppler, J., Unter schwarz-rot-goldener Flagge. In: Bundeswehr aktuell v. 10.06.2013.

Eichler, K., Albert Ballin. Vater Unternehmer Visionär. Hamburg 2018.

Elias, N., Die höfische Gesellschaft. Frankfurt/ M. 2019 (Erstausgabe 1969).

Elvert, J./ Jensen, J./ Epkenhans, M. (Hrsg.), Kiel, die Deutschen und die See. In: Historische Mitteilungen der Ranke-Gesellschaft, hrsg. von Salewski, M. u. Elvert, J., Beiheft 3. Stuttgart 1992.

Epkenhans, M., Die wilhelminische Flottenrüstung 1908-1914. München 1991.

Epkenhans, M., Der deutsche Griff nach der Weltmacht. In: Duppler, J. (Hrsg.), Seemacht und Seestrategie im 19. und 20. Jahrhundert. Hamburg u. a. 1999.

Epkenhans, M., Clio und die Marine. In: Rahn, W., (Hrsg.), Deutsche Marinen im Wandel. München 2005.

Epkenhans, M., Tirpitz. Architect of the German High Seas Fleet. Washington 2008.

Epkenhans, M., Eine verpasste Chance. In: Bundeswehr aktuell v. 27. 02.2012.

Fehrenbach, E., Wandlungen des deutschen Kaisergedankens 1871-1918. München, Wien 1969.

Finanzminister des Landes Schleswig-Holstein (Hrsg.), Baudenkmale – Staatliche Baudenkmale in Schleswig-Holstein. Bewahren, Gestalten. Neumünster 1987.

Fischer, F., Griff nach der Weltmacht. Auf Grund der 3. Auflage vollständig neu bearbeitete Sonderausgabe. Düsseldorf 1967 (Erstausabe 1961).

Fischer, F., Hitler war kein Betriebsunfall. München 1991.

Flohr, D., ‚Der Imperator'. In: Schiff und Zeit-Panorama maritim 119/ 2020.

Franke, A. (Hrsg.), Das Buch der Hundert Kapitel und der Vierzig Statuten des sogenannten ‚Oberrheinischen Revolutionärs'. Mit einer Einleitung von Zschäbitz, G., Berlin/ DDR 1967.

Freiligrath, F., Flotten-Träume. In: Freiligraths Werke. Erster Teil. Hrsg v. Schwering, J. Berlin, Leipzig, Wien, Stuttgart 1909.

Freiligrath, F., Gedichte. Hrsg. v. Mendheim, M., Leipzig o. J.

Freiligrath, F., Ein Glaubensbekenntnis. Zeitgedichte. Reprint Hamburg o. J.

Fries, W., Pronosticatio. Etliche seltzame Prophezeiung/ geweissaget von dem Alten M. Wilhelmo Friesen/ von Mastrich. O. O. u. J. (vermutl. Nürnberg 1558).

Ganseuer, F., Der Staat des ‚gemeinen Mannes'. Frankfurt/ M., Bern 1984.

Ganseuer, F., Teutscher Held und teutsche Nation. In: Simpliciana X/ 1988.

Ganseuer, F./Wagner, E., Carl Rudolph Brommy – Admiral der Revolution? Hamburg 2018.

Ganseuer, F., Herzlichen Glückwunsch Wilhelmshaven! 150 Jahre ‚Marineetablissement an der Jade'. In: Schiff Classic 4/ 2019.

Ganseuer, F., Vom Fährhuk zur IV. Einfahrt – Wilhelmshaven feiert 150. Geburtstag. In: Leinen los! 6/ 2019.

Ganseuer, F., Nichts als Schiffe. Wilhelm II., der Marinekaiser. In: Schiff Classic 6/ 2019.

Ganseuer, F., „Der Dreizack gehört in unsere Faust!" – Wilhelm II., Alfred von Tirpitz und der Griff nach der Weltmacht über die See. In: Deutsche Gesellschaft für Schiffahrts- und Marinegeschichte (Hrsg.), Berichte aus dem maritimen Kosmos. Festschrift für Dr. Heinrich Walle zu seinem 80. Geburtstag/ Schiff und Zeit – Panorama maritim, Beiheft 2. Bonn 2021.

Ganseuer, F./ Walle, H., Die Parlamentsmarine. Berlin 2023.

Görich, K., Die Staufer. München 2011.

Grimmelshausen, J. J. C. v., Der Abentheurliche Simplicissimus Teutsch und Continuatio des abentheurlichen Simplicissimi. Hrsg. v. Tarot, R., Tübingen 1967. 5. Auflage 2018 (Erstausgabe 1669 und 1671).

Groß, G. P., Eine Frage der Ehre? In: Rahn, W. (Hrsg.), Deutsche Marinen im Wandel. München 2005.

Grundsteinlegung für den Neuaufbau der Saalburg, 11. Oktober 1900. In: https://www.lagis-hessen.de/de/subjects/idrec/sn/edb/id/258.

Haffner, S., Preußen ohne Legende. Hamburg 1979.

Haffner, S., Die Revolution von 1918/ 19. Reinbek 2010 (Erstausgabe 1979).

Haffner, S., Von Bismarck zu Hitler. München 1987.

Hardenberg, J. Graf v., Hundert Jahre Landeshaus. Eine Baugeschichte. In: Präsidentin des Schleswig-Holsteinischen Landtages (Hrsg.), 100 Jahre Haus an der Förde. Von der Marineakademie zum Landeshaus 1888-1988. Der Schleswig-Holsteinische Landtag. Kiel 1988.

Hartau, F., Wilhelm II. 6. Auflage Reinbek 1997.

Hasek, J., Die Abenteuer des braven Soldaten Schwejk. Übersetzt v. Reiner, G., Reinbek 1976.

Haupt, H., Ein Oberrheinischer Revolutionär aus dem Zeitalter Kaiser Maximilians I. In: Westdeutsche Zeitschrift für Geschichte und Kunst, Ergänzungsheft VIII/ 1893.

Heimann, H.-D., Die Habsburger. München 2016.

Heimerdinger, T., Der Seemann. Ein Berufsstand und seine kulturelle Inszenierung (1844-2003). Köln, Weimar, Wien 2005.

Hein, D., Die Revolution von 1848/ 49. 4. Auflage München 2007 (Erstausgabe 1998).

Heine, H., Unsere Marine. In: Heinrich Heine. Historisch-kritische Gesamtausgabe der Werke. Bd. 2, Neue Gedichte. Hrsg. v. Windfuhr, M., Hamburg 1983.

Heine, H., Atta Troll. Ein Sommernachtstraum. Hrsg. v. Woesler, W., Stuttgart 1995.

Heine, H., Neue Gedichte. Hrsg. v. Kortländer, B., Nachwort v. Höhn, G., Stuttgart 1996.

Herre, F., Kaiser Wilhelm II. Köln 1993.

Herwegh, G., Die deutsche Flotte. Teil der Sammlung ‚Gedichte eines Lebendigen'. In: Herweghs Werke. Erster Teil. Hrsg. v. Tardel, H., Berlin 1909.

Herwegh, G., Gedichte eines Lebendigen. Reprint Berlin 2019.

Herwig, H. H., Das Elitekorps des Kaisers. Hamburg 1977.

Holtzmann, R., Der Weltherrschaftsgedanke des mittelalterlichen Kaisertums und die Souveränität der europäischen Staaten. In: Historische Zeitschrift 159/ 1939.

In Stein gemeißelte Weltmachtfantasie. In: Frankfurter Rundschau/ FR-Rhein-Main v. 16.10.2022.

Jensen, J./ Wulf, P. (Hrsg.), Geschichte der Stadt Kiel. Neumünster 1991.

Kampers, F., Die deutsche Kaiseridee in Prophetie und Sage. München 1896.

Kampers, F., Vom Werdegange der abendländischen Kaisermystik. Leipzig, Berlin 1924.

Kastell Saalburg. In: de.wikipedia-org/wiki/Kastell_Saalburg.

Kaul, C. G., Friedrich Barbarossa im Kyffhäuser. 2. Bde., Textband. Köln, Weimar, Wien 2007.

Kaulisch, B., Alfred von Tirpitz und die imperialistische deutsche Flottenrüstung. 2. Auflage Berlin/ DDR 1982.

Kliche, J., Vier Monate Revolution in Wilhelmshaven. Reprint Wilhelmshaven 1988 (Erstausgabe 1919).

Kludas, A., Die deutschen Schnelldampfer. T. IV, Die Imperatorklasse – Höhepunkt einer Epoche. In: Deutsches Schiffahrtsarchiv, 8/ 1985.

Klussmann, U./ Mohr, J. (Hrsg.), Das Kaiserreich. München 2016.

König, W., Wilhelm II. und die Moderne. Der Kaiser und die technisch-industrielle Welt. Paderborn 2007.

Koller, H. (Hrsg.), Reformation Kaiser Siegmunds. Stuttgart 1964.

Krause, A., Scapa Flow. München 2001.

Krausnick, M., Die eiserne Lerche. Georg Herwegh – Dichter und Rebell. Stuttgart 1992.

Lauterbach, K. H. (Hrsg.), Der Oberrheinische Revolutionär. Das buchli der hundert capiteln mit xxxx statuten. Monumenta Germaniae Historica. Staatsschriften des späteren Mittelalters. VII. Band. Hannover 2009.

Lichtenberger, J., Die Weissagunge Johannis Lichtenbergers deudsch zugericht mit Fleiß. Wittenberg 1527.

Lorenz, K., Vorwort. In: Koenig, O., Kultur und Verhaltensforschung. Einführung in die Kulturethologie. München 1970.

Luther, G., Standortbestimmung – Erfahrungen und Verpflichtungen aus der historischen Entwicklung der deutschen Marine ab 1848. In: Deutsches Marineinstitut (Hrsg.), Die deutsche Marine. Historisches Selbstverständnis und Standortbestimmung. Herford, Bonn 1983.

Mann, H., Der Untertan. Roman. Stuttgart 2021 (Erstausgabe 1918).

Marine-Archiv (Hrsg.), Das Admiralstabswerkwerk. Der Krieg zur See 1914-1918. Der Krieg in der Nordsee, Band 5. Berlin 1925.

Matthei, D., Die Marineschule Mürwik – Entstehung und Entwicklung. In: Deutsches Marine Institut (Hrsg.), Marineschule Mürwik. Herford 1985.

Michaelis, W., Tirpitz' strategisches Wirken vor und während des Weltkrieges. In: Rahn, W. (Hrsg.), Deutsche Marinen im Wandel. München 2005.

Ministerium der öffentlichen Arbeiten (Hrsg.), Die Ingenieur- und Deckoffizierschule in Kiel. In: Zentralblatt der Bauverwaltung, 40. Jahrg. 1920, Nr. 5 u. Nr. 7.

Müller, F. L., Der 99-Tage-Kaiser. München 2013.

Müller, G. A. v., Regierte der Kaiser? Göttingen 1959.

Münkler, H., Die Deutschen und ihre Mythen. Reinbek 2010.

Neitzel, S., Weltmacht oder Untergang. Paderborn 2000.

Nellmann, E. (Hrsg.), Das Annolied. 2. Auflage Stuttgart 2010.

Nerdinger, W. (Hrsg.), Richard Riemerschmid. Vom Jugendstil zum Werkbund. Werke und Dokumente. München 1982.

Neudeck, G./ Schröder, H., Das kleine Buch von der Marine. Ein Handbuch alles Wissenswerten über die deutsche Flotte nebst vergleichender Darstellung der Seestreitkräfte des Auslandes. Kiel, Leipzig 1911 (Erstausgabe 1898).

Obst, M. (Hrsg.), Die politischen Reden Kaiser Wilhelms II. Eine Auswahl. Paderborn 2011.

Petsch, J., Baukunst und Stadtplanung im Dritten Reich. Herleitung – Bestandsaufnahme – Entwicklung – Nachfolge. München, Wien 1976.

Plessner, H., Die verspätete Nation. 5. unveränderte Auflage Stuttgart, Berlin, Köln, Mainz 1969.

Posener, J., Anfänge des Funktionalismus. Von Arts and Crafts zum Deutschen Werkbund. Bauwelt Fundamente Band 11. Berlin, Frankfurt/ M., Wien 1964.

Potter, E. B./ Nimitz, C. W./ Rohwer, J., Seemacht – Von der Antike bis zur Gegenwart. Herrsching 1986.

Präsidentin des Schleswig-Holsteinischen Landtages (Hrsg.), 100 Jahre Haus an der Förde. Von der Marineakademie zum Landeshaus 1888-1988. Der Schleswig-Holsteinische Landtag. Kiel 1988.

Quidde, L., Caligula. Berlin 2014 (Erstausgabe 1926).

Rahn, W., Seestrategisches Denken in deutschen Marinen von 1848 bis 1990. In: Duppler, J. (Hrsg.), Seemacht und Seestrategie im 19. und 20. Jahrhundert. Hamburg u. a. 1999.

Rahn, W., (Hrsg.), Deutsche Marinen im Wandel. München 2005.

Rattner, J., Alfred Adler. Reinbek 1972.

Reichs-Gesetzblatt Nr. 21 (Nr. 2677.) Gesetz, betreffend die deutsche Flotte. Vom 14. Juni 1900, S. 48f. In: Schulze-Wegener, G. (Hrsg.), Militär & Geschichte Extra. Sonderheft Nr. 10. Tirpitz und die deutsche Schlachtflotte. München 2018.

Reinhardt, S., Georg Herwegh. Eine Biographie. Göttingen 2020.

Röhl, J. C. G., Wilhelm II. 3 Bde. München 1993-2008.

Röhl, J. C. G., Kaiser, Hof und Staat. 2. Auflage München 2007.

Röhl, J. C. G., Wilhelm II. München 2013.

Rutter, J., Alfred Adler. Reinbek 1972.

Salewski, M., Tirpitz. Aufstieg-Macht-Scheitern. Persönlichkeit und Geschichte. Göttingen 1979.

Salewski, M., Kiel und die Marine. In: Jensen, J./ Wulf, P., Geschichte der Stadt Kiel. Neumünster 1991.

Salewski, M., 160 Jahre Marine. In: Ders., Marine und Geschichte – eine persönliche Auseinandersetzung. Sonderdruck zum Marineforum Heft 7/ 8-2008.

Schein, X., Zeitreise zu Wilhelms Spielwiese. In: www.fnp.de/lokales/hochtaunus/zeitreise-zu-wilhelms-spielwiese-91801322.html.

Schmidt, K., Wie ich die Kriegsmarine eroberte (Jahrbuch der Dresdener Werkstätten 1929). In: Nerdinger, W. (Hrsg.), Richard Riemerschmid. Vom Jugendstil zum Werkbund. München 1982.

Schneidmüller, B., Die Kaiser des Mittelalters. München 2012.

Schneller, L., Die Kaiserfahrt durch's heilige Land. Leipzig 1899.

Scholl, L. U., Die Bundesflotte in der Satire. In: Deutsches Schiffahrtsmuseum (Hrsg.), Deutsche Marine. Die erste deutsche Flotte. Bremerhaven 1979.

Schreiber, G., Thesen zur ideologischen Kontinuität in den machtpolitischen Zielsetzungen der deutschen Marinerüstung 1897-1945. In: Rahn, W. (Hrsg.), Deutsche Marinen. München 2005.

Schulze-Wegener, G., Wilhelm I. Hamburg, Bonn 2015.

Schulze-Wegener, G., (Hrsg.), Tirpitz und die deutsche Schlachtflotte. Militär & Geschichte Extra. Sonderheft 10. München 2018.

Seibt, F., Utopica. Aktualisierte Neuausgabe München 2001 (Erstausgabe Düsseldorf 1974).

Seligmann, M. S./ Nägler, F./ Epkenhans, M., The Naval Route to the Abyss. Farnham 2015.

Simsa, P., Wilhelm II. und seine Flotte. Stuttgart 2012.

Sitte, C., Der Städtebau nach seinen künstlerischen Grundsätzen. Wien 1889.

Stephan, H., Festungen. In: Die Kunst im Deutschen Reich, 8. Jg./ Folge 2, Ausgabe B. Die Baukunst. Februar 1944.

Sternburg, J, v., Technik und Triumphzug. In: fr.de/kultur/technik-triumphzug-11531210-html.

Stollberg-Rilinger, B., Das Heilige Römische Reich Deutscher Nation. München 2018.

Technische Marineschule/ Kommandeur (Hrsg.), 75 Jahre Technische Marineschule Kiel. Festschrift zur 75jährigen Wiederkehr der Gründung der Technischen Marineschule. Kiel 1988.

Toeche, S. (Hrsg.), Die deutsche Kriegsflotte und die fremden Seemächte 1916. Vierter Jahrgang. Berlin 1916.

Tirpitz, A. v., Erinnerungen. 6. Auflage Leipzig 1942 (Erstausgabe 1919).

Ullrich, V., Die nervöse Großmacht 1871-1918. Frankfurt/ M. 2013.

Walle, H., Glückstadt und die Marine. 40 Jahre Kasernen am Neuendeich. Sonderbeilage der Norddeutschen Rundschau. Glückstadt August 1976.

Walle, H., Das deutsche Kreuzergeschwader in Ostasien 1897-1914. Politische Absichten und militärische Wirkung. In: Deutsches Marine Institut (Hrsg.), Redaktion Heinrich Walle, Der Einsatz von Streitkräften im Dienst der auswärtigen Politik. Herford 1983.

Walle, H., Ein Rundgang durch die Ausstellung. In: Ders. (Hrsg.), Seefahrt und Geschichte. Herford, Bonn 1986.

Walle, H., Die Marineschule Flensburg-Mürwik und die Kasernenanlagen der Marine in Glückstadt/ Elbe. Ästhetische Umsetzungen politisch funktionaler Bauprogramme. In: Internationales Hamburger Hafendenkmalpflege-Symposion 1989. Internationale Fachtagung der Freien und Hansestadt Hamburg, Kulturbehörde-Denkmalschutzamt (6.-9. September 1989). Tagungsunterlagen.

Walle, H., Tradition, Floskel oder Form, neue Wege zu alten Werten. In: Ders. (Hrsg.), Von der Friedenssicherung zur Friedensgestaltung. Deutsche Streitkräfte im Wandel. Herford Bonn 1991.

Walle, H., Marinebauten in Kiel. Bildende Kunst als Ausdruck politischer Zielsetzungen und technischen Selbstverständnisses von 1888 bis 1945. In: Kiel, die Deutschen und die See (HMRG Beiheft 3/ SKStG, 25). Stuttgart 1992.

Walle, H., Marinebauten in Kiel. Bildende Kunst als Ausdruck politischer Zielsetzungen und technischen Selbstverständnisses von 1888 bis 1945. In: Kiel, die Deutschen und die See. Hrsg. von Elvert, J., Jensen, J. u. Salewski, M., Stuttgart 1992.

Walle, H., Technikrezeption der militärischen Führung in Deutschland im Spannungsfeld zwischen Tradition und Fortschritt. Beispiele aus dem Land-, Luft- und Seekrieg. In: Historische Mitteilungen der Ranke-Gesellschaft, Band 26-2013/2014.

Walle, H., Marineschule Flensburg-Mürwik – Rotes Schloss am Meer. In: Schiff Classic 2-2017.

Walle, H., Der Fortschrittsoptimist. Alfred von Tirpitz, „ein frühes Kind des 20. Jahrhunderts." In: Marineforum 6-2019.

Wehler, H.-U., Das deutsche Kaiserreich 1871-1918. Göttingen 1977.

Wiborg, S., Erster Weltkrieg: Albert Ballin. In: Die Zeit Nr. 8/ 2014 v. 13. Februar 2014.

Wiborg, S., Albert Ballin. 5., erweiterte und aktualisierte Auflage Hamburg 2023.

Wilderotter, H./ Pohl, K.-D. (Hrsg.), Der letzte Kaiser. Gütersloh, München 1991.

Wilderotter, H., ‚Unsere Zukunft liegt auf dem Wasser‘. In: Der letzte Kaiser. Wilhelm II. im Exil. Ausstellungskatalog des Deutschen Historischen Museums, hrsg. v. Andler, S., Wilderotter, H. und Pohl, K.-D., Gütersloh, München 1991.

Wilhelm II., Das Königtum im alten Mesopotamien. Berlin 1938.

Winkler, H. A., Gefahr der Anmaßung. In: Der Spiegel Nr. 1 v. 2. 1. 2021.

Witt, J. M., Deutsche Marinegeschichte 1848 bis heute. Berlin 2015.

Wulf, P., Die Einweihungsfeier am 6. Oktober 1888. In: Präsidentin des Schleswig-Holsteinischen Landtages (Hrsg.), 100 Jahre Haus an der Förde. Von der Marineakademie zum Landeshaus 1888-1988. Der Schleswig- Holsteinische Landtag. Kiel 1988.

Wulf, P., Kiel wird Großstadt (1867-1918). In: Jensen, J./ Wulf, P., Geschichte der Stadt Kiel. Neumünster 1991.

Wulf, P., Die Stadt auf der Suche nach ihrer neuen Bestimmung (1918-1933). In: Jensen, J./ Wulf, P., Geschichte der Stadt Kiel. Neumünster 1991.

Die Autoren

Frank Ganseuer

Geboren am 10. März 1954 in Gummersbach. 1972 bis 1974 Zeitsoldat bei der Marine in der Crew VII/ 72. Studium Deutsch und Sport an der Philipps-Universität Marburg. 1980 Erstes Staatsexamen. 1984 dort Promotion bei Prof. Dr. Jörg Jochen Berns, Fachbereich Neuere Deutsche Literatur, mit der Dissertation ‚Der Staat des gemeinen Mannes' zur Flugschriftenliteratur von Reformation und Bauernkrieg. Anschließend Studienreferendariat in Frankfurt am Main und von 1985 bis 1986 Lektor an der Universität Trient/ Italien bei Professor Dr. Italo Michele Battafarano. 1986 Wiedereinstieg in die Marine. Seefahrtszeit auf Fregatten und Versorgern sowie Landverwendungen in Logistik, Presse-/ Informationsarbeit und Militärattachédienst. 2014 Pensionierung. Mitglied im Deutschen Marinebund und Mitarbeiter bei dessen Magazin ‚Leinen los!' sowie Mitglied in der Marine-Offizier-Vereinigung, der Deutschen Gesellschaft für Schiffahrts- und Marinegeschichte und derem Wissenschaftlichen Beirat.

Heinrich Walle

Geboren am 21. September 1941 in Limburg/ Lahn. 1963 Eintritt in die Marine als Offiziersanwärter. Seefahrtszeit mit Erwerb des Kommandantenzeugnisses für ‚Seemännisches Schulboot' Typ Kriegsfischkutter (NORDWIND) und Segeloffizier GORCH FOCK. 1973 bis 1979 freigestellt vom Dienst zum Studium der Geschichtswissenschaften in den Fächern Mittelalterliche- und Neue Wirtschaftsgeschichte und Kunstgeschichte an der Rheinischen Friedrich-Wilhelms-Universität Bonn. 1979 Promotion mit der Dissertation ‚Rahsegler in Deutschland. Von der Seewarte zur GORCH FOCK'. 1980 bis 1994 Historiker und Stabsoffizier am Militärgeschichtlichen Forschungsamt zu Freiburg, u. a. als Leitender Offizier für überregionale Ausstellungen wie ‚Seefahrt und Geschichte' (zur maritimen Kunstgeschichte), ‚Deutsche jüdische Soldaten' (dafür Verleihung der Ben Gurion-Medaille des Staates Israel), ‚Aufstand des Gewissens' (zum deutschen militärischen und zivilen Widerstand gegen den Nationalsozialismus). 1995 Pensionierung. 1995 bis 2001 Studium der Katholischen Theologie an der Universität Bonn. 2003 bis 2017

Lehrbeauftragter am Historischen Institut der Philosophischen Fakultät an der Universität zu Köln. Anschließend Beratender Historiker beim Forschungsprojekt ‚Nachbau eines römischen Handelsschiffes in Originalgröße' an der Universität Trier. Sprecher des Wissenschaftlichen Beirates der Deutschen Gesellschaft für Schiffahrts- und Marinegeschichte, Redakteur Geschichte der Zeitschrift ‚Marineforum' und langjähriger Historischer Berater des Deutschen Maritimen Instituts. Präsident des Arbeitskreises Historischer Schiffbau. Autor zahlreicher Werke zur Marine- und maritimen Technikgeschichte und Träger des Bundesverdienstkreuzes I. und II. Klasse sowie des Ehrenkreuzes der Bundeswehr in Gold für Politisch-historische Bildung und Öffentlichkeitsarbeit der Bundeswehr.

Personenverzeichnis

278

Wilhelm II. in Doorn, 1933

Carola Hartmann Miles-Verlag

Militärgeschichte

Eberhard Kliem, Kathrin Orth, *"Wir wurden wie blödsinnig vom Feind beschossen". Menschen und Schiffe in der Skagerrakschlacht 1916,* Berlin 2016.

Hans Frank, Norbert Rath, *Kommodore Rudolf Petersen. Führer der Schnellboote 1942–1945. Ein Leben in Licht und Schatten unteilbarer Verantwortung,* Berlin 2016.

Joachim Welz, *Erfolgsstory oder Trauma – die Übernahme von Armeen. Lehren aus der Übernahme des österreichischen Bundesheeres in die Wehrmacht 1938 und der Reste der NVA in die Bundeswehr 1990,* Berlin 2018.

Georg Neuhaus, *Am Anfang war ein Speer. Eine Chronographie der Kriegs- und Militärtechnologien,* Berlin 2018.

Hans-Werner Ahrens, *Die Transportflieger der Luftwaffe 1956 bis 1971. Konzeption – Aufbau – Einsatz, (Reihe Schriften zur Geschichte der Deutschen Luftwaffe, Band 8),* Berlin 2019.

Jobst Reller, *Die Anfänge der evangelischen Militärseelsorge,* Berlin [2]2020.

Eberhard Frhr. v. Senden, Friedrich Frhr. v. Senden, *Der Erste Weltkrieg 1914–1918. Erlebnisse eines jungen Leutnants,* Berlin 2020.

Hans-Günter Behrendt, *Flugabwehr in Deutschland. Stationierungsorte und Systeme 1956-2012,* Berlin 2021.

Harald Fritz Potempa, *Balkan 1914-1945. Raum und Kleiner Krieg als militärhistorische Kategorien in der Wahrnehmung deutscher Streitkräfte,* Berlin 2021.

Stephan Horn, *Französische und wallonische Freiwilligenverbände im Zweiten Weltkrieg. Politische Implikationen militärischer Kollaboration,* Berlin 2021.

Jörg Beining, *Streng geheim! Elektronische Kampfführung im Kalten Krieg. Die EloKa der Bundeswehr und NATO aus östlicher Perspektive,* Berlin 2021.

Martin Kutz, *Die Schlacht als Männerballett oder Mythos und Militär,* Berlin 2022.

Olaf Rönnau, *Eine totale Institution als Zwischenspiel. Die Kadettenschule der NVA von ihrer Gründung 1956 bis zu ihrer Auflösung 1961,* Berlin 2022.

Stephan Maninger, *Für einige Morgen aus Eis und Schnee – Großbritanniens Kampf um Nordamerika 1754-1763,* Berlin 2022.

Frank Ganseuer, Heinrich Walle, *Die Parlamentsmarine. Geschichte(n) und Porträts zur ersten deutschen Flotte von 1848, Beiträge zur Schifffahrts- und Marinegeschichte Band 21*, Berlin 2023.

Eberhard Birk, *Die Deutschen und ihr Militär. Ein Streifzug mit Variationen und Reflexionen über ein einfach schwieriges Thema*, Berlin 2023.

Gerd Bolik, *NATO-Planungen für die Verteidigung der Bundesrepublik Deutschland im Kalten Krieg*, Berlin [2]2023.

Petra Fischer, *Propaganda im III. Reich – Front und Heimat im Gleichschritt*, Berlin 2024.

Erinnerungen

Blue Braun, *Erinnerungen an die Marine 1956–1996*, Berlin 2012.

Klaus Grot, *So war's, damals. Dienstchronik eines Pionieroffiziers im Kalten Krieg 1954–1991*, Berlin 2014.

Gustav Lünenborg, *Bürger und Soldat. Innere Führung hautnah 1956–1993, 1993–2015*, Berlin 2015.

Rainer Buske, *Eine Reise ins Innere der Bundeswehr. Wundersame Geschichten aus einer anderen Welt*, Berlin 2016.

Heinz Laube, *Duell am Himmel*, Berlin 2016.

Viktor Toyka, *Dienst in Zeiten des Wandels. Erinnerungen aus 40 Jahren Dienst als Marineoffizier 1966-2000*, Berlin 2017.

Hans-Eckhard Tribess (Hrsg.), *Im Leben unterwegs – für den Frieden. Festschrift für Wolfgang Altenburg zum 90. Geburtstag am 22. Juni 2018*, Berlin 2019.

Kurt Graf v. Schweinitz, *Notizen im Transit von Krieg und Frieden*, Berlin 2020.

Hans Peter von Kirchbach, *Herz an der Angel*, Berlin 2021.

Dieter Wolf, *Erlebnisse eines MAD-Offiziers und Leistungssportlers*, Berlin 2022.

Klaus Beckmann, *Dienstweg –kein Durchgang? Als Pfarrer und Staatsbürger in der Bundeswehr*, Berlin 2022.

Bernhard R. Kroener, *Lebensscherben – Hoffnungsspuren. Eine Familie aus Schlesien in den Stürmen des 20. Jahrhundert. In zwei Bänden. Eine dokumentarische Erzählung. Mit einer Familienstammfolge von Peter Bahl*, Berlin 2023.

Schriften zur Tradition

Eberhard Birk, Winfried Heinemann, Sven Lange (Hrsg.), *Tradition für die Bundeswehr. Neue Aspekte einer alten Debatte,* Berlin 2012.

Donald Abenheim, Uwe Hartmann (Hrsg.), *Tradition in der Bundeswehr. Zum Erbe des deutschen Soldaten und zur Umsetzung des neuen Traditionserlasses,* Berlin 2018.

Joachim Welz, *Vom Kontingentsheer zum Reichsheer: Militärkonventionen als Motor der Wehrverfassung,* Berlin 2018.

Donald Abenheim, Uwe Hartmann, *Einführung in die Tradition der Bundeswehr. Das soldatische Erbe in dem besten Deutschland, das es je gab,* Berlin 2019.

Eberhard Birk, Heiner Möllers (Hrsg.), *Die Luftwaffe und ihre Traditionen (aus der Reihe Schriften zur Geschichte der Deutschen Luftwaffe, Band 10),* Berlin 2019.

Hans-Günter Behrendt (Hrsg.), *Erinnerungsorte der Bundeswehr – Personen, Ereignisse und Institutionen der soldatischen Traditionspflege,* Berlin 2020.

Dirk Drews, Stefan Gruhl (Hrsg.), *Oberst Reinhard Hauschild 1921– 2005. Traditionsstifter für die Bundeswehr? Gedenkschrift zum 100. Geburtstag,* Berlin 2021.

Dieter Krüger, *Verständigung mit Frankreich. Das vergebliche Plädoyer des Oberst Dr. Hans Speidel. Paris 1940–1942,* Berlin 2021.

Martin Kutz, *Besuch im Soldatenhimmel. Ein wissenschaftlicher Reisebericht aus einer anderen Welt,* Berlin 2022.

Sicherheitspolitik

Wolf Graf v. Baudissin, *Grundwert: Frieden in Politik – Strategie – Führung von Streitkräften, herausgegeben von Claus von Rosen,* Berlin 2014.

Dirk Freudenberg, *Theorie des Irregulären – Erscheinungen und Abgrenzungen von Partisanen, Guerillas und Terroristen im Modernen Kleinkrieg sowie Entwicklungstendenzen der Reaktion, (3 Bände),* Berlin 2017.

Markus Reisner, *Robotic Wars – Legitimatorische Grundlagen und Grenzen des Einsatzes von Military Unmanned Systems in modernen Konfliktszenarien,* Berlin 2018.

Joachim Weber (Hrsg.), *Konfliktraum Arktis. Die Großmächte und der Hohe Norden*, Berlin 2021.

Thomas Jäger, Ralph Thiele (Hrsg.), *Der Politische Islamismus als hybrider Akteur globaler Reichweite. Die liberale demokratische Ordnung muss ihre Resilienz stärken*, Berlin 2021.

Uwe Hartmann, *Die Nato. Mächte und Menschen in der transatlantischen Allianz*, Berlin 2021.

Dirk Freudenberg, *Wehrhaftigkeit der Medienordnung – Rechtliche und rechts-politische Probleme vor dem Hintergrund der Konzeption Zivile Verteidigung (KZV)*, Berlin 2022.

Carsten Rechtien, *Trumps Amerika – Eine geopolitische Revolution? Tradition und Neuausrichtung der US-Außenpolitik in der beginnenden Ära Trump, Berlin 2022.*

Hans-Peter Weinheimer, *Bevölkerungsschutz 2030–Anleitung zur Überwindung eines „bewährten" Systems*, Berlin 2022.

Militär und Gesellschaft

Alois Bach, Walter Sauer (Hrsg.), *Schützen.Retten.Kämpfen. Dienen für Deutschland*, Berlin 2016.

Marcel Bohnert, Björn Schreiber (Hrsg.), *Die unsichtbaren Veteranen. Kriegsheimkehrer in der deutschen Gesellschaft*, Berlin 2016.

Angelika Dörfler-Dierken (Hrsg.), *Hinschauen! Geschlecht, Rechtspopulismus, Rituale: Systemische Probleme oder individuelles Fehlverhalten?*, Berlin 2019.

Jahrbuch Innere Führung (seit 2009)

Uwe Hartmann, Claus von Rosen (Hrsg.), *Jahrbuch Innere Führung 2019. Bundeswehr im Aufbruch. Hindernisse von den verteidigungspolitischen Vorstellungen der AFD bis zu den sicherheitspolitischen Meinungen in der Zivilgesellschaft*, Berlin 2019.

Uwe Hartmann, Reinhold Janke, Claus von Rosen (Hrsg.), *Jahrbuch Innere Führung 2020. Zur Weiterentwicklung der Inneren Führung: Themen und Inhalte*, Berlin 2020.

Uwe Hartmann, Reinhold Janke, Claus von Rosen (Hrsg.), *Jahrbuch Innere Führung 2021/22. Ein neues Mindset Landes- und Bündnisverteidigung?,* Berlin 2022.

Uwe Hartmann, Reinhold Janke, Claus von Rosen (Hrsg.), *Jahrbuch Innere Führung 2022/23. Zeitenwende und Kriegsbilder,* Berlin 2023.

Uwe Hartmann, Reinhold Janke, Claus von Rosen (Hrsg.), *Jahrbuch Innere Führung 2023/24. Der Krieg in der Ukraine,* Berlin 2024.

Standpunkte und Orientierungen

Uwe Hartmann, *Hybrider Krieg als neue Bedrohung von Freiheit und Frieden. Zur Relevanz der Inneren Führung in Politik, Gesellschaft und Streitkräften,* Berlin 2015.

Hartwig von Schubert, *Integrative Militärethik. Ethische Urteilsbildung in der militärischen Führung,* Berlin 2015.

Martin Sebaldt, *Nicht abwehrbereit. Die Kardinalprobleme der deutschen Streitkräfte, der Offenbarungseid des Weißbuchs und die Wege aus der Gefahr,* Berlin 2017.

Uwe Hartmann, *Der gute Soldat. Politische Kultur und soldatisches Selbstverständnis heute,* Berlin 2018.

Helmut Jermer, *Innere Führung kompakt. Eine Zusammenschau als Lehr- und Lernhilfe,* Berlin 2019.

Martin Sebaldt, *Das Elend der Strategen. Warum die deutsche Militärpolitik versagt,* Berlin 2020.

Hannes Wendroth, *Gute Führung – (k)ein Selbstgänger. Kleine Führungshilfe mit praktischen Hinweisen und persönlichen Anmerkungen,* Berlin 2022.

Hans-Christian Witthauer, Thomas Saller, *Führung und das 3 Alpha Prinzip. Militärisches Handwerkszeug für den zivilen Führungsalltag,* Berlin ²2024.

Marcel Bohnert, *Vom Schatten ins Licht. Zeitenwende in der deutschen Veteranenkultur,* Berlin 2024.

Einsatzerfahrungen

Artur Schwitalla, *Afghanistan, jetzt weiß ich erst...,* Berlin 2010.

Sascha Brinkmann, Joachim Hoppe (Hg.), *Generation Einsatz. Fallschirmjäger berichten ihre Erfahrungen aus Afghanistan,* Berlin 2010.

Rainer Buske, *KUNDUZ. Ein Erlebnisbericht über einen militärischen Einsatz der Bundeswehr in Afghanistan im Jahre 2008,* Berlin 2015.

Marcel Bohnert, Andy Neumann, *German Mechanized Infantry on Combat Operations in Afghanistan,* Berlin 2016.

Alois Bach, Carola Hartmann (Hrsg.), *Unbekannte Helden des Alltags. Soldaten und Ehefrauen berichten über Verantwortung, Humanität und Belastung im Auslandseinsatz,* Berlin 2020.

Kurt Helmut Schiebold, *99 Tage in Afghanistan. Wie der deutsche Einsatz 2003 im Nordosten Afghanistans begann. Aus meinem Tagebuch,* Berlin 2022.

Christian Gerstner, *Unter dem Schwert. 15 Jahre im Kommando Spezialkräfte,* Berlin 2023.

Hagen Vockerodt, *1638 Tage im Krieg. Die Kehrseite der Einsatzmedaille,* Berlin 2024.

Offiziersbibliothek

Uwe Hartmann, *Offiziersbibliothek I. Deutschland,* Berlin 2020.

Franz H.U. Borkenhagen, Uwe Hartmann, *Offiziersbibliothek II. Internationale Beziehungen und Sicherheitspolitik,* Berlin 2021.

www.miles-verlag.jimdo.com